In seiner mittlerweile als Klassiker geltenden Studie zeichnet Albrecht Koschorke all die Folgen nach, die von einem Grundwiderspruch in der Bibel ausgehen: Die Heilige Familie wird dort als innige Gemeinschaft beschrieben, doch kontrastiert dieses Ideal mit den familienfeindlichen Zügen des Christentums. Wie dieser Widerspruch nun wissenschaftlich u. a. bei Freud, Marcuse, Girard gedeutet wird und sich bis zur heutigen Rolle der Väter auswirkt, das schildert Koschorke so gelehrt wie anschaulich und scharfsinnig.

Albrecht Koschorke, geboren 1958, ist Professor für Deutsche Literatur und Allgemeine Literaturwissenschaft an der Universität Konstanz. Im Jahre 2003 erhielt er den Gottfried Wilhelm Leibniz-Preis der Deutschen Forschungsgemeinschaft, die höchste wissenschaftliche Auszeichnung in Deutschland. Im Fischer Taschenbuch Verlag ist von ihm zuletzt erschienen »Der fiktive Staat. Konstruktionen des politischen Körpers in der Geschichte Europas« (2007, gem. mit S. Lüdemann, T. Frank und E. Matala de Mazza).

Unsere Adresse im Internet: www.fischerverlage.de

Albrecht Koschorke

Die Heilige Familie und ihre Folgen

Fischer Taschenbuch Verlag

Veröffentlicht im Fischer Taschenbuch Verlag,
einem Unternehmen der S. Fischer Verlag GmbH,
Frankfurt am Main, November 2011

Druck und Bindung: CPI – Clausen & Bosse, Leck
Printed in Germany
ISBN 978-3-596-19259-5

Inhalt

Vorbemerkung

Die vorliegende Arbeit ist als ein Essay im wörtlichen Sinn zu verstehen. Ein Versuch. Sie ist in dem Bewusstsein niedergeschrieben, dass die Reichweite ihres Themas die sachliche Kompetenz des Verfassers bei weitem überschreitet. Das gilt auf fast allen Gebieten: Theologie, Geschichte, Kunstgeschichte, Psychohistorie, Familienforschung, Anthropologie.

Wenn dennoch etwas diesen Versuch rechtfertigen kann, so ist es die Tatsache, dass eine Monographie zu dem kulturell außerordentlich bedeutungsträchtigen Komplex der christlichen Heiligen Familie bisher fehlt. Zwar sind die Einzelforschungen, die das Thema berühren, unübersehbar. Doch eine einigermaßen systematische Untersuchung der symbolischen und soziostrukturellen Valenzen der Heiligen Familie steht aus.

Danken möchte ich den Teilnehmern an einer Vorlesung an der Münchner Universität im Sommersemester 1998 für Anregungen und Korrekturen. Im Herbst des gleichen Jahres kam es bei einem zusammen mit Ulla Haselstein und Barbara Vinken veranstalteten Seminar in Venedig zu ergiebigen, teilweise heftigen Diskussionen. Martin und Klaus Koschorke, meine theologisch ausgebildeten Brüder, haben mir mit vielen Hinweisen geholfen und sind dennoch für etwaige Fehler in dem Buch nicht verantwortlich.

Die Beschäftigung mit dem Thema geht auf einen Nachmittag im Dezember 1992 zurück, als ich daran scheiterte, meinem damals dreijährigen Sohn die Weihnachtsgeschichte zu erzählen. – Nicht nur aus diesem Grund liegt es nahe, das Buch meiner Familie zu widmen.

München, Anfang 2000 Albrecht Koschorke

A. Dispositionen

1. Um das Jahr null

Die christliche Zeitrechnung hat eine Geburtsanomalie. Ihr ist die Zahl Null unbekannt. Im Jahr 525 machte sich der Abt Dionysius Exiguus daran, den unsicher gewordenen Termin des Ostersonntags korrekt zu bestimmen. Zu seinem Unwillen war er dabei auf eine Chronologie angewiesen, die sich von der Regierungszeit Diokletians ableitete – ausgerechnet des Kaisers, der durch seine Christenverfolgung berüchtigt war. Dionysius errechnete zunächst das Datum von Christi Geburt. Von dort ließ er sodann eine neue Zählung beginnen, die sich nicht mehr auf die Chronik des römischen Kaiserreichs, sondern auf die Ankunft des christlichen Weltenherrschers bezog. Dessen Geburtsjahr legte er als Jahr eins der christlichen Ära zugrunde.

Das war eine unter den damaligen Voraussetzungen folgerichtige Entscheidung. Erst im Hochmittelalter wurde durch arabischen Einfluss die Null in Europa gebräuchlich; sie hatte lange um ihre Anerkennung zu ringen. Überdies wäre schon aus theologischen Gründen ein Ereignis wie die Menschwerdung Gottes nicht durch ein Lückenzeichen, durch eine neutrale Ziffer markierbar gewesen. Der positiven Heilsqualität von Christi Geburt konnte allein die Zahl entsprechen, die positiver Ausgangswert für alle weiteren Rechnungen ist: die heilige Zahl der Einheit und Ganzheit, die Zahl des Anfangs, die Goldene Zahl, Eins.

Dionysius' Zählmethode verbreitete sich nur zögernd. Bis weit ins Mittelalter hinein herrschte eine Vielzahl regionaler, kurzfristigerer Datierungen vor. Für größere Epochen blieb die biblische Zeitorientierung maßgeblich, die bis auf die Schöpfung der Welt durch Gott zurückgeht. Christentum und Judentum teilten also damals noch den gleichen geschichtlichen Horizont. Das änderte sich im Lauf der Neuzeit, als man verstärkt dazu überging, auch vorchristliche Daten in die christliche Zeitrechnung einzubeziehen – indem man die Jahre von Christi Geburt aus rückwärts zählte. Allerdings ließ sich nun nachträglich kein Jahr null mehr einfügen. (Ein entsprechender Vorstoß

Jacques Cassinis von 1740 blieb erfolglos.) Seit dem 17. Jahrhundert gilt allgemein die Regelung, dem ersten Jahr der christlichen Zeitrechnung das Jahr eins vor Christi Geburt voraufgehen zu lassen. Aus einem Geschehen, das als heilsgeschichtlicher *Anfang* gesetzt war, wurde ein Ereignis in der *Mitte* der Zeit; dies war nur um den Preis einer arithmetischen Unebenheit möglich.

Weil das so ist, weil an der Schwelle der christlichen Zeitrechnung die Null fehlt, verschiebt sich auch das Gefüge der nachfolgenden Zehner- und Hunderterschritte. Es weicht vom Augenschein des Dezimalstellensystems um ein Jahr ab. Und deshalb findet bekanntlich der ›richtige‹ Jahrtausendwechsel, trotz des offiziellen Jubelkalenders in Rom und überall auf der Welt, erst in der Nacht des 31. Dezember 2000 statt.

Die Verlängerung der etablierten Jahreszählung in die Zeit *vor* Christi Geburt hatte weitreichende Konsequenzen. Die Chronologie kam dadurch von unsicheren, mit dem Fortschritt der Wissenschaft nicht mehr vereinbaren Schöpfungsannahmen frei. Die Überwindung der biblizistischen Weltära machte den Weg frei für eine säkulare Zeitordnung. Ein einheitliches, Kulturräume übergreifendes, zeitlich unbegrenztes Zählverfahren war geschaffen. Paradoxerweise ging dieser Säkularisationsschritt rein rechnerisch mit einer Stärkung des Christozentrismus einher. »Es gehört zur Ironie der Geschichte, dass sich jene Zeitrechnung, die Christus in die Mitte der Zeit rückte, just in der Zeit der Aufklärung endgültig durchsetzte – in einer Zeit also, die sich in vielen Bereichen von christlichen Überlieferungen loszulösen begann.«[1]

Die Negativzählung der Jahre vor Christi Geburt hat aber noch einen anderen bedeutsamen Effekt. Indem sie die alttestamentliche Chronologie überschreibt, gelingt es ihr sozusagen auf mathematischem Weg, die Vorgeschichte des Christentums, seinen *jüdischen* Ursprung, zu tilgen. Sie erfüllt in exakter Weise das Programm derjenigen Theologen, die das biblische Geschehen als Hinführung auf die Ankunft des christlichen Messias, das Alte Testament als Vorausdeutung des Neuen Testaments interpretierten.

Fortan ist schon der Jahreszahl einbeschrieben, dass sich die Begebenheiten der vorchristlichen Welt auf das ordnungstiftende Schlüsselereignis von Christi Geburt zubewegen und nur von diesem

Gravitationszentrum her denkbar sind. Die christliche Jahreszählung, die über Europa hinaus zum Weltstandard wurde, schickt gewissermaßen zwei entgegengesetzte Vektoren aus, durch die vorgreifend und rückwirkend jedes Ereignis seinen historischen Ort erhält. Und dies von einer Mitte aus, die mehr als nur ein Durchgangspunkt im Zeitkontinuum ist. Denn Christi Geburt findet zugleich *in der Zeit* statt und ist *Angelpunkt der Zeit* als ganzer, liegt also außerhalb ihrer Ordnung. Sie ist dort situiert, wo die positive und negative Zahlenreihe ohne Übergang aneinander stoßen, in jener Faltung des Zeituniversums, auf die alles, was vorher war und nachher sein wird, sich hinneigt – ein Einsatz von außen her, der durch das pure Faktum der Zählweise für sich selbst in Anspruch nimmt, keine innerweltlich-zeitliche Herkunft zu haben.

2. Glaube und Code

Wer sich der heute weltweit etablierten Zeitrechnung bedient, agiert, ohne es zu wissen, christliche Theologumena aus. Die Legende von Christi Geburt mag für ihn nicht weniger entlegen und zufällig sein als der Mythos der Königstochter Europa, die von Zeus in Stiergestalt entführt wurde und später einem ganzen Kontinent ihren Namen gab. Die Geschichte der Namen, Chiffren, der eingebürgerten Sprach- und Rechenkategorien ist voll von solchen Anfangszufällen. Alle kulturellen Zeichen haben eine ätiologische Dimension, und in dieser Ätiologie türmen sich Sedimentschichten von vergessenen Gründen und Zwängen auf, die im verschliffenen, konventionellen Gebrauch der Zeichen keine Bedeutung mehr haben. Aber das ist nicht entscheidend. Auch Dinge, von denen man nichts weiß, besitzen wirkliche Macht. Macht ist keine Frage des *Glaubens* an Realität. Sie haftet an den Weisen ihrer *Codierung*.

Auf den ersten Blick trägt ein Thema wie die Heilige Familie heute antiquarische Züge. Selbst wenn es noch immer viele bekennende Gläubige gibt – das christliche Abendland ist in ein nachchristliches Zeitalter eingetreten. Zwei Jahrtausende nach Christi Geburt gewinnt die Enttraditionalisierung der Gesellschaft, was ihre religiöse Grundprägung angeht, ein atemberaubendes Tempo. Diese Entwicklung hat längst von der Stadt auf das Land, von den gebildeten auf die weniger gebildeten Schichten, von den Jüngeren auf die Älteren, von progressiven auf konservative Milieus, von wohlhabenden auf ärmere Länder, nicht zuletzt vom Protestantismus auf den Katholizismus übergegriffen. Der Säkularisationsprozess wird von einem Strukturwandel auf vielen Gebieten vorangetrieben. Das betrifft die Auflösung vormoderner Lebensformen, den Bedeutungsrückgang des Leidens der menschlichen Kreatur (durch Arbeit, Krankheit, Schmerz und Tod), das Verblassen des Sündenbewusstseins als Hintergrund religiöser Erlösungshoffnungen, schließlich die Demontage kollektiv verpflichtender Leitbilder im Allgemeinen. Der christliche Kalender, der früher

dem Leben Woche für Woche, Jahr für Jahr seinen Rhythmus aufge-
prägt hat, ist weitgehend in Vergessenheit geraten – bis auf einige
Feiertage als Rudimente des Religiösen in einer nichtreligiösen Kultur.

Selbst dort, wo aktives kirchliches Leben praktiziert wird, geht die
eigentlich religiöse Komponente daran zurück. Auch die Kirchen entwickeln sich zu Dienstleistungsbetrieben: teils zu karitativen, teils bloß
zu zeremoniellen Zwecken. Dieser Trend lässt sich als *Folklorisierung*
des Glaubens bezeichnen. Über die exzessive kommerzielle Ausbeutung von Festen wie Weihnachten oder Ostern – die einzigen, die noch
im Brauchtum verankert sind – wird viel geklagt. Ohnehin gibt es viele
Menschen, die sich zwar selbst vom kirchlichen Leben fern halten,
aber das Schwinden des Religiösen mit einer gewissen Nostalgie be-
obachten. Oft verbindet sich damit sogar bei Außenstehenden eine Art
von Unheilsperspektive.

In gewisser Weise ist das Christentum wieder da angelangt, wo es begann: als eine Sekte unter vielen in einem Kulturraum, in dem synkre-
tistisch alle möglichen Glaubenspraktiken ausprobiert und kombiniert
werden können. Es gibt bemerkenswerte Übereinstimmungen zwischen der gegenwärtigen nachchristlichen Ära und den ersten Jahrhunderten nach der Zeitenwende im mediterranen Raum.

Warum soll man sich unter so widrigen Umständen, was religiöse In-
halte angeht, mit der Heiligen Familie befassen? Und warum haben
derartige Themen sogar eine gewisse Konjunktur? In den letzten Jahren sind gleich mehrere Darstellungen des Lebens Jesu auf den Markt
gelangt[2]. Auch Maria ist als Gegenstand erstaunlich publik[3]. Vor kur-
zem erschien sogar eine Biographie des Heiligen Geistes[4]. Nicht einmal der Teufel fehlt in diesem Zusammenhang[5] – zwar nicht als Mitglied der Heiligen Familie, aber ihr doch eng verbunden als Widersacher Gottes und Versucher seines Sohnes, der schließlich über ihn
triumphiert.

Darauf lassen sich zwei Antworten finden. Zum einen hat offenbar
ein kulturhistorisches Interesse die religiösen Bindungen überlebt. Gerade weil der christliche Glaube von den meisten nicht mehr als ernst-
hafte Lebensoption erfahren wird, werden seine Bestandteile verfügbar. Und zwar sowohl als Accessoires (man denke nur an die Engels-
mode vor wenigen Jahren, an die großen Kreuze, die zur Punk-Kluft
gehörten, überhaupt an den ganzen Katholo-Kitsch der Popkultur) als

auch in einem intellektuelleren Sinn: Die Jahrtausendwende bietet Anlass zum Rückblick und zu Bestandsaufnahmen.

Die zweite mögliche Antwort klingt ähnlich und führt doch zu anderen Konsequenzen. Man kann ja bezweifeln, ob sich der Einfluss religiöser Denkformen und Lebensmuster tatsächlich so spurlos in Luft aufgelöst hat, wie es den Anschein erweckt, wenn sich heutzutage eine Familie peinlich-verlegen unter dem Weihnachtsbaum versammelt und versucht, ein Lied anzustimmen, von dem selbst die Älteren bestenfalls noch die erste Strophe auswendig wissen. Möglicherweise laufen nämlich die Vermittlungswege des Religiösen gar nicht oder nicht in erster Linie über eine Gesinnung, die in Predigten und auf Kirchentagen lebendiger Glaube heißt. Wenn es sich so verhält, dann muss man das Augenmerk vom Erscheinungsbild der postreligiösen Gesellschaft auf deren *phantasmatische Tiefenstrukturen* richten. Es kann ja sein, dass derartige Strukturen wirksam sind, ohne dass sich dies im Bewusstsein der Betroffenen niederschlägt. Dann stellt sich die Frage neu, in welcher Weise eine Religion wie das Christentum Einfluss auf die elementaren sozialen Codes ausgeübt hat und vielleicht noch immer ausübt.

Dieser Ansatz kann das Interesse an einem Gegenstand wie der Heiligen Familie schärfen. Warum hat diese Familie (oder auch Teilaspekte von ihr) die kollektive Phantasie so sehr beschäftigt, dass sie zum prominentesten Sujet der abendländischen Malerei geworden ist? Warum spielen marienähnliche Mütter und jesusähnliche Söhne nicht nur im Spätmittelalter und nicht nur während der Gegenreformation, sondern auch im Zeitalter der Aufklärung, im wissenschaftsgläubigen 19. Jahrhundert und selbst noch in Filmproduktionen wie ›Terminator‹ oder ›Star Wars‹ eine so wichtige Rolle, dass man sie zu den tragenden kulturellen Stereotypen unserer Gesellschaft zählen kann? Und um die Vaterstelle nicht zu vergessen – obwohl hier die Dinge vollends kompliziert werden: Was hat die Figur des Vatergottes, der seinen Sohn zu den Menschen schickt und ihn sich für sie opfern lässt, mit der sozialen und familialen Einrichtung der von Männern dominierten Gesellschaft westlicher Prägung zu tun?

Wer so fragt, ist weniger mit der Richtigkeit oder Widerlegbarkeit historischer Fakten als mit der *Logik kultureller Phantasmen* befasst. Wenn man von der Hypothese ausgeht, dass es sich bei einer Personen-

konstellation wie der Heiligen Familie nicht bloß um eine legendarische Zufallsfügung handelt – die sich durch historische Nach-
forschungen so oder so entmystifizieren lässt –, sondern dass sie
Modellcharakter besitzt und in dieser Eigenschaft ständiger und
anpassungsfähiger Dialogpartner für tief greifende psychosoziale
Entwicklungen ist, dann werden selbst für eingefleischte Nicht-Theo-
logen theologische Einzelfragen relevant. Dann genügt es nicht, die
Unstimmigkeiten, Widersprüche, Manipulationen der biblischen
Überlieferung und ihrer theologischen Nachgeschichte herauszu-
stellen (obwohl deren Analyse, richtig betrieben, sicherlich nicht
belanglos ist). Und es wäre vollkommen unzureichend, Geheimnisse,
über die die intellektuellen Eliten der christlichen Jahrhunderte intensiv und mit einer uns nicht mehr zugänglichen meditativen Konzentra-
tion nachgedacht haben, lediglich zu theologischen oder ideologischen
Spitzfindigkeiten zu erklären. Vielmehr muss man sich fragen, woher
Rätselfiguren dieses Typs ihre merkwürdige und offenbar unwider-
stehliche Attraktionskraft beziehen, welche *soziale Substanz* sie besitzen und welche Umformungen sie in ihrer langen Wirkungsgeschichte erfahren.

Das kann angesichts der Unermesslichkeit des Themas im Folgenden nur aufrisshaft geschehen. Viele Zwischenetappen in dem langen
Anreicherungsprozess der christlichen Symbolik, viele innere Diver-
genzen müssen vernachlässigt bleiben; die Gesamtskizze geht gezwun-
genermaßen auf Kosten der einzelnen Sedimentschichten in der theologischen Entwicklung des Christentums. Insbesondere gilt dies für
die ur- und frühchristliche Zeit, das heißt für die Epoche der Ausdifferenzierung des neuen Glaubens. Ihr kann nicht Genüge getan werden in einer Darstellung, die aus Gründen der Komprimierung in wei-
ten Teilen vom ›Ergebnis‹ der ausgearbeiteten katholischen Dogmatik
her argumentiert.

3. Positionen I:
Jesus und seine Väter

2000 Jahre Christentum heißt, rein rechnerisch: 2000 Jahre Heilige Familie. Christi Geburt, mit der unsere Zeitrechnung anhebt, findet im Kreis einer Familie statt. Diese Familie besteht *im Kern* – ein Kern, der sich allerdings in der Überlieferung erst herausschält – aus drei Personen: Vater, Mutter, Sohn. Man muss die einzelnen Positionen durchgehen. Zunächst: Sohn, nicht Tochter. Das Christentum ist eine Sohnesreligion. Was immer das heißen mag, es schließt jedenfalls die Töchter der zentralen religiösen Figuration aus. Im übrigen handelt es sich um den *einzigen* Sohn – jedenfalls den einzigen Sohn Gottes. In den Evangelien ist von Brüdern und Schwestern Jesu die Rede, was zu theologischen Komplikationen geführt hat. Die volkstümlichste Deutung geht dahin, dass dies Geschwister aus der ersten Ehe Josephs, also nur Halbgeschwister sind. Aber auch nicht eigentlich Halbgeschwister, denn bekanntlich wird Joseph nicht als leiblicher Vater von Jesus betrachtet. Joseph ist also Jesu Stiefvater, wenn man das so ausdrücken will, und so wären seine Brüder und Schwestern Stiefbrüder und -schwestern. All das geht jedoch in die Darstellung der Heiligen Familie nicht ein. Nur Johannes der Täufer wird dem Jesuskind zuweilen als zweites Kind beigesellt; noch seltener ergänzen Anna und Joachim, der außerbiblischen Überlieferung zufolge die Eltern Marias, das Bild der Heiligen Sippe. Sie bleiben indessen ikonographische Nebenfiguren, die der zunehmenden Intimisierung des Familienbildes in der Neuzeit zum Opfer fallen[6]. In der Hauptsache beschäftigt sich die Bildtradition mit einem Drei-Personen-Haushalt.

Man sieht hier schon, dass es sich bei der Heiligen Familie um eine Konstellation mit schwierigen und diffusen Randbedingungen handelt. Denn sie muss in ihrer traditionsbildenden Ausprägung von abweichenden Hinweisen der Evangelien selbst gereinigt werden. Die Textspuren, die davon zeugen, dass Jesus aus einem kinderreichen Haushalt in Nazareth stammt, sind unübersehbar. Matthäus berichtet, wie Jesus in seine Vaterstadt kommt und dort lehrt. Mit der Folge, dass

Hessischer Meister, Altarflügel. Pfarrkirche Rauschenberg, um 1410

die dortigen Bewohner »sich entsetzten und sprachen: Woher kommt diesem solche Weisheit und Taten? Ist er nicht des Zimmermanns Sohn? Heißt nicht seine Mutter Maria und seine Brüder Jakobus und Joseph und Simon und Judas? Und seine Schwestern, sind sie nicht alle bei uns? Woher kommt ihm denn das alles?« (Mt 13, 54–56)[7] Weiter heißt es: »Und sie nahmen Ärgernis an ihm. Jesus aber sprach zu ihnen: Ein Prophet gilt nirgend weniger als in seinem Vaterland und

im eigenen Hause. Und er tat daselbst nicht viel Zeichen um ihres Un-
glaubens willen.« (57–58)

Nur mit Widerwillen wird Jesus an seine Herkunftsfamilie erinnert.
In ihrer Nähe versagt seine Kraft, Wunder zu bewirken. Die Evangelisten verzeichnen diesen Widerwillen; aber es ist ihnen und der nachfolgenden Deutungsgeschichte ihrerseits darum zu tun, aus dem
Abkömmling einer gewöhnlichen jüdischen Familie den einen und einzigen Auserwählten Gottes zu machen. Mit großem Erfolg in der
christlichen Bildphantasie. Es gibt wohl im ganzen Abendland kein
Gemälde, das Jesus im Kreis seiner leiblichen Brüder und Schwestern
zeigt. Alles dreht sich um die eine familiäre Kernkonfiguration: Vater,
Mutter, Sohn.

Damit ist das Problem der Vaterschaft schon berührt. Die Heilige
Familie ist ja keine echte Familie. Die heiligen Eltern Joseph und Maria
haben nach christlicher Überzeugung Jesus nicht geschlechtlich gezeugt. Maria wird die Geburt ihres Sohnes durch den Engel Gabriel
angekündigt. Gabriel leitet sich von der hebräischen Wortfügung *Gav-
ri-El* ab und bedeutet: Mein Mann ist Gott[8]. Der Name des Engels enthält schon die Botschaft, die er Maria verkündet: »Siehe, du wirst
schwanger werden und einen Sohn gebären, des Namens sollst du Jesus
heißen.« (Lk 1, 31) – »Da sprach Maria zu dem Engel: Wie soll das zu-
gehen, da ich doch von keinem Manne weiß? Der Engel antwortete
und sprach zu ihr: Der heilige Geist wird über dich kommen, und die
Kraft des Höchsten wird dich überschatten; darum wird auch das Heilige, das von dir geboren wird, Gottes Sohn genannt werden.« (Lk 1,
34–35)

Das Mysterium der jungfräulichen Empfängnis, das im Christentum
eine so herausragende Rolle spielt, hat Rückwirkungen auf die Vaterposition. Sie zerteilt sich in zwei oder sogar drei Instanzen: Erstens den
menschlichen Nährvater Joseph; zweitens Gott als Vater im Himmel;
drittens den Heiligen Geist als Abkömmling Gottes, von dem Maria,
wie es bei Matthäus heißt, »schwanger war« (Mt 1, 18).

Wieder und wieder ist die Heilige Familie in Legende und Malerei
als eine innige, von zärtlicher Zuwendung erfüllte Gemeinschaft dargestellt worden. Sie hat entscheidenden Anteil daran, dass sich ein
Ideal familiärer Intimität überhaupt ausformen und alltagsweltlich
durchsetzen konnte. Dennoch geht so etwas wie ein Spalt durch diese

Konstellation. Die menschliche Vaterschaft tritt zu einer anderen, himmlischen, transzendenten Vaterschaft in Konkurrenz. Man hat sich nicht genügend darüber gewundert, dass das Christentum als patriarchale Religion außerstande war, die Position des Vaters eindeutig zu besetzen. Es bietet stattdessen zwei divergente Modelle an, die nicht konfliktfrei miteinander verknüpfbar sind:

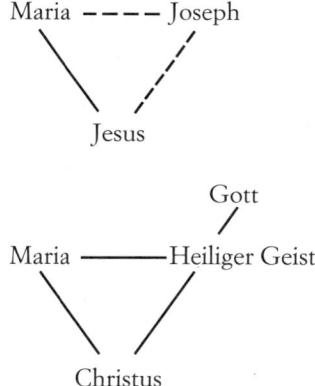

4. Positionen II:
Maria und die Dreieinigkeit

Das Beziehungsdiagramm der Heiligen Familie legt zwei Dreiecke übereinander, die in der Vaterposition abweichen. Den Triangulierungen ist also eine heimliche Vierzahl einbeschrieben, und zwar in Form einer Nichtübereinstimmung, Öffnung, eines dynamisierenden Elements. Und damit nicht genug; es kommt ein drittes Dreieck ins Spiel, das in die Ökonomie der beiden anderen Triangulierungen eingreift. Denn das Geheimnis der göttlichen Vaterschaft rührt an ein Mysterium, das eines der Zentren der christlichen Dogmatik bildet: das Mysterium der *Trinität*.

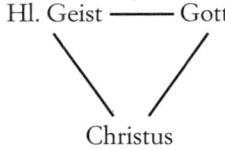

Trinität meint die substantielle Einheit dreier Personen: von Gott, Christus und dem Heiligen Geist. Sie formt ein Dreieck, das kein Dreieck ist, sondern sich gegen den Vorgang der Triangulierung selbst richtet, weil es die personalen Grenzziehungen als solche unterläuft. In dem Beziehungsmodell der Heiligen Familie werden dadurch die Verhältnisse noch komplizierter. Das zeigt sich besonders klar, wenn man die Position der Mutter in Betracht zieht.

Maria, die Mutter Jesu, ist nämlich in diesem System von ineinander verschachtelten Dreiecksbeziehungen auf vielfältige Weise zurechenbar. Erstens figuriert sie, im christlichen Weihnachtsritus und in seinen vielen bildnerischen Darstellungen ist das ganz augenfällig, als Gefährtin und Schutzbefohlene des Mannes Joseph. Maria und Joseph ziehen von Nazareth nach Bethlehem, finden dort Zuflucht in einem Stall, bewachen ihr Kind, entweichen den Nachstellungen des Königs Herodes durch die Flucht nach Ägypten. Lauter Kleinfamiliengeschichten.

In Wahrheit jedoch füllt Joseph seine Patriarchenrolle nicht aus, und Maria tritt als auserwählte Magd Gottes in eine privilegierte Beziehung zu einem *höheren* väterlichen Prinzip. Sie hat ihr Kind vom Heiligen Geist, nicht von dem irdischen Mann an ihrer Seite empfangen. Umgangssprachlich würde man sagen, sie sei Gottes Frau: Mutter des Sohnes Gottes. Nun ist aber Gott mit Christus, seinem Sohn, und dem Heiligen Geist trinitarisch zu einer einzigen Wesenheit vereinigt. Deshalb ist Maria nicht nur Braut Gottes, sondern auch Mutter Gottes. Als solche wird sie besonders im orthodoxen und katholischen Christentum verehrt. Braut *und* Mutter Gottes, das heißt aufgrund der trinitarischen Einheit Gottvaters mit Christus zugleich: sowohl Mutter als auch Braut ihres eigenen Sohnes. Und hierbei handelt es sich nicht um irgendeine willkürliche Kombination. Die christliche Theologie hat gerade diesen Bezug intensiv ausgestaltet, und er ist zur Quelle mystischer Glaubenserfahrung geworden. Man wird vor allem im Mittelalter Maria immer wieder mit ihrem Sohn Jesus bräutlich verbunden sehen.

Wer die Kombinationsmöglichkeiten der drei Dreiecke, in denen sich die Heilige Familie situiert, unbegrenzt durchspielt, kann zu verwirrenden Ergebnissen gelangen. Es soll genügen, die Reichweite dessen anzudeuten, was in der christlichen Tradition selbst zum Thema geworden ist. Dazu gehört, dass Maria in ihrem einzigen Kind der Inkarnation des himmlischen Vaters und damit zugleich ihrem Bräutigam begegnet. Diese dogmatisch beglaubigte Konsequenz aus der Trinitätslehre hat sicherlich zu der besonderen Bedeutung der Mutter-Sohn-Achse in der christlichen Familienimagination beigetragen und zumal auf die weibliche Religiosität großen Einfluss ausgeübt.

Doch finden solche Beziehungen nicht einfach im Feld naturalistischer Geschlechterverhältnisse statt. Sie gehören einer *Logik des Spirituellen* an, der die *Abwesenheit von Sexualität* wesentlich ist und in der die gewöhnlichen Geschlechtszuordnungen versagen. In die imaginäre Ordnung des Christentums ist auch die Möglichkeit zur Überschreitung und zum Tausch geschlechtlicher Identitäten eingebaut. Als Braut Christi kann sich in Nachahmung der Maria jede gläubige Seele, gleich ob weiblich oder männlich, erfahren. Jesus seinerseits wird zu bestimmten Zeiten mit mütterlichen Attributen versehen und als Mutter verehrt[9]. Zuweilen entscheidet der Zufall der Sprache über die geschlechtliche Markierung. Der Heilige Geist wäre im Hebräischen *ruach* und damit feminin; die griechische Bibel verwendet zu seiner Bezeichnung das neutrale Substantiv *pneuma*; erst die lateinische Übersetzung *spiritus sanctus* hat ihn grammatikalisch männlich gemacht[10]. Die Theologen haben ihn andererseits als Ausdruck der Liebe zwischen Gott und Christus verstanden und ihm auf diesem Weg weibliche Züge erhalten. Die Dreieinigkeit, mit der Maria bräutlich verbunden ist, verkörpert also nicht einfach ein ›Männerkartell‹. Sie enthält in sich selbst eine Vielzahl von Bedeutungsnuancen und wirkt so an der Modellierung des Verhältnisses zwischen Spiritualität und Männlichkeit mit.

5. Von der jüdischen Herkunftsfamilie
zur christlichen Zielfamilie

Der Bericht der Evangelien ist transparent in Bezug auf Verhältnisse, die man für das Palästina der Zeitenwende als wahrscheinlich annehmen kann. Jesus, Kind aus einer einfachen, kinderreichen Handwerkerfamilie, gründet eine Art Wandersekte, predigt, lehrt, heilt, treibt böse Geister aus und vollbringt magische Heilungen – Taten, die auf die Ablehnung der Anverwandten und einstigen Nachbarn stoßen. Seine Eltern: Joseph, ein jüdischer Handwerker, Maria (jüdisch Miriam), eine einfache, ungebildete Frau. Aber das ist nicht die Erzählschicht, um die es in den Evangelien wirklich geht. Über die, wenn man so will, empirischen Herkunftsverhältnisse wird ein anderes, *heiliges* Beziehungsgefüge gelegt. Jesus erscheint nun als Sohn Gottes, der Maria zur Mutter des Erlösers auserkoren und den Heiligen Geist zu ihr ausgeschickt hat. Das Motiv der Heiligen Familie überblendet beide Ebenen: Die jüdische Herkunftsfamilie, die allerdings um den Rest der Sippe verkürzt wird; und die christliche Zielfamilie, ein Dreieck aus göttlichem Vater, jungfräulicher Mutter und dem als Messias unter die Menschen gesandten Sohn.

Man hat hier einen Bruch mit dem Herkommen zu konstatieren, wie er sich radikaler nicht denken lässt. Zum einen ist Jesus nicht geschlechtlich gezeugt; sein menschlicher Vater ist nicht sein wirklicher Vater; er wird sich von diesem menschlichen Vater abkehren und der Verfügung seines Vaters im Himmel beugen, die ihn zum Kreuzestod führt. Zum anderen wird er eine antifamilialistische Massenbewegung von ungeahnter Stärke auslösen. Seine Anhänger werden ihre Häuser verlassen, als Asketen die Wüsteneinsamkeit suchen, sich Mönchtum und kirchliches Zölibat auferlegen, um seiner Lehre zu folgen.

So wenig seine engsten Familienangehörigen Jesus verstehen, so wenig freundlich geht er seinerseits mit ihnen um. Er verleugnet sie und weist sie zurück. Sein Verhalten auf der Hochzeit von Kana beweist, dass er selbst der eigenen Mutter gegenüber die im Judentum streng

Francesco Vanni, Altar der unbefleckten Empfängnis. Dom S. Salvatore,
Montalcino, 1588

beachteten Ehrerbietungsregeln verletzt: »Weib, was geht's dich an, was ich tue?« (Joh. 2, 3) Das steht in scharfem Kontrast zu der liebevollen Innigkeit, die in der späteren abendländischen Bildtradition der Geburtsszene unterlegt wurde. Die Evangelien, die der Grundlegung der christlichen Sohnesreligion dienen, rücken die *Rebellion* des Religionsstifters gegen die Ordnung der Familie ins Licht.

Jesus predigt. Er hat großen Zulauf, aber auch Feinde. »Da er noch zu dem Volk redete, siehe, da standen seine Mutter und seine Brüder draußen, die wollten mit ihm reden. Da sprach einer zu ihm: Siehe, deine Mutter und deine Brüder stehen draußen und wollen mit dir reden. Er antwortete aber und sprach zu dem, der es ihm ansagte: Wer ist meine Mutter, und wer sind meine Brüder? Und reckte die Hand aus über seine Jünger und sprach: Siehe da, das ist meine Mutter und meine Brüder! Denn wer den Willen tut meines Vaters im Himmel, der ist mein Bruder und meine Schwester und meine Mutter.« (Mt 12, 46–50)

Eine fast gleich lautende Darstellung findet sich an anderer Stelle (Mk. 3, 31–35). Auf der einen Seite die natürlichen Anverwandten, die Jesus nicht vorlässt und nicht als die Seinen erkennt. Auf der anderen Seite die *wahren Verwandten*, die Jünger, die Gläubigen, die Brüder und Schwestern in Gott. Jesus lässt keinen Zweifel daran, dass er das Prinzip der Verwandtschaftsloyalität aufgibt zugunsten eines spirituellen Prinzips, der Gemeinschaft der Jünger und Gläubigen. Er stellt sozusagen die Weiche um: von der natürlichen auf die spirituelle Zugehörigkeit, vom Vaterhaus auf die Gottessohnschaft. »So jemand zu mir kommt und hasset nicht seinen Vater, Mutter, Weib, Kinder, Brüder, Schwestern, auch dazu sein eigen Leben, der kann nicht mein Jünger sein.« (Lk 14, 26)

Ein apokalyptischer Furor durchbebt diese Reden: »Ihr sollt nicht wähnen, dass ich gekommen sei, Frieden zu bringen auf die Erde. Ich bin nicht gekommen, Frieden zu bringen, sondern das Schwert. Denn ich bin gekommen, den Menschen zu erregen wider seinen Vater und die Tochter wider ihre Mutter und die Schwiegertochter wider ihre Schwiegermutter. Und des Menschen Feinde werden seine eignen Hausgenossen sein. Wer Vater oder Mutter mehr liebt als mich, der ist mein nicht wert; und wer Sohn oder Tochter mehr liebt als mich, der ist mein nicht wert. Und wer nicht sein Kreuz auf sich nimmt und folgt mir nach, der ist mein nicht wert. Wer sein Leben findet, der wird's verlieren; und wer sein Leben verliert um meinetwillen, der wird's finden.« (Mt 10, 34–39)

Noch einmal: Jesus, Spross der Heiligen Familie, die in solchem Ausmaß die abendländische Bildphantasie beschäftigt hat, tritt als radikaler Zerstörer der familiären Bande auf. Dabei handelt es sich nicht bloß um einige wenige Randepisoden, die später in den Hintergrund treten. Vielmehr ist Jesus gerade in dieser Hinsicht traditionsstiftend geworden. Denn tatsächlich werden seine Anhänger, ob zu seinen Lebzeiten oder in den Jahrhunderten danach, alle Zugehörigkeiten zur Familie, Verwandtschaftsgruppe, zum Ort, zur Ethnie durchtrennen, um neue, geistliche Gemeinschaften zu bilden: Kommunitäten des Glaubens, seien sie klösterlicher oder anderer Art, die quer zum herkömmlichen System sozialer Verpflichtungen stehen.

All dies hängt mit der Umstellung des Vaterschaftscodes zusammen. Als Kind eines Handwerkers aus Nazareth kann Jesus nicht so sprechen, wie er spricht; er tut und verlangt skandalöse Dinge, ja er erschüttert den Zusammenhalt der damaligen Gesellschaft, der ein Zusammenhalt durch Blutsverwandtschaft und Sippenzugehörigkeit war, fundamental. Doch spricht er ja auch nicht in dieser Rolle, sondern als Sohn des Vaters im Himmel. Er vollzieht selbst, was er von seinen Jüngern fordert. Er kündigt die genealogische Ordnung der Menschen auf, um eine neue, von Gott herkommende Herkunftslinie zu instituieren.

In der antiken und alteuropäischen Welt hat die Familie, summarisch gesprochen, zwei Funktionen. (Man müsste genauer von *Sippe* oder *Verwandtschaftsverbund* sprechen; Familie in dem engeren biologischen Sinn, wie man sie kennt, ist ein historisch rezentes Phänomen. Das Wort Familie setzt sich begriffsgeschichtlich erst in der Neuzeit durch.) Erstens ist sie der *Ort der legitimen geschlechtlichen Prokreation*. Mann und Frau schließen die Ehe, um sich zu vermehren und ihre Nachkommen großzuziehen. Diese Funktion steht jedoch nicht allein; sie arbeitet einer anderen zu. Die zweite und übergreifende Funktion der Familie besteht darin, die genealogische Linie weiterzuführen. Es geht nicht um das bloße Faktum der Fortpflanzung; es geht um die Fortpflanzung, Weiterführung der eigenen Genealogie. Ein genealogisches Band verknüpft die Generationen seit Anbeginn der Welt miteinander, und es wird sich fortsetzen bis zum Ende der Welt. Wer keinen Stammbaum hat, hat keine Herkunft und keine Zukunft. Er hat keinen Namen (denn alle Namen sind zunächst einmal genealogische Markierungen) und keine Identität. Er hat keinen Ort in einer Gesellschaft, deren Distinktionen auf verwandtschaftlichen Kategorien beruhen.

Erst wenn man sich das vor Augen führt, wird klar, welche Anomalie die Heilige Familie darstellt. Sie wird ihre genealogische Aufgabe weder in der einen noch in der anderen Zeitrichtung erfüllen – jedenfalls nicht im gewöhnlichen, leiblichen Verständnis von Genealogie. Im Bewusstsein des Abendlandes ist Jesus Christus Zölibatär. Er wendet der Sphäre der familialen Reproduktion den Rücken und ersetzt sie durch Gottesbindung und Jüngerschaft. Jüngerschaft ist dabei in ihren wichtigsten Funktionen gleich bedeutend mit Bruderschaft – auch wenn einige Frauen zu den treuesten Gefolgsleuten Jesu gehörten. Die Zugehörigkeit zur Bruderschaft bricht verwandtschaftliche Loyalitäten; sie etabliert eigene, anfangs weitgehend egalitäre Strukturen, wie ja auch das urkirchliche Leben kommunistisch geprägt war. Beide Ideale der christlichen Askese, Zölibat und Besitzlosigkeit, haben unmittelbar miteinander zu tun. Sie kommen in der Unterbrechung der genealogischen Weitergabe überein. Der Suspension der Sexualität stellt sich die Suspension des Eigentums, das heißt des in der Verwandtschaftslinie zu vererbenden Familienvermögens zur Seite. Auf beiden Ebenen wird, in Erwartung des nahen Gottesreiches, der Fortgang der irdischen Dinge gestört.

6. Der Mann Joseph und die monotheistische Religion

Eine marginalisierte Gestalt

Marias Bedeutung zumal im Bereich der katholischen Frömmigkeit ist unumstritten. Ganz anders ist es Joseph ergangen. In Umkehrung des üblichen biographischen Schemas verdankt er seine Halbschattenexistenz allein der Frau, an deren Seite er sich aufhielt. Er stellt eine Begleitfigur dar, über die nur spärliche Auskünfte zu erhalten sind, die ab einem bestimmten Punkt ohne weiteren Kommentar ganz abreißen. Zudem eine Figur, die seit jeher zu den Spottgestalten der abendländischen Popularkultur zählt.

Die abendländische Kunst berücksichtigt Joseph nur am Rand: als zusätzliche Figur, als Dritten neben der Mutter-Kind-Dyade, die im Fokus der bildnerischen Aufmerksamkeit steht. Man findet ihn als Beschützer der kleinen Familie, der er nicht angehört. In den nächtlichen Anbetungsszenen hält er die Laterne. Das Mittelalter hat ihn sich als alten, gebrechlichen Mann vorgestellt, um seine Enthaltsamkeit glaubwürdiger erscheinen zu lassen. Allerdings erhöht das nicht unbedingt seine Reputation. Er gerät dadurch zuweilen in eine ikonographische Nähe zum Typus des geilen närrischen Greises, dessen Begehrlichkeit sich in dem Maß steigert, in dem die Fähigkeit zu ihrer Befriedigung sinkt. Zur Verkehrung des Alters gesellt sich die des Geschlechts, denn die Legende lässt den alternden Joseph im Hintergrund der Szene ausgesprochen inferiore und der Konvention nach weibliche Dienste verrichten: Breikochen und Windelnwaschen. (Nebenher sei gesagt, dass die westliche Kultur generell keinen Verhaltenscode zu entwickeln vermochte, der den väterlichen Umgang mit Babys auf Dauer von Lächerlichkeit freihält.)

»Die spätmittelalterliche Männerwelt«, schreibt Gabriela Signori in einer kunstgeschichtlichen Studie, »insbesondere die noch unverheiratete, die ihre Männlichkeit mittels Schamkapseln und engen Beinlingen immer ostentativer zu Markte trug, konnte einem Mann wie Joseph eigentlich nur mit Spott begegnen. Durch seine passive Rolle im Zeugungsakt verstieß er gegen eine der Hauptregeln männlicher

Ehre. In diesem Punkt überschnitten sich die Josephsdarstellungen schließlich auch mit der antiklerikalen Literatur ihrer Zeit. Denn wie bei seinem Gegenbild, dem lüsternen Geistlichen aus Schwank und Fastnachtspiel, zeigt sich auch am Beispiel von Joseph [...], dass männliche Asexualität als Bedrohung wahrgenommen wurde. Geistliche und heilige Männer wie Joseph stellten jeder auf seine Weise die bestehende patriarchale Geschlechterordnung infrage.«[11]

Es sind aber nicht nur solche Probleme der sozialen Einpassung, die Joseph zu einer prekären Figur machen. Auch die kirchliche Dogmatik tut sich schwer, ihm seinen Platz zuzuweisen. Während Marias jungfräuliche Mutterschaft früh zu einem paradoxalen Herzstück des christlichen Glaubens wird, bleibt die Gestalt des Mannes an ihrer Seite multipel und kommt von der ihr anhaftenden Tragikomik nur mühsam frei. Die Patristik hatte – wenn man das so sagen kann – alle Hände voll zu tun, um die Plausibilitätslücke, die sich um die Joseph-Figur herum bildet und zahllose apokryphe oder legendarische Vervollständigungen provoziert, gegen die Insinuationen von Juden, Heiden und Häretikern abzudichten.

Einer jüdischen Überlieferung zufolge ist Jesus der uneheliche Sohn des römischen Soldaten Panthera. Mit klar polemischer Absicht wird Maria als Soldatenhure denunziert; an ihrer Seite macht Joseph, ein ohnmächtiger, gehörnter Gatte, kein gutes Bild. Doch auch die christlichen Apokryphen schildern Joseph als einen Mann, der zu seinem Glück, die Jungfrau Maria behüten zu dürfen, erst gezwungen werden muss. Das Protevangelium des Jakobus aus dem 2. Jahrhundert lässt Maria als Tempeljungfrau aufwachsen, die im Alter von zwölf Jahren öffentlich ausgelobt wird. Der Hohe Priester reicht jedem der zusammengerufenen Bewerber einen Stab, und die Entscheidung soll dadurch fallen, dass an dem Stab des Auserwählten ein Wunder geschieht. Ein phallisches Ritual. Die Kunde von der Männerversammlung erreicht endlich Joseph, einen verwitweten Zimmermann. »Joseph aber«, so heißt es, »warf die Axt weg und ging auch seinerseits hinaus, um ihnen zu begegnen.«[12] Er empfängt den letzten Stab. Das Gotteszeichen besteht nun nicht, wie seinerzeit bei Aaron, in einem wundersamen Aufblühen oder Ergrünen; sondern »eine Taube kam aus dem Stab hervor und flog auf das Haupt Josephs«. In den Fruchtbarkeitsritus wird so das Signum des Heiligen Geistes inseriert.

Joseph versäumt es nicht, gegen die sonderbare Entscheidung aufzu-
begehren: »Ich habe (schon) Söhne und bin alt, sie aber ist ein junges
Mädchen. Ich fürchte, ich werde zum Gelächter für die Söhne Isra-
els!«[13] Der Priester bringt ihn nur mit harten Drohungen dazu, Maria
zu sich zu nehmen.

An der Schnittstelle zwischen Judentum und Christentum

Die kanonischen Evangelien selbst halten sich mit Angaben in Bezug
auf den Nährvater Jesu auffallend zurück. Joseph wird bescheinigt, ein
frommer Mann gewesen zu sein. Als er von Marias Schwangerschaft erfährt, will er sie von öffentlichem Gerede verschonen und heimlich
verlassen (Mt. 1, 19). Ein Engel verkündet ihm im Traum die Messias-
geburt und stimmt ihn um: »Joseph, du Sohn Davids, fürchte dich
nicht, Maria, dein Gemahl, zu dir zu nehmen; denn das in ihr geboren
ist, das ist von dem heiligen Geist.« (Mt. 1, 20) – Dieser Handlungszug
an sich ist schon erklärungsbedürftig, denn als »gerechter« *Jude* hätte
Joseph sich nach den Bestimmungen des mosaischen Gesetzes richten
müssen, das bei einem sexuellen Fehltritt der Braut vorschrieb, sie hinaus vor das Stadttor zu führen und zu Tode zu steinigen, um »das
Böse« zu eliminieren (Deut. 22, 23 – 24)[14].

Joseph bricht also mit der wortgetreuen Ausübung des Gesetzes.
Und dies ist nicht nur ein anekdotisches Detail. Seine Position überhaupt ist durch einen Bruch mit dem Herkommen gezeichnet. Das
außerordentliche Geschehen, dessen Zeuge er wird, reißt ihn selbst
aus den Bahnen der Tradition. Schon hier klafft jene Diskrepanz zwischen dem ›Buchstaben‹ und dem ›Geist‹ des überlieferten Schrift-
tums auf, die später so weitreichende theologische Konsequenzen zeitigen wird. Durch die stillschweigende Annahme des auf wunderbare
Weise gezeugten Kindes verlässt Joseph den Boden jüdischer Strenggläubigkeit. Es scheint, als würde er, kraft seiner Selbstverleugnung
und unter Verzicht auf seinen männlichen Ehrenstandpunkt, das
christlich-paulinische Projekt der Überwindung des dem Leib verhaf-
teten Buchstabens durch den Geist vorwegnehmen.

Die Zeugung Jesu kappt die agnatische, das heißt die in männlicher
Linie blutsverwandtschaftliche Verbindung. Maria empfängt keinen

leiblichen Mann, sondern den Heiligen Geist; Gottes Wort selbst wird
ihr – so jedenfalls die unter Berufung auf das Lukas-Evangelium etab-
lierte theologische Lesart – zum Samen. Ein schier unüberschaubares
Schrifttum hat sich an die Verkündigung und an das Rätsel der unge-
schlechtlichen Empfängnis geknüpft. Aber dieses Umstellen der Weiche zwischen leiblicher und göttlicher Empfängnis, diese unmittelbare
Anbindung des Menschen Jesus an Gott ist nur möglich um den Preis
eines Abrisses, einer Diskontinuierung. Der Gottessohnschaft Jesu
entspricht der Schnitt in der agnatischen Filiation, die sich an der
Männlichkeit des Joseph vollzieht. Die Virginität der Mutter Maria ist
der weiße Fleck, an dem die Kette der Leiber unterbrochen wird und
Raum gibt für den Anschluss an das Spirituelle. Das christliche Denken und der mit ihm verbundenen Körper-Geist-Dualismus hat sich
immer nur für das zweite, die Verbindung mit dem Logos, nicht für das
erste, die Wunde, den Abriss, interessiert. Es hat, bis hin zu Hegel und
dessen Christologie, eine Theorie der *Mediation* entworfen und die
Disjunktion, die dem zugrunde liegt, weitgehend ignoriert.

Das genealogische Dilemma

Man muss sich vergegenwärtigen, was die Unterbrechung der Vater-
Sohn-Folge in einer patrilinear organisierten Stammesordnung wie der
jüdischen bedeutet. Die männliche Genealogie weist dem Sohn seinen
Ort zu, und wenn Jesus nicht Josephs Sohn ist, so hat er in der jüdischen Gesellschaft keinen Ort. Mit der durchkreuzten Vaterschaft Josephs verbindet sich ein Dilemma, das die christliche Dogmatik niemals hat auflösen können. Jesus werden in den Evangelien zwei – sich
im übrigen widersprechende – Stammbäume gegeben, die beide seine
Abkunft vom König David unter Beweis stellen sollen. Aber genau genommen sind diese Stammbäume eben auf Joseph, nicht auf Jesus bezogen. Der Beweis, den sie liefern sollen, gilt also nur unter der Prämisse einer tatsächlichen Verwandtschaft zwischen den beiden[15].
    Es besteht hier eine Art Zielkonflikt in der Darstellung der Evange-
listen, der wieder mit der Bruchstelle der Josephs-Konstellation zu tun
hat. Soll Jesus der im Alten Testament angekündigte Messias der *Juden*
sein, so muss er dem Stamm Davids entspringen, und zwar in der allein

gültigen väterlichen Linie; soll er aber der *christliche* Messias sein, so
gilt der Bericht über die Jungfrauengeburt und damit der Ausschluss
Josephs von der Vaterschaft, dessen in den Evangelien überlieferte
Stammbäume folglich die legitimierende Funktion, die sie beanspruchen, nicht mehr erfüllen. Einerseits sind die Evangelien Erfüllungs-
geschichten; sie wollen bezeugen, dass sich in Jesus die Prophezeiun-
gen des Alten Testaments bewahrheiten. Andererseits betonen sie seine
Unzugehörigkeit zu dieser Tradition, personifiziert in der Nichtvater-
schaft seines jüdischen Vaters. Sie operieren mit einer Geste, die das
Judentum aus sich selbst heraus überbietet, sich aber in ihrem Vollzug
gewissermaßen überschlägt und damit ihre eigenen Prämissen hinfällig
werden lässt.

Schon die Kirchenväter haben versucht, diesen Widerspruch dadurch zu schlichten, dass sie Joseph zum Adoptivvater Jesu erklärten;
er hätte dann durch eine *rechtliche* Vaterschaft Jesus zum Davididen
gemacht. Aber diese Schlichtungsformel ist selbst Bestandteil des
Problems, das sie zu lösen versucht. Das Rechtsinstitut der Adoption,
das im römischen Recht eine herausragende Rolle spielt – dort muss
auch die natürliche Vaterschaft durch einen förmlichen Adoptionsakt
bestätigt werden –, ist im alten Judentum nämlich unbekannt[16]. Die
einzige Vorkehrung, die das jüdische Gesetz vorsah, um Kinder als
Erben zu legitimieren, war die Leviratsehe – die Übernahme der Frau
eines Bruders im Fall von dessen Tod. Das diente nicht nur der Versorgung der Witwe, sondern sollte den Aufbewahrungsort des männlichen Samens vor Entweihungen schützen: »ein äußerst konkretes
Verfahren, um zu verhindern, dass die Heiligkeit der Essenz mit Fremden in Kontakt kommt«[17].

Die jüdischen Verwandtschaftsregeln beruhten auf einer peinlich
genauen Überwachung der Reinheit von Samen und Blut. Während
die Religionszugehörigkeit von der Mutter abhing, wurde das Zu-
gangsrecht zu Ämtern und bürgerlichen Privilegien in männlicher Linie weitergegeben; deshalb unterlagen Fragen der Abstammung einer
strengen Kontrolle. Als Jude wäre es Joseph schlicht unmöglich gewesen, den Sohn seiner Braut Maria zu adoptieren. Erst vom Denken
des antiken Christentums her, also wieder unter rückwirkender Ab-
änderung der eigenen Voraussetzungen, konnte diese Konstruktion
glaubhaft sein. Eine *petitio principii*: Die Vaterschaft *im übertragenen*

Sinn, die Jesus zum Zielpunkt alttestamentarischer Heilserwartungen erheben soll, musste dem jüdischen Mann Joseph sozusagen im Vorgriff auf die neue Zeit untergeschoben werden.

Unterschied der Lesekulturen

Mit der theologischen Beweisführung, die das Neue auf das Alte Testament zurückbezieht, ergeht es ähnlich wie mit der genealogischen. Sie muss andere Mittel als die der Buchstäblichkeit in Anspruch nehmen. Es hat lange Dispute zwischen christlichen und jüdischen Schriftgelehrten über die Auslegung einzelner Schlüsselstellen in der Bibel gegeben, etwa beim Propheten Jesaja, wo es in der Luther-Übersetzung heißt: »Siehe, eine Jungfrau wird empfangen und einen Sohn gebären, den wird sie heißen Immanuel.« (Jes. 7, 14) Jüdische Bibelkenner haben Bedenken lexikalischer und grammatikalischer Art geltend gemacht, die den Bezug zwischen dieser Prophezeiung und der Geburt Jesu erschüttern, wie ihn die christlichen Exegeten im Anschluss an Mt. 1,22 behaupten. Öffentliche Streitgespräche über diese und andere Fragen, wie sie im Mittelalter veranstaltet wurden, gingen zum Zorn der christlichen Obrigkeit regelmäßig zugunsten der Rabbiner aus[18].

Hinter solchen Kontroversen stehen unterschiedliche theologische Lesekulturen. Auf jüdischer Seite die Insistenz auf den näheren historischen und kontextuellen Bestimmungen der Texte; auf christlicher Seite die Entwicklung virtuoser Verfahren der Allegorese, um das Neue Testament als Einlösung des Alten lesbar zu machen. Das Christentum betrieb diese Lektüre im übertragenen Sinn, um den jüdischen Messianismus dekontextualisieren und sich übereignen zu können. Das allegorische Verfahren steht also im Dienst einer Usurpation. Der buchstäbliche Text hätte den christlichen Glauben gleichsam auf seine jüdischen Herkunftsverhältnisse regredieren lassen: Er enthielt eine permanente (und durch die Juden personifizierte) *Bedrohung* der Heilsbotschaft. Dass die Juden unfähig zu spirituellen Regungen seien und dass in dieser Unfähigkeit etwas Zersetzendes liege, ist eines der subtileren antijudaistischen Stereotype, die das Christentum in sich birgt.

Man kann sich über diesen Grundwiderspruch in der christlichen

Traditionsbildung nicht klar genug werden. Jesus war Jude, und die ersten Christen – Anhänger von Jesu Christi – sind Juden gewesen. Das Christentum ist zunächst einmal nichts anderes als eine innerjüdische Erweckungsbewegung. Doch aus der Perspektive des orthodoxen Judentums waren die Angehörigen dieser kleinen galiläischen Sekte *Abtrünnige*, Menschen, die vom Glauben der Väter abfielen. Jesus lag mit den Vertretern der jüdischen Strenggläubigkeit – den Pharisäern und Schriftgelehrten – in einem beständigen Streit. Er entband seine Jünger von Vorschriften (etwa der strengen Achtung des Sabbats), die nach Auffassung seiner Gegner heilig waren. In den Jahrzehnten nach seinem Tod trieb Paulus, der römische Jude, den viele Historiker des Christentums für den eigentlichen Stifter der neuen Religion halten, diesen Konflikt mit dem mosaischen Gesetz so weit fort, dass er sogar die rituelle Beschneidung für unnötig erklärte: *das* Merkmal der fleischlichen Zugehörigkeit zum auserwählten, zum jüdischen Volk.

Abfall vom Glauben der Väter – dies ist das Zeichen, unter dem die junge christliche Gemeinde entstand. Tatsächlich hat ja auch der biographische Jesus das Gebot, Vater und Mutter zu ehren, nicht im Verständnis seiner jüdischen Umwelt erfüllt. Er hat den Mann, den alle für seinen Vater hielten, nicht als solchen anerkannt, sondern die natürliche gegen eine religiös-spirituelle Vaterbindung eingetauscht. Dennoch legen die Evangelien Wert darauf, Jesu Worte und Taten als Einlösung jüdischer Glaubenshoffnungen erscheinen zu lassen. Dieser Anspruch lässt sich aber nur dann erfolgreich geltend machen – und zwar sowohl auf genealogischem als auch auf theologischem Niveau –, wenn eine Form des ›Zusammenlesens‹ von Neuem und Altem Testament durchgesetzt werden kann, die Jesu Wirksamkeit in die Kontinuität des jüdischen Glaubens einbettet. Die Revolte, der Abfall, die Abtrünnigkeit müssen sich die Form der erfüllten Prophetie geben. In dieser Hinsicht, so könnte man sagen, ist das Christentum das Werk der theologischen Lesekunst seiner Verfechter. Es kann seinen Anspruch auf legitime *Beerbung* des jüdischen Glaubens dann und nur dann aufrechterhalten, wenn es einen allegorischen *Deutungsprimat* aufrichtet und verteidigt. Nur wenn die spirituelle Auslegung der von den Evangelien überlieferten Ereignisse sich durchsetzen kann, ist der Messias wirklich gekommen, ist die Frohe Botschaft wahr. Am Anfang der christlichen Sinnproduktion steht das Unterfangen, die buchstäb-

liche Lesart der Heiligen Schrift durch eine höhere, geistigere zu über-
bieten. Die *Expatriierung* Josephs und die Expatriierung der jüdischen
Bibelexegese sind gleichsinnige Akte. Eine Wendung gegen den eigenen Ursprung, sei sie genealogischer oder hermeneutischer Art.

Aus christlicher Sicht wiederum musste für die Juden die wahre
Heilsbotschaft unleserlich bleiben. Was Joseph betrifft, so stellen ihn
mariologische Texte in einem bildhaften Sinn als jemanden dar, der
Schwierigkeiten zu lesen hat. Eine Homilie, die fälschlich Johannes
Chrystostomus zugeschrieben wird, verwendet für Maria den Topos
des versiegelten Buches und führt ihn weiter aus:

> Höre, was von diesem Manne und von der Jungfrau der Prophet spricht:
> Gegeben wird ein versiegeltes Buch einem Manne, der die Buchstaben
> kennt. Wer ist dieses versiegelte Buch, wenn nicht die ganz unbefleckte
> Jungfrau? Von wem wird es übergeben? Von den Priestern. Und wem? Dem
> Zimmermann Joseph, einem Manne, der die Buchstaben kennt, das heißt
> der schon in einer Ehe verheiratet war; und er wird sagen: Ich kann nicht le-
> sen. Warum aber kannst du nicht, Joseph? Ich kann nicht lesen, sagt er, denn
> das Buch ist versiegelt. Wem wird es verwahrt? Dem Schöpfer aller Dinge
> wird es als Wohnung verwahrt.[19]

Erkennbar schließt die Homilie an die apokryphe Geschichte von der
Tempelauslosung an. Das Pseudevangelium des Jakobus hat aus einem
der phallisch bewaffneten Bewerber um das zu verheiratende Mädchen den treuhänderischen Hüter der Virgo gemacht. In die Bildsprache der Homilie übersetzt, bedeutet das, dass Joseph kraft seines ihm
von Gott und den Priestern übertragenen Amtes die *Unlesbarkeit des
Buches* schützen muss. Lesbar ist diesem Analogiesystem zufolge nur
die als Geschlechtswesen anzusprechende Frau. Auch hier markiert
Joseph diejenige Figur, die den Bruch noch verzeichnet, den das Christentum später unsichtbar zu machen versucht, indem es ihn durch eine
logozentrische Hermeneutik überbaut.

Spaltung der Vaterfunktion

So bildet der Joseph-Komplex auf der Verliererseite der monotheistischen abendländischen Religiosität einen zweifachen Fokus. Die irdische Genealogie reißt ab und öffnet sich einer himmlischen Genealogie durch Jungfrauengeburt und Auferstehung; und es reißt eine
bestimmte Form von Lesbarkeit ab zugunsten der Auferstehung des
Sinns. Von nun an werden zentrale Instanzen nur noch in der Form der
Doppelung kulturell verfügbar sein: der Vater (Joseph/Gott); der
Mann (leiblicher Ausschluss/himmlische Ergießung); der Phallus (als
Samen-/als Wortkanal); der Ursprung (durch Blutsverwandtschaft/
spirituell); der Buchstabe (Unlesbarkeit der Maria/Lesbarkeit der
Evangelien als *des* Buches schlechthin). Die Frage ist, wie sich das,
weniger motivisch als struktural, in die Textur der *grands récits* des
Abendlandes eingeschrieben hat.

Die Heilige Familie ist ja nicht nur ein religiöses Phänomen. Sie gehört zu den wichtigsten Bildspendern der Kunstgeschichte und damit
der Ikonographie der westlichen Welt überhaupt – bis hin zur Popkultur des ausgehenden zweiten Jahrtausends. Auf diesem Weg hat sie
nachhaltig die Vorstellungen der Geschlechter- und Familienrollen geprägt. Die Entwicklung der Institution Familie im Abendland lässt sich
nicht ohne die stetige Auseinandersetzung mit ihrem neutestamentlichen Vorbild verstehen. Vor diesem Hintergrund kann es nicht
gleichgültig sein, dass sich die europäische Modellfamilie schlechthin
als eine unvollständige, von einer komplizierten symbolischen Ökonomie gekennzeichnete, durch eine doppelte Vaterschaft doppeldeutige
Familie erweist. Merkwürdigerweise hat sich dafür keine der großen
Kulturtheorien interessiert. Nicht einmal Freud, der doch in seiner
Schrift über den ›Mann Moses und die monotheistische Religion‹ eine
umfassende Analyse der Vater/Sohn-Achse auch im christlichen Glauben versucht, geht auf diesen Sachverhalt ein.

Die Geschichte des christlichen Monotheismus ist von Anbeginn
eine Geschichte der Spaltung der Vaterfunktion: in den empirischen
und transzendenten Part, die anwesende unzuständige und die abwe-
sende, aber aus der Ferne herrschende patriarchale Instanz. Dieses
Schisma der Vaterschaft, geknüpft an die kulturträchtige Trennung
zwischen geschlechtlicher und geistiger Liebe, hat sich zu unterschied-

lichen Zeiten in unterschiedlichen Geschlechtskonfigurationen nieder-
geschlagen. Doch enthält es weit mehr als eine – in bestimmten Grenzen – kulturell assimilierbare Rollenanweisung. Es stellt, durch alle
historischen Einpassungen hindurch, *den* Schlüsselmechanismus in
einem Machtsystem dar, dessen Direktiven im Namen des Vaters er-
gehen.

7. Das unnachahmbare Modell

Gemessen an konventionellen Maßstäben lässt sich Jesu Leben, sowohl seiner Herkunft als auch seinem Vermächtnis nach, nur als ein *heiliges Ausnahmegeschehen* begreifen. Die Schwierigkeit liegt darin, dass die Ausnahmekonstellation der Heiligen Familie zugleich zu einer abendländischen Modellkonstellation geworden ist. Wie wird ein so unwahrscheinliches Beziehungsgefüge zum Vorbild für die Lebensführung der Gläubigen? Wie kann es zur Nachahmung einladen, obwohl diese Nachahmung unter irdischen Bedingungen immerfort scheitern muss? Warum bedient sich die spätere christliche Familienideologie eines Personendreiecks, das in seinem Innern so ausgeprägt *familienfremde*, um nicht zu sagen: *familienfeindliche* Züge enthält?

Wie auch immer man den Identifikationsangeboten der Heiligen Familie zu folgen versucht, sie wird sich der glatten Umsetzung in den Lebensalltag verweigern. Sie bewahrt einen, scheint es, unauflöslichen Rest. Und doch lädt sie andererseits mit großer suggestiver Kraft zur *imitatio* ein. Dieses Wechselspiel hat seinen letzten Grund in einem theologischen Glaubenssatz, der das Christentum von seinen Nachbarreligionen abhebt und ihm zu besonderer Dynamik verhilft: nämlich in der Überzeugung, dass sich Gott in die Welt veräußert hat und ganz und gar, dem Wesen, nicht bloß der Gestalt nach, Mensch wurde. Indem Gott in den Schoß einer Frau hinabstieg, hat er das Heilige und das Unheilige, Transzendenz und Reproduktion miteinander vereint. Der jungfräuliche Leib Mariens ist ein Tausch-Ort, wo das »Wort« »Fleisch« wird und umgekehrt das Fleisch sich transfiguriert.

Doch lässt sich die durch das Kind der Maria verbürgte Verwandelbarkeit von Gotteswort und Menschenleib nicht ein für alle Male begrifflich stillstellen. Es steckt ein Moment von Unruhe in ihr und treibt zu unaufhörlichen Reformulierungen an. Das Mysterium der *einen* Substanz, der in Jesus verkörperten Einheit von Mensch und Gott, bildet lediglich die dogmatische Klammer, innerhalb derer die abendländische Bildtradition auf eigentümliche Weise changiert. So

sehr die religiöse Phantasie in Entfaltung der einen Seite – der Menschwerdung – danach strebt, die Verhältnisse der christlichen Urfamilie
lebensnah-vorbildhaft vor Augen zu führen, so fremd und gebieterisch
ragen die Merkzeichen der anderen Seite – der Göttlichkeit – in diesen
Anthropomorphismus hinein.

Menschliche Nähe und göttliche Ferne bleiben einer ständigen
wechselseitigen Irritation ausgesetzt. Man könnte von einer *Heimsu-
chung* der christlichen Urfamilie durch das Heilige sprechen. Jede ihrer
Beziehungsachsen wird – durch Wiederholung immer der gleichen
Zahlenfigur 2+1 – von einer numinosen Macht heimgesucht und ›gestört‹. In die Beziehung Marias zu ihrem Sohn bricht die ferne Herkunft des Kindes hinein; die Heilige Ehe wird von der weiblichen
Gottesbindung durchkreuzt; Josephs Vaterschaft ist wegen der Dop-
pelbesetzung der Vaterrolle gebrochen. All das unterscheidet die Heilige Familie unwiderruflich von ihren menschlich-irdischen Postfigurationen. Und doch bergen gerade diese Anomalien eine immense
soziale Energie. Sie greifen tief in den phantasmatischen Unterbau der
familiären Prozesse und damit in den Prozess der Vergesellschaftung
überhaupt ein.

Was hier zur Diskussion steht, ist die Funktionsweise religiöser Symbolik im Allgemeinen. Offenkundig sind das Heilige und das Profane
eng aufeinander bezogen, ohne indessen jemals zur Deckung gelangen
zu können. Aber diese Inkongruenz muss man nicht – auch wenn
Gläubige das aus ihrer Sicht zu tun pflegen – als moralische Unvoll-
kommenheit oder ontologischen Mangel des irdischen Daseins verstehen. Sie scheint im Gegenteil eine wesentliche Bedingung für die kulturelle Reichweite und Macht dessen, was für heilig erklärt wird, zu
sein. Religiöse Symbole erstrecken sich in zwei Extensionen: die eine
der sozialen Empirie zugewandt, Ausgangspunkt für Sequenzen von
Ähnlichkeiten beziehungsweise Verähnlichungsaktivitäten; und eine
zweite, eine Seite der *Andersheit*, die sich gegen ihre lebensweltliche
Umsetzung sperrt und deshalb im Raum des Imaginären nur in Gestalt
von Paradoxien oder Rätselfiguren aufscheint, von Fremdkörpern, an
die sich im Lauf der Zeit ein Kranz unzulänglicher, nie erschöpfender,
letztlich vergeblicher Deutungen ansetzt.

Solche Symbole tragen die Spannung zwischen dem Heiligen und
dem Profanen, zu deren Darstellung und semantischer Regulierung sie

dienen, noch einmal in sich selber aus. Hinter ihrer Schauseite verbergen sie gewissermaßen einen arkanen, von außen uneinsehbaren Bezirk. Während sie nach der weltzugewandten Seite hin Anschauungsmuster bereitstellen, die im dauernden Spiel der kollektiven Phantasie beweglich einsetzbar sind, wird in diesem rückwärtigen Bezirk ein *Konstitutionswissen* aufbewahrt, das immer nur unvollständig in die gesellschaftliche Sinnproduktion eingehen kann, weil es ihren *Rand* bildet und überhaupt erst das *Bedingungsgefüge* schafft, nach dessen Vorgaben sie operiert. Dort ist, anders ausgedrückt, das Unverfügbar-Heilige der Gesellschaft selbst, das *Geheimnis ihrer Codierung*, gespeichert. Religiöse Symbole sind Steuerzeichen. Sie sind an den Grundregelungen des sozialen Codes beteiligt. Sie fungieren als halb sichtbare, halb unsichtbare Grenzrelais zwischen der symbolischen Ordnung (der alle sozialen Artikulationen gehorchen) und dem Imaginären (den intersubjektiven Binnenbezügen, die im Feld der symbolischen Hauptkoordinaten entstehen).

Was den Modellcharakter der christlichen Urfamilie angeht, so müssten also, richtig gelesen, auch und gerade deren ›Unmöglichkeiten‹ Informationen über soziale Langzeitsteuerungen enthalten. Dieser Blickwinkel rückt das Numinose, das Unnahbare, Abgründige, Durchbrochene, Liminale der Heiligen Familie in den Mittelpunkt, um daraus Rückschlüsse auf die *transzendentale Mechanik* der abendländischen Gesellschaft zu ziehen. Doch es ist nicht so, dass die dem heiligen Vorbildgeschehen inhärenten ›Unmöglichkeiten‹ seine soziale Anschließbarkeit vermindern. Denn gerade die Unschärferelation, die der christliche Familienmythos zwischen dem Göttlichen und dem Menschlichen offen hält, gewährt einen breiten Spielraum für Aneignungsakte und Bedeutungstransfers. Der Einbruch Gottes in den Schauplatz der Familie stiftet ein dichtes Gewebe empirisch-sakraler Beziehungsoptionen. Die Binnenverhältnisse innerhalb des christlichen Familiendreiecks sind in einer Weise *überdeterminiert*, die eine unüberschaubare Vielfalt von symbolischen Anverwandlungen erlaubt. So ist die Heilige Familie zum Kernkomplex eines kulturellen Symbolismus geworden, der im Verlauf von zweitausend Jahren kaum eine kombinatorische Möglichkeit ungenutzt gelassen hat.

8. Kombinatoriken I:
Die Mutter-Sohn-Achse

Von der Rebellion zur Heimholung des toten Christus

Alte Darstellungen zeigen die Madonna als starre, in kosmologische Dimensionen entrückte Majestät. Doch dies ist nur das eine Extrem in der Fülle der gestalterischen Möglichkeiten, die sich den Künstlern boten. Maria bringt mit Jesus ein menschliches Kind aus Fleisch und Blut zur Welt. Die *Vermenschlichung Gottes* – in der Ikonographie ein langer Prozess, der sich von den erhaben-strengen Darstellungen der Spätantike und der byzantinischen Kunst bis zur plastischen Körperlichkeit der Renaissancemalerei erstreckt[20] – geht einher mit der Verdiesseitigung ihrer Mutterschaft. Das öffnet das Feld für alle Nuancen eines zutiefst menschlichen Mutter-Sohn-Verhältnisses. Gegründet auf das Dogma der Inkarnation, das auf dem Konzil von Ephesos 431 seine abschließende Formulierung fand, erscheint das Übernatürliche im Verhältnis zwischen Christus und der Madonna in einem immer natürlicheren, der Menschenwelt gemäßeren Licht.

Maria, die ihr Kind in heiliger Liebe betrachtet und anbetet; die es umsorgt, wiegt und stillt; die den verloren geglaubten Knaben im Tempel wiederfindet, ihm Vorwürfe macht und doch nicht umhin kann, sich über seine Weisheit im Gespräch mit den Schriftgelehrten zu verwundern; die sich von ihrem erwachsenen Sohn, dem inzwischen ein männlicher Lehrer, Johannes der Täufer, seine Berufung eröffnet hat, zurückweisen und verleugnen lassen muss –: all diese Episoden lassen sich über ihren persönlichen Bezug auf Jesus hinaus verallgemeinern. Sie bieten ein lebensgeschichtliches Muster, an das männliche Psychobiographien generell anknüpfen können. Auf diese Ebene transponiert, sind die Lebensstationen des christlichen Messias lesbar als Etappen eines Ablösungsprozesses, der den erwachsenen, von einer spirituellen Mission erfüllten Sohn dazu treibt, sich von seiner Herkunft und damit von der Person der Mutter zu entfremden. Die Evangelien führen, eingefügt in ihren religiösen Haupttext, so etwas wie ein Emanzipationsmodell vor, und ihre Stärke besteht darin, dass sie die damit verbundenen Konflikte, exemplarisch darge-

Willem Key (um 1515–1568), Beweinung Christi. München, Alte Pinakothek

stellt an den Spannungen zwischen Familie und Jüngerkreis, nicht verhehlen.

Doch dabei bleibt es nicht. Das, was man auf der Grundlage des Evangelienberichts als Psychodynamik von Jesu Leben nachzeichnen kann, gerät im Prozess der Überlieferung selbst immer stärker in das Kräftefeld historischer Langzeitkoordinaten. Die neutestamentliche Quellenlage stößt auf gegenstrebige Interpretationsmächte, die ihrerseits von einer, in diesem Fall kollektiven, Psychodynamik geleitet sind.

Wenn die Evangelien vom Werdegang des jungen Mannes Jesus in der Form eines Ablösungsprozesses erzählen, so kehrt die große marianische Wende des Christentums seit dem 11. Jahrhundert dessen Tendenz in ihr Gegenteil. Sie verlässt dabei den Boden des Neuen Testaments und ergänzt dessen Bericht durch ein Gewebe aus legendarischen Zusätzen und bildnerischen Ausschmückungen.

Die theologische Basis für solche Operationen ist denkbar schmal. Nur an einer einzigen Stelle, im Johannes-Evangelium, wird die Teilnahme von Jesu Mutter auch am Passionsgeschehen beglaubigt: »Es stand aber bei dem Kreuze Jesu seine Mutter und seiner Mutter Schwester, Maria, des Kleopas Frau, und Maria Magdalena.« (Joh. 19, 25) Diese einzige Erwähnung wird zum Ausgangspunkt einer gewaltigen ikonographischen Umwälzung. Im Zeichen der veränderten, emotionalisierten Frömmigkeit des Hoch- und Spätmittelalters arbeiten Künstler und Prediger an einer *Dramatisierung* von Jesu Tod, die tiefe Spuren im abendländischen Bildgedächtnis hinterlassen hat. Die Trauernden am Kreuz gruppieren sich seither um eine zweite Hauptfigur. Diese Figur ist die Mater dolorosa – die vom Übermaß des Leidens gebeugte, in Tränen um ihren Sohn aufgelöste Mutter des gemordeten Erlösers.

Die Trauer der Mutter ist kein genuin christliches Motiv. Sie entstammt dem Fundus der heidnischen Religiosität. Im Zusammenhang von Jesu Leben gewinnt sie indessen einen eigenen Sinn. Als Abschluss einer Emanzipationsgeschichte gelesen, werden die Szenen am Kreuz zu Beweisstücken dafür, dass der Prozess der Herauslösung aus der Familie gescheitert ist. Jesus stirbt in tiefster Verlassenheit; die Jünger haben ihn verleugnet, sind entflohen und halten sich versteckt. Nur Maria und einige Frauen in ihrem Umkreis bewahren ihm die Treue. Nicht schon der Kreuzestod, wohl aber die Beweinung Christi, die seine Mutter zur Neubegründerin der gläubigen Gemeinde aufwertet, besiegelt ikonographisch die Niederschlagung der brüderschaftlichen Rebellion. Jesus, der die Heimat in Galiläa verließ, Eltern und Geschwister verleugnete und seine Anhänger anwies, es ihm auch hierin nachzutun, kehrt als Geschlagener, Gekreuzigter zum Ort seiner menschlichen Herkunft zurück. Sein Leichnam wird symbolisch in den Schoß der Mutter zurückgebettet. Als christliche Schmerzensmadonna hat die jüdische Frau Miriam ihre Zurückweisung überwunden

und verleibt sich ihren Sohn wieder ein. Sie nimmt Züge einer archety-
pischen *possessiven Mutter* an, die ihr Kind in die Regression treibt[21].
Die Mutter-Sohn-Dyade ist restauriert – um den Preis seines Todes[22].

Stabat Mater

Welcher fundamentale Perspektivwechsel mit dieser *Rehabilitation der
Mutter* verbunden ist, führt auf eindrückliche Weise der Text des »Stabat Mater« vor Augen, eines Mariengedichts aus dem 13. Jahrhundert,
das Jacopone da Todi oder Bonaventura zugeschrieben wird und zu
bedeutenden Vertonungen angeregt hat. Das Gedicht spielt sukzessive
drei Blickrichtungen durch. Es malt eingangs die Szene am Kreuz aus
und evoziert im Hörer Mitleid mit dem Leiden Mariens.

Stabat Mater dolorosa	Christi Mutter stand mit Schmerzen
juxta crucem lacrymosa	bei dem Kreuz und weint von Herzen,
dum pendebat Filius	als ihr lieber Sohn da hing.

In der zweiten Sequenz, die mit der 9. Strophe beginnt – kurz vor der
Mitte des Gesangs –, wendet sich der Sprecher appellativ an Maria
selbst:

Eja mater, fons amoris!	Gib, o Mutter, Born der Liebe
Me sentire vim doloris	dass ich mich mit dir betrübe,
fac, ut tecum lugeam.	dass ich fühl' die Schmerzen dein.

An die Mutter Gottes ergeht die seltsame Bitte, sich in ihren Jammer
einbeziehen zu dürfen, um durch ihre Vermittlung Eingang in Jesus zu
finden. Das Gebet steigert sich dahin, dass der Sprecher auch an der
Pein des Gekreuzigten teilhaben will; Maria, fleht er, soll ihm die Wun-
den Jesu in die Seele eindrücken (11. Strophe). Der in Betrachtung der
Kreuzesszene Versunkene äußert also einen doppelten Schmerzens-
wunsch: Er will Marias Leid und auf diesem Weg das Leid ihres Sohnes geradezu am eigenen Leib mitempfinden.

Fac me tecum pie flere	Lass mit dir mich herzlich weinen,
crucifixo condolere	ganz mit Jesu Leid vereinen,
donec ego vixero.	solange hier mein Leben währt.

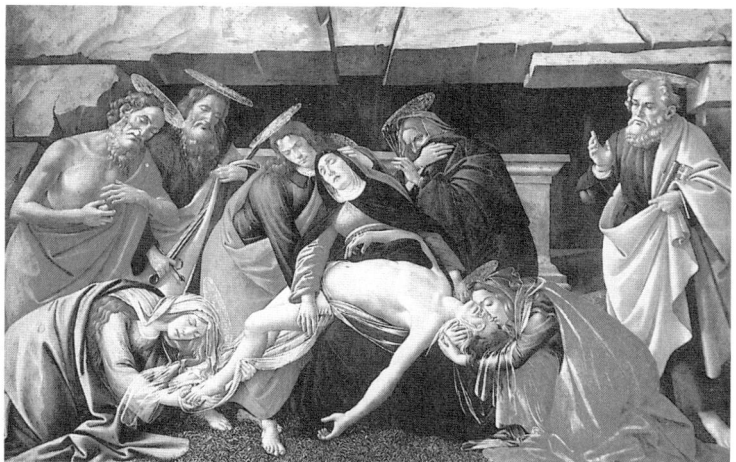

Botticelli, Pietà, 1495. München, Alte Pinakothek

Erst in den beiden Schlussstrophen wendet sich das Gedicht in einer Fürbitte direkt an Christus – und auch dies geschieht in Form einer Mediation, nämlich »um der Mutter Leiden« willen (19. Strophe). Durchgängig ist Christi Passion vom Blick und Empfinden der Mutter her perspektiviert. Das »Stabat Mater« verknüpft zwei mimetische Relationen. Zum einen bewegt es den Betenden dazu, sich in den Blick der Mutter auf den gekreuzigten Sohn zu versetzen; Maria soll für ihn zu einer Einführungsfigur werden; er macht sich also ein weibliches Sehen zu Eigen, betet darum, »fühlen« zu dürfen »wie dein Mutterherz« (16. Strophe). Zum anderen will er die Nachfolge von Christi Passion auf sich nehmen. Er sucht Erlösung in der Teilnahme am Martyrium. Doch die im Gedicht evozierte Wundmystik hat einen unvermeidlichen Hintersinn. Durch alles Leiden-Wünschen identifiziert sich der Sprecher mit eben derjenigen Person, auf die sich der mütterliche Schmerzensblick richtet. Er kommt in den Genuss einer Art von ›Leidensgewinn‹ – das ist das Sich-Spiegeln in der zärtlichen, alle Aufmerksamkeit versammelnden Trauer der Mutter. Eine eigentümliche Solidarität verbindet Mutter und Sohn miteinander. Die Instanz des Vaters, der das Opfer am Kreuz geboten hat, tritt im »Stabat Mater«

nicht in Erscheinung. Die christliche Passion ist zu einer Affäre *innerhalb* der Mutter-Kind-Dyade geworden – ein Leidensgeschehen, über dem sich der weiche Glanz ungeteilter mütterlicher Liebe ausbreitet.

Pietà

Diese Wiedereinrichtung der vom mütterlichen Blick beherrschten Dyade findet ihren vollkommenen Ausdruck im Motiv der Pietà. In der Regel sind auf den Pietà-Darstellungen nur Maria und Jesus zu sehen; sie treiben die Intimisierung des Leidens zu ihrer letzten Konsequenz. Manche Maler, Giovanni Bellini etwa, arbeiten die Analogie zwischen der Madonna col Bambino und der Pietà offen heraus: Wie beim schlafenden Kind ruht der Körper des Leichnams sanft ausgestreckt auf dem Mutterschoß, der in weite Gewänder gehüllt ist und sich zu einer Art Schlafstatt verbreitet. Die Proportionen sind verschoben, der Leichnam wirkt kleiner, jünglingshaft und grazil; er schmiegt sich fast schwebend in die Gewandfalten und den bergenden Körper der Mutter ein. In höchster Vollendung zeigt das Michelangelos berühmte Skulptur, die zudem der Maria eine jugendliche Schönheit verleiht, die den natürlichen Altersabstand zwischen beiden Figuren aufhebt.

Seit dem 14. Jahrhundert eröffnet die Pietà eine eigenständige, mächtige Tradition. Sie rückt nicht die Erlösernatur des himmlischen Kindes und auch nicht den rebellischen Zug von Jesu späterem Leben ins Zentrum. In ihr mündet die dunkle Seite des Berichts der Evangelien, die Passion. Sie artikuliert jene tiefe Verlassenheit und Auslieferung an den Schmerz, die eine der wichtigsten und rätselhaftesten Ressourcen der christlichen Frömmigkeit bildet. Aber das Leid überbordet nicht, begehrt nicht auf; es wird durch die ruhige Haltung der Trauernden, ja durch Zeichen ihrer Einwilligung getragen und eingefasst. Der Schmerz verknüpft die Mutterliebe mit dem Gedanken des Opfergangs. In dieser trostlos-tröstlichen Doppelfunktion wird das Pietà-Motiv vielfältig umbesetzbar. Ein spezifischer Kult der Trauer, verknüpft mit einem Kult des Opfers, schließt an sie an.

Es gibt im europäischen Kulturraum kaum eine männliche Leidensgeschichte, die nicht Parallelen zur Passion Christi in Anspruch

Michelangelo, Pietà. Rom, St. Peter, 1489/99

nimmt. (Überhaupt tritt männlicher Narzissmus hier selten ohne messianische Anklänge auf.) Offenbar stellt die Klage der Mutter eine Pathosformel dar, die zur Verstärkung, gleichsam als Resonanzboden der Bedeutsamkeit des männlichen Opfergangs unentbehrlich ist. Das reicht bis zu den Kriegerdenkmälern des 19. und 20. Jahrhunderts, die sich trotz ihrer ganz und gar offiziellen Funktion der Bildwirkung einer rein menschlich-privaten Leidensbeziehung zwischen der Mutter und dem entseelten Jünglingskörper des Helden bedienen.

Die moderne Staatskunst beerbt und profaniert das Motiv der Pietà auf doppelte Weise: sowohl im Hinblick darauf, was sie zur Darstellung bringt, als auch in Bezug auf das, was den schweigenden Rand dieser Darstellung bildet. Denn so groß die Stille um die Trauernde und den in ihren Armen hingesunkenen Leichnam ist, so intim die Beugungen und Gewandfalten beider Körper ineinander zerfließen, stets wohnt diesem Zusammensein ein unsichtbarer Beobachter bei. Es ist derjenige, auf dessen Geheiß das Opfer geschah, in dessen Willen die trauernde Mutter sich fügt; derjenige, der noch ihrem bittersten Schmerz etwas Hingebungsvolles verleiht. Das Bild der männlichen Leiche, das die Ikonographie des Abendlandes beherrscht[23], und das korrelative Bild der Schmerzensmadonna oder, in deren Nachfolge, Soldatenmutter sind von einer dritten, außen stehenden, göttlichen beziehungsweise gottähnlichen Position her definiert.

Auch das vereinigte Deutschland hat sich übrigens unter das Zeichen der Pietà gestellt. Es besitzt seit 1993 eine ›Zentrale Gedenkstätte‹, untergebracht in der ›Neuen Wache‹ in Berlin. Auf Wunsch des damaligen Bundeskanzlers Helmut Kohl befindet sich in dem tempelähnlichen Schinkel-Bau an der Straße Unter den Linden eine vergrößerte Bronzeplastik von Käthe Kollwitz, eine Pietà von 1937 / 38. Die Gedenkstätte soll in allgemeiner Formulierung den »Opfern von Krieg und Gewaltherrschaft« gewidmet sein. Dass das christliche Symbol der Pietà einen Großteil der Opfer ausschließt, an die es erinnern soll – die Juden –, hat ebenso heftige wie vergebliche öffentliche Kritik ausgelöst.

Das Verhängnis der deutschen Erinnerungspolitik nach der ›Wende‹ schließt indessen noch eine weitere Fehlleistung ein. Im Ersten und im Zweiten Weltkrieg war die trauernde Mutter geradezu eine nationale Ikone, Sinnbild all derer, die dem Krieg willig ihr Opfer brachten[24]. Diese Tradition spielt sowohl in der Lebensgeschichte als auch in der Genese des Werkes von Käthe Kollwitz eine wichtige Rolle[25]. Das Gedenken an die Opfer verwendet also gestalterische Mittel, die schon von den Tätern eingesetzt wurden. Uneingestandenermaßen begibt sich das Trauerritual in Komplizenschaft mit den Mächten, deren Opfer es beklagt. – Ein Effekt, der Rückfragen an die Anfänge dieser Bildtradition und damit an die Rolle der trauernden Mutter Christi herausfordert.

Mystische Partizipationen

Die Achse Jesus–Maria wäre unvollständig beschrieben, würde man sie allein auf das Mutter-Sohn-Verhältnis einengen. Die christliche Spiritualität hat beide ja zugleich als Braut und Bräutigam miteinander vereinigt. Dieses Bild lässt sich ebenso auf die individuelle Frömmigkeit wie auf die Symbolik kollektiver Formationen anwenden. Maria kann nicht nur durch ihre Mutterschaft, sondern auch durch den Brautstand Lebensvorbild zumal der weiblichen Gläubigen sein[26]. Die christlichen Jungfrauen der Spätantike, die zu einem heiligen Lebenswandel bestimmt sind, werden »Bräute Christi« genannt[27]. Auch die Nonnen, Töchter Mariens, die in den Klöstern das Keuschheitsgelübde ablegen, sind Jesus getraut; ihre Einsegnung gleicht einem Hochzeitsfest[28]. Die Frauenmystik des Spätmittelalters hat diesen spirituell-erotischen Bezug zu Christus als intensive persönliche Erfahrung ausgestaltet.

Maria wird zum Idealbild all derer, die liebend von Gott erfüllt sind. Sie figuriert als Allegorie der kirchlichen Gemeinde, die nach einem von Paulus verwendeten und immer wieder aufgegriffenen Topos eine mystische Ehe mit Christus eingeht. Schlüsseltext ist hierfür das 5. Kapitel des Epheserbriefs:

22. Die Frauen seien untertan ihren Männern als dem Herrn.
23. Denn der Mann ist des Weibes Haupt, gleichwie auch Christus das Haupt ist der Gemeinde, die er als seinen Leib erlöst hat.
24. Aber wie nun die Gemeinde ist Christus untertan, so seien es auch die Frauen ihren Männern in allen Dingen.
25. Ihr Männer, liebet eure Frauen, gleichwie auch Christus geliebt hat die Gemeinde und hat sich selbst für sie gegeben,
26. auf dass er sie heiligte, und hat sie gereinigt durch das Wasserbad im Wort,
27. auf dass er sie sich selbst darstellte als eine Gemeinde, die herrlich sei, die nicht habe einen Flecken oder Runzel oder etwas dergleichen, sondern dass sie heilig sei und unsträflich.
28. So sollen auch die Männer ihre Frauen lieben wie ihren eigenen Leib.

Mit diesen Sätzen legt Paulus das theologische Fundament für den ungleichen Rang der Geschlechter – ein Schritt, der die christliche Auffassung der Ehe bis weit in die Moderne hinein präjudiziert. Aber er prägt zugleich eine Denkfigur des Sozialen, deren Reichweite sich kaum überschätzen lässt. Liebe im paulinischen Sinn ist kein emotionales Verhältnis zwischen getrennten, voneinander unabhängigen Individuen. Sie beruht nicht auf einer interpersonalen Beziehung im heutigen Sinn. Mann und Frau, die sich in Liebe verbinden, bilden *einen* Körper, eine unauflösliche Einheit aus Haupt und Leib. Die Liebe zwischen Christus und der Gemeinde, die der menschlichen Liebe Modell stehen soll, ist *partitiv* statt *relational*. Wenn Paulus die Gemeinde als den erlösten Leib Christi bezeichnet, so steht dieses Weibliche dem umfassenden Wesen Christi nicht äußerlich gegenüber; es gehört ihm immer schon zu. Die Gemeinde bezieht sich auf Christus nicht wie eine Person auf eine andere, sondern wie der (geringere) Teil auf das (erhabene) Ganze. Liebe ist der Name für den inneren Zustand der auf Christus gegründeten kommunitären Gesamtkörperschaft.

sponsus-sponsa-Motivik

Im Lauf des Mittelalters prägt sich ein eigenständiger Darstellungstyp aus, in dem Christus und Maria in bräutlicher Gemeinschaft, als *sponsus* und *sponsa*, über dem Stufenbau der geistlichen und profanen Welt residieren. Sie sind zuweilen wie ein Regentenpaar auf gleiche Höhe gesetzt; in anderen Versionen jedoch erscheint Maria verkleinert und der Zentralgestalt des Erlösers untergeordnet. Zu diesem darstellerischen Komplex gehört das Motiv der Marienkrönung: In spiritueller Umkehrung des natürlichen Zeitablaufs erhebt der Weltenherrscher Christus seine Mutter zur Himmelskönigin an seiner Seite. Er greift seiner eigenen Herkunft voraus, indem er Maria antizipatorisch zu seiner Gebärerin kürt. Maria als Geschöpf ihres Sohnes – »Vergine madre, figlia del tuo figlio«, wie Dante singt[29].

Die mystische Brautschaft ist ein religiöses Symbol, in dem sich gleich mehrere Relationen und Hierarchien kreuzen, austauschen, beeinflussen und überlagern. Es fungiert nicht nur als ›Knotenpunkt‹ spiritueller Bedeutungen, sondern setzt auch institutionelle Machtbalancen in Szene. Dadurch wird es ganz allgemein zu einem *Organisationszentrum der sozialen Synthesis*.

**Sponsus-Sponsa. Beda-Kommentar zum Hohen Lied.
Englisch, 12. Jahrhundert, Cambridge**

1. Zunächst einmal ermöglicht es die paulinische Analogie von himmlischer und irdischer Ehe, die *sponsus-sponsa*-Darstellungen direkt auf die jeweiligen empirischen Machtverhältnisse zwischen Männern und Frauen zurückzubeziehen und zur Regulierung der Geschlechtsnormen einzusetzen. So sehr die christliche Allegorese ihren eigenen Gattungsregeln gehorcht, sie steht doch immer auch in Wechselwirkung mit sozialgeschichtlichen Realitäten[30]. Schon die patristische Ehelehre macht ausgiebige Anleihen bei der mystischen Hochzeit Mariens mit Gott, um Männern und Frauen ihren Platz in einer göttlich geordneten Welt zuzuweisen. Dennoch kann man die zahllosen Ausgestaltungen

des Brautmotivs nicht einfach als jeweiligen Ausdruck sozialhistorischer Tatsachen lesen. Sie werden von vielen weiteren Faktoren beeinflusst, die sich aus dogmatischen, moralischen, juristischen oder kirchenpolitischen Rücksichten ergeben.

2. Theologisch greift die *sponsus-sponsa*-Konstellation in die Textkonkurrenz zwischen jüdischer und christlicher Bibel ein. Denn der Topos der mystischen Hochzeit zitiert die große erotische Dichtung des Alten Testaments, das Hohe Lied, um sie sich geistlich zu übereignen und in den Kontext der Marienverehrung hinüberzuziehen. Ein exegetischer Gewaltakt, der den Begriff der Liebe von allen fleischlichen Genüssen abtrennt und in den Dienst eines unstillbaren *Transzendenzverlangens* stellt. Aus dem hebräischen Hymnus auf die Schönheiten des Leibes wird eine Feier der Reinheit und Einkehr in Gott. Doch auch die Innigkeit dieser mystischen Verschmelzung trägt den Stempel der geschlechtlichen Asymmetrie. Innerhalb der spirituellen Vereinigung behauptet Gott den Primat über die ihm hingegebene gläubige Seele.

3. Dieses Gefälle wird auf die kollektive Gottesverehrung übertragen. Wann immer Maria als Repräsentantin der kirchlichen Gemeinde im Ganzen aufgefasst wird, steht sie sinnbildlich für eine besondere Tugend der Ecclesia, nämlich für deren Demut gegenüber dem himmlischen Bräutigam ein. Sie ist die Empfangende, die Hörerin der Worte des Herrn, die alles durch göttliche Vollmacht, nichts aus sich selber vermag. Wenn sie in dieser Eigenschaft auch die Kirche als Ganze personifiziert, so nimmt die allegorische Kombinatorik, die im Mittelalter zur Blüte gelangt, doch innere Differenzierungen vor. Denn mit dem *sponsus-sponsa*-Modell lässt sich das institutionelle Verhältnis zwischen den geistlichen Würdenträgern und der Kirche und damit das katholische Amtsverständnis überhaupt ins Bild setzen. Auch der Bischof, zum Zölibat verpflichtet, geht im höheren Sinn eine Ehe ein: Er »wurde bei seiner Ordination der *sponsus*, der Bräutigam und Gatte seiner Kirche, mit der er nun verheiratet war« und vertritt so, wie der Papst selbst, die Rolle Christi auf Erden[31]. Das System der mystischen Partizipationen schafft mehrdeutige Rollenverhältnisse: In ihrer Zugehörigkeit zur jungfräulichen Ecclesia spielen die kirchlichen Amts-

träger den femininen, in ihrer Vermählung mit der Gemeinde den maskulinen und dominanten Part.

4. Schließlich kann das Motiv der Brautschaft eine Bühne ikonopolitischer Kämpfe zwischen der weltlichen Herrschaft und dem Machtanspruch des Papsttums bieten. In diesem Fall ist das kirchliche Interesse anders gelagert als in den zuvor genannten symbolischen Relationen und geht auf die Stärkung der hierarchischen Stellung Marias aus:»das Bild von der triumphierenden Jungfrau Maria« stellt ein »Sinnbild der triumphierenden Kirche« dar[32], während sich König- und Kaisertum im Mittelalter durch ein christologisches Fundament legitimieren[33]. Die gleiche Symbolik dient also, je nach Anwendungszusammenhang, äußerst divergenten Herrschaftsansprüchen.

Diese Auflistung erhebt keinen Anspruch auf Vollständigkeit. Sie kann aber eine wichtige Funktion des Motivs der jungfräulichen Brautschaft belegen. In seiner Übertragbarkeit auf institutionelle Paarungen hilft dieses Motiv dabei, einen allumfassenden christlichen Kommunitarismus ins Werk zu setzen. Genauer: Es lässt Machtbeziehungen als Liebesbeziehungen erscheinen, codiert Abhängigkeit in Hingabe, Autorität in Zuwendung und Fürsorge um. Aus einem mehr oder minder gewalttätigen Nebeneinander von Körpern lässt es Synthesen höherer Ordnung entstehen, die von spirituellen Kräften getragen sind. Die christliche Theologie der Liebe zeitigt nicht nur institutionspolitische Konsequenzen; sie wirkt pazifizierend auf den affektiven Zusammenhalt der Gesellschaft überhaupt ein.

Mütter gebären Kinder. Sie gewährleisten die biologische Reproduktion des Menschengeschlechts. Der Zyklus der Leiblichkeit geht mitten durch ihre Körper hindurch. Die Tatsache, dass die zentrale Mutter-Kind-Achse des Christentums zugleich als bräutliches, nichtsexuelles Liebesverhältnis gedacht wurde, ist deshalb von großer Tragweite. Sie legt die symbolische Grundlage dafür, den gesellschaftlichen Zusammenhalt zu *entkörperlichen*. Diese Entkörperlichung geht mit dem Aufbau von Kollektiven als *Korporationen* einher. Das Modell der jungfräulichen Vereinigung verwandelt leibliche Abhängigkeitsbeziehungen in ein Aggregat aus mystischen Liebesverhältnissen zwischen mystischen Körperschaften, die den Einzelnen nur insoweit einbeziehen, als er sich über die Schranken seiner biologischen Existenz hinausheben lässt.

Unter allen Sterblichen war es nur Christus und Maria vergönnt, die Grenze zwischen Erde und Himmel zu überschreiten. Jesus ist nach dem Zeugnis der Evangelisten auferstanden und zum Himmel gefahren. Die leibliche Auffahrt Marias, die lediglich auf legendarische Quellen zurückgeht, konnte sich erst sehr viel später als Glaubenstatsache durchsetzen. Sie hatte zur Voraussetzung, dass man Maria, wie Christus, von der Erbsünde und damit von der Vergänglichkeit und Verderbnis des Fleisches freisprach. 1950 verkündete Papst Pius XII. gegen massiven innerkirchlichen Widerstand das Dogma von Marias leibhaftiger Himmelfahrt. So sind Christus und Maria »die einzigen Wesen, von denen Katholiken heute glauben, dass sie mit ihren Körpern im Himmel sind«[34]. Wenn es eine *religiöse Genauigkeit* gibt, dann zeigt sie sich in dieser doppelten Verklärung. Jesus und Maria, das mystische Paar, das so viele Folgepaarungen hervorgebracht hat, wirkmächtiges Symbol für eine spirituelle Leiblichkeit schon auf Erden, sind in leiblicher Spiritualität in das Himmelreich eingegangen.

9. Kombinatoriken II:
Die heilige Ehe

Die Purifikation der Frau

Wer sich mit der Überlieferungsgeschichte der Ehe zwischen Maria und Joseph befasst, stößt auf ein Phänomen, das man *Ansteckungskraft der Keuschheit* nennen kann. Die Christenheit hat sich nicht mit dem Glaubensartikel der jungfräulichen Empfängnis des Gottessohnes begnügt. In der frühesten Zeit wird die Erwähnung von Jesu Brüdern und Schwestern in den Evangelien damit erklärt, dass die Heiligen Eltern nach der Ankunft des Messias in vollzogener Ehe gelebt und weitere Kinder gezeugt hätten. Aber schon seit der Mitte des 2. Jahrhunderts greift die Vorstellung von Marias immer während Jungfernschaft Raum. Sie wird von den Begründern des christlichen Mönchstums, den Kirchenvätern Clemens und Origenes, befürwortet und breitet sich durch deren Einfluss im Westen aus[35].

Damit nicht genug; Augustinus' Erbsündenlehre lenkt den Blick auf die theologische Notwendigkeit, auch Maria, durch Geburt mit dem Gottessohn fleischlich verbunden, von der Schuld aller Menschen seit dem Sündenfall auszunehmen. Weil die Erbsünde durch die Kette geschlechtlicher Zeugungen hindurch weitergegeben wird, spinnen sich Volkslegenden und theologische Räsonnements bald um Marias eigene Geburt. Anna und Joachim, der Legende nach die Eltern der Gottesmutter, sollen ihr Kind ebenfalls durch ein göttliches Mirakel empfangen haben. Die Logik der Reinheit folgt der Logik der Verunreinigung, nur mit entgegengesetzter Tendenz. Über die gleiche matrilineare Abstammungsfolge, über die sich die Erbsünde fortpflanzt und eine Generation nach der anderen infiziert, breitet sich die Gegenkraft gegen die Erbsünde, die geschlechtliche Enthaltsamkeit, aus. Einer Ordensüberlieferung der Karmeliterinnen zufolge erstreckt sich dieses Reinigungswerk sogar auf die Mutter der Mutter Marias. Denn schon die Zeugung der heiligen Anna durch Stollanus und Esmeria, so wird berichtet, war von wunderbaren Begleitumständen geprägt[36].

381 verkündet ein Konzil Marias jungfräuliche Mutterschaft. 390 dekretiert Papst Siricius, Marias Jungfräulichkeit sei während und

nach der Geburt Christi unversehrt geblieben. 451 wird Maria der Titel
der Ewigen Jungfrau verliehen, 649 das Dogma ihrer immer währen-
den Jungfräulichkeit formell verkündet[37]. Das Spätmittelalter, die
Gegenreformation und noch das fortschrittsgläubige 19. Jahrhundert
haben das Bild der reinen, asexuellen Mütterlichkeit Mariens ergänzt
und vertieft. 1854 erklärt Papst Pius IX. aufgrund von strittigen Schrift-
beweisen Mariä Unbefleckte Empfängnis durch Anna zur unbezwei-
felbaren Glaubensgewissheit[38]. Wenig später erscheint der vierzehn-
jährigen Bernadette von Soubirous in Lourdes eine Gestalt, die sich ihr
als Maria, die Unbefleckt Empfangene, zu erkennen gibt[39].

Aus gutem Grund haben sich in den zurückliegenden Jahrzehnten
zumal feministische Autorinnen mit den vielen Facetten des Marienkults beschäftigt. Sie haben in ihr den Schlüssel zu einer Kulturgeschichte der sexuellen und sozialen Disziplinierung der Frau durch die
katholische Kirche gesehen. In der Tat sind in der jahrhundertelangen
Zurichtungsarbeit an dieser christlichen Leitfigur die repressiven Tendenzen unübersehbar. Indessen handelt es sich hierbei nicht um einen
einheitlichen und schon gar nicht um einen von bestimmten (männlichen) Subjekten auf lange Sicht *gesteuerten* Prozess. Soziostrukturelle
Entwicklungen dieses Typs verlaufen nicht intentional; sie zeitigen
Langzeiteffekte, die für keine der involvierten Parteien vorausbe-
rechenbar sind.

Im Rückblick stellt sich der Wandel der Marienfigur als Um- und
Überschreibung einer darunter liegenden Vorlage dar. Erstens arbeitet
er an der *Christianisierung* Marias, an der Überzeichnung ihrer kon-
kreten jüdischen Lebensumgebung durch die Eigenschaften der
christlichen Himmelskönigin, Kanzlistin Gottes, Vermittlerin, Schutz-
patronin, und was sonst ihre Attribute sein mögen[40]. Zweitens wird
aber auch ein außerbiblischer, heidnischer Prätext überschrieben. Das
Motiv der Jungfrauengeburt ist keine christliche Besonderheit. Die
Antike kennt unzählige jungfräuliche Göttinnen, die zumeist im Zusammenhang mit agrarischen Kulten stehen[41]. Viele der antiken Götter
und Helden wurden von Jungfrauen geboren. Mit dem Artemis-Kult
von Ephesos kam die aufstrebende christliche Religion unmittelbar in
Berührung; zudem schaffte die wundersame Abkunft von einer jungfräulichen Mutter eine mythologische Artverwandtschaft zwischen
Christus und Dionysos. Das Christentum übernahm also einen verbrei-

teten Topos, um die Göttlichkeit seines Religionsstifters ins Licht zu rücken. Auf diese Weise hat es Jesus im Tumult der antiken Glaubensrichtungen Beachtung verschafft und gleichzeitig die heidnische Motivik mit einer eigenen, unverwechselbaren Handschrift versehen.

Maria und die heidnischen Muttergottheiten

Als jungfräuliche Mutter erbt Maria die Eigenschaften vorpatriarchaler Göttinnen; doch erst durch ihre christliche Radikalisierung werden diese beiden Prädikate zum Paradox. In den Fruchtbarkeitskulten, denen Gottheiten wie Hera, Aphrodite, die kleinasiatische Artemis, Kybele, Ishtar und Astarte entspringen, ist nämlich Jungfräulichkeit zyklisch erneuerbar und steht zu mütterlicher Fruchtbarkeit in keinem Widerspruch. Mit Keuschheit als einer sittlichen Tugend hat diese Jungfräulichkeit kaum etwas zu tun. Die »Liebesgöttinnen des Nahen Ostens und der klassischen Mythologie«, mit den Worten Marina Warners, »werden als Jungfrauen tituliert trotz ihrer Liebhaber, die Jahr für Jahr für sie sterben und wiedererstehen.« Für sie »symbolisierte ihre geheiligte Jungfräulichkeit ihre Selbstbestimmtheit und hatte keinerlei moralisierenden Beigeschmack. Sie verschmähten Männer, weil sie überlegen, unabhängig und allein waren, und deshalb konnte die Bezeichnung ›Jungfrau‹ auch auf eine Göttin angewandt werden, die Liebhaber unterhielt. Ihre Jungfräulichkeit bedeutete, dass sie sich das Recht auf freie Wahl bewahrt hatten: Sie konnten Liebhaber annehmen oder abweisen.«[42]

Jungfrau heißt hier die autarke, nicht durch eheliche Monogamie in ihre Schranken gewiesene Frau. Was sie auszeichnet, ist nicht das Fehlen, sondern der Exzess des Sexuellen: ein grenzenloses, naturmächtiges Begehren, das außerhalb männlicher Kontrollen und Besitzregeln agiert. Die Entstehung der antiken Stadtstaaten, die eine Umstellung vom älteren matrilinearen auf ein patrilineares Verwandtschaftssystem mit sich bringt, vermindert den symbolischen Kredit einer solchen unbezwungenen Weiblichkeit[43]. Dementsprechend ändern die weiblichen Gottheiten ihren Charakter. Fruchtbarkeit und Virginität trennen sich und erscheinen nun als einander ausschließende Eigenschaf-

ten. Die Stadtgöttin Athene repräsentiert einen neuen Typus der keuschen, sexuell unberührbaren Gottheit, deren Verbindungen zu älteren matriarchalen Kulten zurückgedrängt werden.

Doch auch in dieser Abschwächung bewahrt das göttliche Attribut
der Jungfräulichkeit ein die befestigte soziale Ordnung bedrohendes
Potenzial. »Der Titel der jungfräulichen Göttin bezeichnet sowohl
Einschränkung als auch Unabhängigkeit innerhalb eines patriarchalen
Zusammenhangs. Die jungfräuliche Göttin hat ihre uranfängliche
Macht als Mutter verloren. Aber dadurch, dass sie eher Jungfrau als
Gattin ist, bleibt sie unabhängig von der patriarchalen Ehe und von
der Unterordnung, die diese erfordert. Überdies behält sie als Jungfrau
den Zugang zu einer Wildheit, die bei einer verheirateten Frau als un-
angemessen betrachtet würde.«[44]

Selbst in der domestizierten Gestalt der olympischen Mythologie
bleibt die jungfräuliche Göttin eine *herrenlose Frau*. Hinter ihrer küh-
len Sprödigkeit verbirgt sich eine dunkle, wilde, unbezwingliche Seite.
Das gilt mehr noch als für Athene, deren Zähmung weitgehend gelang,
für die griechische Artemis, jene Göttin, die jagend die Wälder und damit den Raum jenseits der kulturellen Umfriedungen durchschweift.
Umso größere Akkulturationswiderstände gehen von dem Gegentypus
innerhalb der entstandenen Polarität zwischen Fruchtbarkeit und
Keuschheit aus, von Aphrodite etwa, die als Liebesgöttin, Mutter des
Eros und untreue Ehefrau des Hephaistos gleichwohl den Titel einer
Jungfrau führt. Man muss sich die umfangreichen und widerstreiten-
den Konnotationen des Begriffs *parthenos* vor Augen halten, wenn
man dessen Bedeutungswandel in der christlichen Religiosität ermessen will.

Äußerlich teilt die jungfräuliche Mutter Maria manche Eigenschaft
mit ihren heidnischen Konkurrentinnen. Sie zieht die Liebe der herrschenden Vatergottheit auf sich, so wie Semele, die Mutter des Dionysos, als Geliebte des Zeus; sie wird als stillende Mutter verehrt wie die
ägyptische Göttin Isis, die ihr auf manchen Bildnissen zum Verwech-
seln ähnlich sieht[45]; sie gebiert einen Gott, der sterben muss, um die
Welt zu erneuern, und trauert um ihn in einem sich jährlich erneuernden Schmerzensritual, wie es schon die Großen Gebärerinnen
der Vegetationskulte taten. Sie kann Attribute und mythologische Epi-
theta übernehmen, deren christliche Wendung ihren heidnischen Ur-

sprung nur notdürftig überdeckt, wie etwa innerhalb der – bei aller typologischen Entgegensetzung spürbaren – Schwesternähnlichkeit zwischen Maria und Aphrodite. Solche kultischen Erbschaften ließen sich selbst auf den keuschen Mann Joseph an ihrer Seite ausdehnen, der eine ähnliche Funktion ausübt wie die enthaltsamen oder sogar kastrierten Priester antiker Tempelgöttinnen: als Wächter über einen Bezirk, in dem heilige Jungfrauen zu einer theogamen Existenz auserwählt sind. Legendarische Überlieferungen wie die apokryphe Geschichte von der Tempelauslobung wuchern über die dogmatischen Schließungsversuche des Christentums hinaus und schlagen Brücken selbst zwischen einander feindlichen Religionen.

In einem gewissen Sinn ist auch die christliche Jungfrau ›herrenlos‹. Weder sie noch ihre Nachfolgerinnen lassen sich der Männlichkeit auf Erden je ganz unterwerfen. Sie sperren sich gegen die eheliche Vereinnahmung ihres Körpers und ihres Begehrens und stellen solchen innerweltlichen Besitzansprüchen eine privilegierte Nähe zum Göttlichen entgegen. Etwas von der alten Komplizität mit den übernatürlichen Mächten besteht im Madonnenkult fort – ein Erbe, das auf männlicher Seite immer wieder Argwohn erregt hat. Überdies hebt Marias jungfräuliche Mutterschaft sie nicht nur über alle Sterblichen hinaus, sondern prädestiniert sie auch zur Mittlerin zwischen der menschlichen und der göttlichen Sphäre. Als solche kann sie, zumindest im Bereich des Katholizismus, zur wichtigsten Adressatin gläubiger Handlungen werden. Nicht zu vergessen, dass die Verehrung der stillenden Gottesmutter, deren Milch eine wundertätige Reliquie ist, zuweilen direkt an alte Fruchtbarkeitsvorstellungen anknüpft: zu den vielen Aufgaben Marias gehört das Erwirken von Kindersegen [46].

Dennoch ist das Verhältnis zwischen Virginität, Mutterschaft und Transzendenz im Christentum ganz anders beschaffen als in den heidnischen Mutterkulten. Dies nicht allein deshalb, weil die katholische Kirche über fast zwei Jahrtausende hinweg mit radikalem Ernst die immer weiter gehende Entsexualisierung der Mutterfigur betrieb, sondern schon aus dem schlichten Grund, dass Maria der Status der Göttin verweigert wurde. Es war ihr aus dogmatischen Gründen nicht vergönnt, auf die gleiche Höhe mit dem Vater, dem Sohn und dem Heiligen Geist zu rücken. Von den Machtverhältnissen innerhalb der antiken Religionen her gerechnet, handelt es sich hier um eine klare

›Rückstufung‹. Die Madonna muss sich mit dem theologischen Rang
einer wie auch immer gesegneten, herausgehobenen und verklärten
Menschenfrau begnügen. Dafür ist ihre und die Hochschätzung vieler
weiblicher Heiliger in der himmlischen Hierarchie nur ein schwacher
Ersatz.

Diese Rangminderung der christlichen Gottesmutter vermindert
auch ihre mythologische Reichweite. Vom präpatriarchalen Typus der
jungfräulichen Göttin lässt sich sagen:»Sie existiert wesentlich in sich
selbst. Sie ist nicht bloß das Gegenstück zu einem männlichen Gott.«[47]
Im Vergleich dazu bietet Maria lediglich ein verstümmeltes Nachbild
der Gottheit dar.[48] Ihre Abtrennung von der Sexualität als einer originären, alles verwandelnden, vorrationalen und voridentitären Macht
nimmt ihr einen Großteil der Fähigkeit, eine Gegenmacht zum Regime
des monotheistischen Vatergottes aufrechtzuerhalten. Sie verliert die
wichtigste, selbst den Jungfrauengöttinnen der olympischen Generation noch verbliebene Ressource: nämlich die Verbindung mit dem
Rand der von den männlichen Gottheiten in Beschlag genommenen
Welt.

›Herrenlosigkeit‹ ist im Christentum nur auf *einer* Ebene, als Rückzug aus diesseitigen (sexuellen) Verpflichtungen möglich. Sie stellt in
dieser Funktion aber nichts anderes dar als die Vorbedingung für den
Dienst an einem höheren Herrn. Demut und Ergebenheit sind die
Haupteigenschaften Marias wie aller ihr nachfolgenden christlichen
Jungfrauen. Ihr irdischer Bewegungsspielraum ist in dem hegemonia-
len Raum des himmlischen Patriarchats eingeschlossen. Nicht einmal
die Vorzeit gehört der Mutter noch zu: Denn Gott selbst hat seine
Magd Maria geschaffen, um sich zu schaffen. Die trinitarische Konstruktion umklammert das Ursprungshaft-Weltspendende, das die mythologische Mutterschaft für sich in Anspruch nahm.

Die wachsende Bedeutung der Mutterimago in der Geschichte des
Christentums ist vor diesem Hintergrund zu sehen. Sie hat wenig oder
nichts mit einem Wiederaufleben archaischer, mutterkultischer Stre-
bungen zu tun. Im Gegenteil, sie bringt die Tendenz zum Ausdruck,
die Figur der herrenlosen Frau in den Rahmen der patriarchalen
Familienordnung zurückzuzwingen. Was Maria als Frau nicht sein
darf, wird sie als reine, unberührbare Mutter. Die gesamte transzendierende Kraft ihrer Jungfräulichkeit geht in die Anbetung des Sohnes ein

– des mit seinem Vater im Himmel identischen Sohnes. Nicht im Gegenüber des Vaters, sondern des Sohnes gelangt die religiöse Expropriation der Frau zur Vollendung.

Transformationismus des Heiligen

Marias paradoxale Eigenschaften haben der Heiligen Ehe die Last einer latenten, niemals zu beschwichtigenden Geschlechterspannung auferlegt. Zwar wird Joseph die Rolle des Familienoberhaupts zugestanden. Doch gegen Marias privilegierte Beziehung zum Kind und damit zum Göttlichen kommt seine irdische Vorrangstellung nicht an. Er lebt im Halbschatten des Hauses; sein Nimbus ist dünner und überstrahlt ihn nicht. An dem Potenzial der Verklärung, das die Heilige Familie im Verlauf ihrer Überlieferungsgeschichte entfaltet, hat er, scheint es, den geringsten Anteil.

Andererseits ist der Zug der Herrenlosigkeit in Marias Wesen gebändigt; ebenso demütig, wie sie sich in den Ratschluss Gottes ergibt, vertraut sie sich der Führung ihres Gemahls auf Erden an. Kaum etwas deutet darauf hin, dass sich das Modell der christlichen Urfamilie erfolgreich dafür in Anspruch nehmen ließe, die manifeste Geschlechterhierarchie aufzubrechen oder gar umzukehren.

Was die lebenspraktische Orientierung am Vorbild der Maria betrifft, so weitet sich die paradoxe Doppelbestimmung der Jungfrau und Mutter zur Paradoxie der religiösen *imitatio* überhaupt aus. Von Maria leiten sich zwei mächtige, miteinander unvereinbare Traditionen her. Die eine erhebt ein Leben in Keuschheit zum höchsten Ideal und findet dafür im Durchgang durch die Jahrhunderte unterschiedliche Formen und Institutionen. Die andere knüpft an den christlichen Kult der Mutterschaft an und erstellt aus diesem Teil der Marienikonographie Bildvorgaben für das weibliche Leben. Die erste gravitiert zu außerfamilialen Existenzweisen hin, die zweite – spätere – entfaltet sich im Raum der Familie. Beide lassen sich allenfalls durch Kompromisslösungen miteinander verbinden. Zwischen ihnen ist eine Grenzinstitution aufgerichtet: die Ehe, verstanden als Ort der körperlichen Vereinigung von Mann und Frau.

Über die Ehe garantieren Gesellschaften ihren physischen Fortbestand. Diese Funktion kollidiert mit dem Keuschheitsprivileg in der christlichen Lehre. Solange die Christen eine Minderheit bildeten, blieb dieser Konflikt unausgetragen. Das ändert sich in dem Maß, in dem das Christentum weltliche Zuständigkeiten an sich zieht, um schließlich zur alleinigen Religion zu avancieren.

Von Augustinus bis ins Hochmittelalter wird das Problem der Ehe, ein theologisches und in Folge davon auch juristisches Problem, als ein Kernstück der kirchlichen Sozialethik verhandelt. Die Diskussion schwankt zwischen zwei Vorgaben: dem »Seid fruchtbar und mehret euch« des Alten Testaments und dem Ideal sexueller Enthaltsamkeit, das sich aus den Evangelien ableiten lässt. Von diesem Ideal her gedacht, hat die Kirche, eine dem Heiligen zugewandte Institution, mit einer so fleischlichen Angelegenheit wie der Ehe nichts zu schaffen. Vom Fruchtbarkeitspostulat her aber ist die Ehe eine gottgewollte Lebensform – und sei es nur als unumgängliche Konzession an die menschliche Sündennatur. Dieses Dilemma haftet auch noch der Lösung ein, auf die sich die Theologen schließlich einigen: nämlich die Erhebung der Ehe zum Sakrament. Im Stand der christlichen Ehe verquicken sich Heiliges und Unheiliges, Gottgemäßheit und Sünde miteinander; die Kirche, die sittlichen Einfluss auf die Modalitäten der Reproduktion des Menschengeschlechts nehmen will, muss die Fortpflanzungsstätte der Erbsünde in ihre Riten mit einbeziehen.

In den Debatten, die zur Sakramentalisierung der Ehe führen, spielt das Vorbild der Heiligen Eltern eine bedeutende Rolle – und dies nicht trotz, sondern *wegen* seiner Uneinholbarkeit. Kann es doch dazu dienen, allen niederen, fleischlichen Allianzen ihren tiefen Mangel und damit ihre Verbesserungswürdigkeit nachzuweisen. Auf diese Weise gelingt es der Kirche, *das* Reproduktionszentrum des sozialen Körpers gleichsam einzuzäunen und mit ihren eigenen Normen zu umstellen, es andererseits symbolisch zu depotenzieren. Sie arbeitet damit an einem Langzeitprozess mit, den man als *Entbiologisierung des Sozialen* bezeichnen kann und dessen radikale Konsequenzen, jenseits des kirchlichen Einflussbereichs, erst heute ganz sichtbar werden.

Diese Entbiologisierung setzt traditionell am Geschlecht der Frau an. Im Körper der Madonna ist die Verschließung der Frau zur Perfektion getrieben [49]. Die Austreibung des weiblichen Geschlechts erfordert nicht nur biographische Opfer, sondern schafft auch ein weitge-

fächertes psychopathologisches Syndrom; viel ist über den Weg geschrieben worden, der von der Madonna zur Hysterikerin führt. Indessen erreicht die Nachfolge Mariens ihre höchste Energie nicht in der
Trennung der beiden von der Jungfrau und Mutter herkommenden
Charakterlinien, sondern in deren (letztlich unmöglicher) *Konvergenz.*
Denn auch für die Mütter, die dem Leitbild der Maria anhängen, bleibt
das christliche Purifikationsunternehmen nicht folgenlos. Sie können
an dem Prädikat der Reinheit auf ihre Weise teilhaben: Sei es, dass sie
sich eine keusche Seele bewahren und nach der Vorschrift mittelalterlicher Beichtväter ihren Männern ohne Lustempfindung hingeben, um
dem für sie unerreichbaren Ideal der Keuschheit zumindest nahe zu
kommen; sei es, dass ihnen Werkzeuge an die Hand gegeben sind, ihre
Mutterschaft auf höhere, spirituelle Weise zu interpretieren. Noch das
bürgerliche Frauenbild des 18. und 19. Jahrhunderts, das eine asexuelle
Mütterlichkeit zur Geschlechtsnorm erhebt, trägt das Gepräge der
Marienverehrung.

Das Vermächtnis der Heiligen Familie ist indessen für den weiblichen Part nicht bloß privativ. Indem es den ewigen Kreislauf des Sexus auflöst – einen Kreislauf von Lust, Gewalt, Besitz und Tod –, leitet
es zu einem sublimierten Verständnis ehelicher und familiärer Beziehungen an und kann den Frauen so, zumindest unter günstigen sozial-
historischen Konditionen, einen gewissen Freiraum von äußeren
Zwängen verschaffen. Die Nähe zum Heiligen, die das Christentum
der Frau zuerkennt, der *Überschuss* ihrer Mutterrolle über deren rein
biologische Funktion hinaus sorgen für ein gewisses Gegengewicht zu
den Verzichtsleistungen, die ihr abverlangt werden. Ob sie es will oder
nicht, das Christentum weist der Frau einen hohen symbolischen Rang
zu. Sie verkörpert im System dieses Glaubens die *Einlassstelle der Heiligkeit in die profane Welt,* über sie läuft der ganze semantische Trans-
formationismus vom Übernatürlichen ins Natürliche ab, sie ist der
paradoxe Ort, an dem die ungleichnamigen Seiten der religiösen Symbolik gleichnamig werden sollen. Auf ihr liegt die Last der *Realisierung*
der unerfüllbaren Vorgabe des Neuen Testaments – auf dem langen
Weg von der Heiligen Familie zur Heiligung der Familie.

10. Kombinatoriken III:
Die Vater-Sohn-Achse

Der nahe und der ferne Gott

Das Christentum bewegt sich zwischen zwei Gottesbildern. »Gott ist als überlegene, majestätische Macht oder als vertrautes und liebendes Gegenüber erfahrbar; als Gott der Vater oder Christus der Sohn.«[50] Dadurch kann die Religion auf verschiedenartige Glaubenssituationen elastisch reagieren, ohne jedes Mal dogmatische Krisen heraufzubeschwören. Innerhalb der stets neu zu ziehenden Grenzen zwischen Rechtgläubigkeit und Häresie ist der christliche Symbolismus auch in Hinsicht auf die Vater-Sohn-Achse in einem erstaunlichen Maß ›multioptional‹.

Die ersten Christen lebten unter dem Vorzeichen der *nahen Anwesenheit* Gottes. »Mit seiner Verehrung eines Verachteten, der den Tod eines Kriminellen am Kreuz erlitten hatte«, schreibt Bernhard Lang, »stand der christliche Kult des 1. Jahrhunderts in auffälligem Kontrast zum feierlichen Opferkult des Jerusalemer Tempels und der heidnischen Tempel der griechisch-römischen Welt. Christus war zwar von seinem göttlichen Vater auferweckt und erhöht worden, aber die Auferstehung entfremdete ihn nicht seinen Gläubigen. In magischen Mählern und ekstatischen Ritualen war er ihnen nahe. Der himmlische Vater blieb im Hintergrund; dennoch konnte er als naher Gott erscheinen, denn die Christen glaubten, Christi besondere Nähe zum Vater zu teilen. Sie verstanden sich als Kinder des göttlichen Vaters.«[51]

Der wachsende Abstand zwischen Laien und Klerikern, der Aufbau einer kirchlichen Hierarchie, die Übernahme von Machtfunktionen durch die Kirche, schließlich die Allianz von Kirche und Kaisertum begünstigen demgegenüber ein anderes, die Majestät des Vaters im Himmel akzentuierendes Bild. Lang unterscheidet mit Anleihen bei der Ethnologie zwischen der »gelehrten Tradition« der Theologen und der »kleinen Tradition« der Volksfrömmigkeit: Erstere betont die numinose Entzogenheit Gottes und stärkt damit die klerikale Mittlerposition; Letzterer ist es um »die als wirklich empfundene Gegenwart Christi« in der Eucharistie und im Wunderglauben zu tun[52]. Immer

wieder wird die Erhöhungstendenz der klerikalen Lehre von Erwe-
ckungsbewegungen unterlaufen, deren Anhänger nach einem unmittelbaren, brüderlich-freundschaftlichen Kontakt zu Gott suchen. Das
hat mitunter zu schweren Kämpfen und sogar Spaltungen innerhalb
der Christenheit geführt; aber es sprengt nicht deren religiöse Grundlage selbst, die breit genug angelegt ist, um beiden Vorstellungen von
Gott Raum zu gewähren.

Ob man sich die Milde und Barmherzigkeit des ins menschliche
Leid hinabgestiegenen Heilands vor Augen führt oder scheu die
Erhabenheit dessen bewundert, der die Welt geschaffen hat und über
ihr thront, macht auch im Hinblick auf die dabei verwendete
Geschlechtsmetaphorik einen Unterschied. Die christliche Allegorese
bedient sich der geläufigen Geschlechtsstereotype mit großer Freiheit,
um ohne Rücksicht auf rein biologische Gegebenheiten die Eigenschaften einer Person zu kennzeichnen[53]. Fürsorge ist in diesem Zusammenhang mütterlich konnotiert, und so nimmt der aus Liebe mit
den Menschen mitleidende, sich erniedrigende und opfernde Christus
weibliche Züge an, während sich mit Gottes ordnendem und rich-
tendem Regiment maskuline Attribute verbinden[54]. *Vermenschlichung*
übersetzt sich allegorisch in *Verweiblichung*; einzelne Reformbewe-
gungen, so vor allem die Zisterzienser im 12. Jahrhundert unter der
Führung Bernhards von Clairvaux, stehen ganz im Zeichen einer mystischen Mütterlichkeit, die nicht nur das Gottesverhältnis, sondern
auch die affektive Orchestrierung im Innern der Ordenshierarchien
bestimmt[55].

In der Bandbreite des christlichen Gottesbildes werden also, latent
oder offen, Modelle der weltlichen Machtausübung mitverhandelt.
Dabei geht es letztlich um die Frage, ob und in welchem Maß die Beherrschten den Herrscher als ein Wesen ihresgleichen ansehen dürfen,
ob sie aufgrund einer gemeinsamen Natur an ihm *teilhaben* oder ob ihnen das unüberwindliche *Anderssein* des Herrschers vor Augen gehal-
ten wird. Solche Debatten haben schon den Aufstieg des Christentums
zur Staatsreligion des Römischen Reiches begleitet. So gottgleich-ma-
jestätisch der Kaiser auftrat und so absolut sein Machtspruch war, er
musste doch auch über die Eigenschaft des Erbarmens verfügen.

»Die Beschwörung der gemeinsamen Menschennatur des Kaisers
und seiner Untertanen war im politischen Denken der römischen An-

tike tief verwurzelt«, schreibt Peter Brown in seiner Untersuchung *Macht und Rhetorik in der Spätantike* und weist darauf hin, dass die christliche Theologie diesem Appell eine neue Grundlage verschaffte. »Der Kaiser sollte *synkatabasis* zeigen, Leutseligkeit gegenüber seinen Untertanen, so wie sich die Reichen herabneigten, um den Schrei der Armen zu hören, und wie Gott sich einst herabgeneigt hatte, um sich durch seine Fleischwerdung mit der bedürftigen Menschheit zu vereinigen.«[56] Die Christologie erlaubte es, die zwei Seiten der kaiserlichen Herrschaftsentfaltung in einer theologischen Dialektik zusammenzudenken.

»Die frühbyzantinischen Ikonen, die Maria als Muttergottes zeigen, wie sie das Christuskind stillt oder aber das majestätisch auf ihrem Schoß sitzende Kind sanft am Knie berührt«, so wieder Brown, »weckten starke Gefühle der Zusammengehörigkeit. Wenn Gott und die Menschheit in so enger Verbindung gesehen werden konnten, wie sie durch das fleischliche Band zwischen der Jungfrau und ihrem Kind verkörpert wurde, dann konnte sich möglicherweise der unsichtbare Faden kreatürlicher Verbundenheit zwischen dem Kaiser und seinen Untertanen und zwischen den Reichen und den Armen als ebenso stark erweisen. Auf diese Art konzentrierten sich die christologischen Auseinandersetzungen des 5. Jahrhunderts immer wieder auf die Natur der *synkatabasis*, die Ehrfurcht gebietende Erniedrigung Gottes, der sich dazu herabgelassen hatte, sich mit der erbärmlichen Armut der menschlichen Natur zu identifizieren.«[57]

Vor diesem Hintergrund lässt sich die Brisanz der Diskussionen über die Gottmenschlichkeit Christi ermessen, wie sie auf den Konzilen des 4. und 5. Jahrhunderts (Nizäa, Konstantinopel, Ephesos) geführt wurden. Und auch eine so schwierige dogmatische Konstruktion wie die Trinität erweist ihre politische Bedeutung. Die *Differenz* innerhalb der christlichen Vater-Sohn-Achse macht die irdischen Herrschaftsverhältnisse an überirdische Vorgaben anschließbar; die Majestät des Kaisers und seiner Repräsentanten nimmt etwas vom Lichtschein der himmlischen Majestät in sich auf. In dieser Perspektive kann die christliche Theologie nicht nur die übernatürliche Herkunft der Macht geltend machen, sondern damit zugleich den gesamten Stufenbau *sozialer Abstände* legitimieren. Die *Einheit* von Vater und Sohn jedoch gewährleistet den Zusammenhalt auch des politischen Körpers, die »mystische Solidarität«[58] zwischen Herrscher und Beherrschten, zwischen dem Gottpol und dem Kreaturpol des Machtsystems.

Dass diese Einheit ihrerseits einen Namen hat, der sie der kulturellen Semiosis öffnet – den Namen Heiliger Geist, von den Theologen als *liebendes* Selbstverhältnis Gottes gedeutet –, lässt zudem Aussagen über die Beschaffenheit der schöpferischen und verbindenden Kräfte innerhalb des sozialen Körpers zu. In den heidnischen Religionen wurden diese Kräfte häufig durch eine Muttergottheit repräsentiert. Das geschah im Bewusstsein der Tatsache, dass der Fortbestand einer Gesellschaft auf sexueller Fruchtbarkeit, auf der natürlichen Grundlage des Leben-Spendens beruht. Das Christentum teilt die Funktion der mütterlichen Liebe und Fruchtbarkeit gleichsam in zwei Komponenten auf: in den Heiligen Geist und die menschliche Jungfrau Maria. In beiden Komponenten ist das Weibliche so weit reduziert, dass es zum bloßen Vehikel des Selbstverhältnisses Gottes innerhalb der Vater-Sohn-Relation wird[59].

Der göttliche und der menschliche Vater

In Gesellschaften mit patrilinearem Verwandtschaftssystem ist die theologische Vorstellung keineswegs unplausibel, dass Vater und Sohn letztlich gleich sind, dass der Vater im Sohn wiederkehrt und dass die Mutter bloß das körperliche Gefäß dieser Wiederkehr bildet. Unter diesem Aspekt ließ sich das christologische Modell bis zu einem gewissen Grad familienpolitisch instrumentalisieren, etwa im Zeitalter der feudalen Revolution und ihrer Durchsetzung einer exklusiven Erbfolge vom Vater auf den erstgeborenen Sohn[60]. Solche ›Anwendungen‹ enden aber an der Barriere der Unterscheidung zwischen göttlicher und menschlicher Vaterschaft. Die christliche Identität des Sohnes mit dem Vater stiftet kein genealogisches Kontinuum, sondern durchbricht es. Wer sich in der Nachfolge Christi zu seinem Vater im Himmel bekennt, muss sich in seiner irdischen Existenz als Waise betrachten. Er besitzt, allen anders lautenden Sprachregelungen zum Trotz, keine Eltern und keine Verwandten. Nur scheinbar trägt er Anzeichen fleischlicher Ähnlichkeit mit denjenigen, die ihn für ihren Angehörigen halten, und bleibt, nach den Worten Isaacs von Stella, »ein Fremder und Pilger hienieden«[61].

So ergeht von Christus bis ins Mittelalter und weit darüber hinaus ein Appell, der einen krassen und provokativen Einspruch gegen die Ordnung der Familie bedeutet. Dennoch hat die religiöse Typologie Mittel gefunden, um die Belange des Göttlichen und des Menschlichen auch in diesem Bereich miteinander zu verbinden und bei aller Inkommensurabilität vergleichbar zu machen. Es besteht nämlich eine bildhafte Beziehung zwischen der himmlischen Dreifaltigkeit und der Trias der Heiligen Familie. Sie wird getragen durch die Identität des Sohnes in beiden trinitarischen Konstruktionen. Was die Vatersstelle betrifft, so erscheint Joseph als irdischer Platzhalter Gottes und kann auf diesem Umweg, wenngleich unvollkommen, doch auch an der mystischen Einheit zwischen göttlichem Vater und Sohn teilhaben. Der dritte Term dieses Vergleichs bringt Maria und den Heiligen Geist in eine strukturelle Entsprechung – was einmal mehr das schwierige und spannungsvolle Verhältnis ihrer Funktionsteilung demonstriert.

Die beiden Väter Christi werden einander nicht bloß formal nahe gerückt. Die Patristik stellt auch eine typologische Beziehung zwischen ihnen her. Für den Kirchenlehrer Ambrosius kann es nicht auf einem Zufall beruhen, dass Christus

> einen Zimmermann zum Vater hatte. Er wollte hierdurch versinnbildlichen, dass er jenen zum Vater habe, der als Werkmeister des Alls die Welt erschaffen hat [...]. Denn hält auch das Menschliche keinen Vergleich mit dem Göttlichen aus, so ist doch die bildliche Ausdrucksweise voll berechtigt, der Vater Christi wirke mit Feuer und dem Geist und behaue, gleichsam ein tüchtiger Zimmermann der Seele, ringsum unsere Fehler [...].[62]

Der Handwerker Joseph bietet ein Sinnbild des Weltenschöpfers, des *Deus faber*, im Kleinen. Ambrosius' Lukas-Kommentar, der Josephs bescheidene und arbeitsame Existenz in einen heilsgeschichtlichen Horizont rückt, hat in der Kunstgeschichte ihre Spuren hinterlassen[63]. Die seit dem Ausgang des Mittelalters erfolgreichen Bestrebungen, die Figur Josephs aufzuwerten, knüpfen an die Äußerungen des Kirchenvaters an. Wenn auch die Art der typologischen Bibeldeutung, nach der Ambrosius verfährt, allmählich an Einfluss verliert, stimmen die

IESV matris deliciæ,
Tu matri libas oscula,
Tu patri das solatia.

Paternæ decus gloriæ.
Tu spes ad te clamantium
Salus et mundi pretium.

Hieronymus Wierx fecit et excud. Cum Gratia et Privilegio. Buschere.

Hieronymus Wierix (1553–1619), Der Heilige Wandel. Antwerpen, um 1600.
Himmlische und irdische Trinität kreuzen sich in der Gestalt Jesu.

frühneuzeitlichen Illustrationen und Schriften mit ihm doch insoweit überein, als sie das Gottgefällige und damit die Heilsqualität der Arbeitsamkeit als solcher betonen. Sie überführen den allegorischen Heilsbezug von Josephs handwerklichem Tun in eine veränderte, zusehends vom Arbeitsethos des Frühkapitalismus beherrschte Religiosität.

So bietet der Motivkomplex der Heiligen Familie auch Raum für Bewegungen, die der monastischen Familienflucht im Namen Christi entgegenarbeiten. Sogar der Abstand zwischen dem göttlichen und dem menschlichen Vater Jesu ist variierbar. Das hat unmittelbaren Einfluss auf Josephs Eignung als väterliches Rollenvorbild und damit auf die Frage, inwieweit sich die menschliche Vaterschaft mit der Herrschaft des göttlichen Vaters, die allererst die patriarchale Weltordnung begründet, in Einklang zu bringen vermag. Der Grad dieses patriarchalen Einvernehmens wird von einer *Symbolpolitik* mitbestimmt, die es mit mehreren konkurrierenden Vaterinstanzen zu tun hat und sie gegeneinander ausspielen oder sich wechselseitig stärken lassen kann.

Joseph steht im übrigen typologisch nicht nur für Gott ein, sondern zugleich für Christus, und zwar durch eine auf den ersten Blick verwirrende Rollenkonvergenz: als keuscher Gatte der Jungfrau Maria. Auch Christus ist ja seiner Mutter Maria in Brautschaft verbunden; auch diese Verbindung ist nicht körperlicher, sondern mystischer Art. Eine institutionelle Umsetzung erfährt dieser Gedanke mit Blick auf die Figur der Maria als *ecclesia*. Es liegt nahe, den Priester, der sich mit der durch Maria repräsentierten kirchlichen Gemeinschaft verbindet, in eine besondere Art der Josephs-Nachfolge zu stellen. Er ist wie Joseph der *sichtbare* Gatte der bräutlichen Kirche, deren *unsichtbarer* Gatte Christus selbst ist[64].

11. Entdifferenzierung

Im Gravitationsfeld der Heiligen Familie zerfallen alle Unterscheidungen, ohne die kein Verwandtschaftssystem bestehen kann. Wenn die Funktion religiöser Symbolik in deren Vermögen besteht, divergente Bedeutungen zu vereinheitlichen und in einer einzigen Sinnfigur zusammenzufassen, dann läuft das in diesem Fall auf den vollständigen Kollaps der Nomenklatur hinaus, die das Universum der Familie regiert. Die strenge und durch unerbittliche Tabus gesicherte Grenze zwischen möglichen und unmöglichen Verknüpfungen löst sich auf. Taxonomische Begriffe werden gleichnamig, die in ihrem profanen Gebrauch durch einen Abgrund voneinander getrennt sind. Aber diese Entdifferenzierung wird nicht als bedrohlich empfunden. Sie weckt bei den Gläubigen keine Anomie-Ängste. Im Gegenteil, das Spiel und Widerspiel unzusammengehöriger Kategorien geht mit einem ungeheuren Jubel einher. Es löst einen ekstatischen Redefluss, eine übernatürliche, sprachgewaltige Begeisterung aus. Gerade dort gelangt die christliche Religiosität zu ihrer höchsten Inbrunst, wo sie an diesen gleitenden Ungrund ihrer Unterscheidungen rührt.

Ein großartiges Beispiel für einen solchen ekstatischen Ausnahmezustand der Sprache stammt von Ephraem dem Syrer aus dem vierten Jahrhundert. Ephraem hat eine Reihe von Hymnen über die Menschwerdung Christi verfasst. Eine der Hymnen ist der »wunderbaren Mutter Jesu« gewidmet:

Niemand weiß, wie er nennen soll – deine Mutter, o Herr! Nennt er sie »Jungfrau«, – ihr Kind steht dagegen; »Vermählte«, – keiner hat sie erkannt. Wenn aber schon deine Mutter – unbegreiflich ist, wer kann dann dich fassen!
RESPONSORIUM: Dir sei Lobpreis, für den, als den Herrn des Alls, alles leicht ist!
Deine Mutter ist sie, sie allein, – und deine Schwester, zusammen mit allen. Sie wurde dir Mutter, – sie wurde dir Schwester. Auch ist sie deine Braut, – zusammen mit allen reinen Jungfrauen. [...]

Ein Wunder ist deine Mutter. Eintrat in sie der Herr, – und er wurde zum
Knecht. Eintrat der Wortbegabte, – und er wurde stumm in ihr. Eintrat der
Donner, – und er brachte seine Stimme zum Schweigen. Der Allhirte trat ein
– und wurde in ihr zum Lamm; blökend trat er ans Tageslicht.
Die Ordnungen verkehrte der Schoß deiner Mutter.[65]

Und Maria singt in einem Lied auf ihr Kind:

Wie soll ich dich nennen, o uns Fremder, – der einer aus uns geworden? Soll
ich dich »Sohn« nennen, – »Bruder«, »Bräutigam« – »Herr«, Erzeuger seiner Mutter – in einer andren Geburt, aus dem Wasser!
    Denn Schwester bin ich dir aus dem Hause Davids, – der für uns zweiter
Vater ist. Und Mutter bin ich, – weil ich dich im Schoß trug. Und Braut bin
ich, – weil du keusch bist. Magd und Tochter – des Blutes und Wassers, die
du erkauft, getauft hast.[66]

»Wie soll ich dich nennen«: Mutter, Schwester, Braut, Magd und
Tochter; oder Sohn, Bruder, Bräutigam, Herr und Erzeuger – Serien
von Verwandtschaftstiteln, zwischen denen gewöhnlich Unvereinbar-
keitsregeln errichtet sind, finden sich hier in hellem Klang auf engstem
Raum zusammengefügt. Das Sprechen berauscht sich an der Leichtig-
keit, mit der solche unverträglichen und paradoxalen Nachbarschaften
erzeugt werden können. Wo das Heilige nah ist, beginnt die Ordnung
der Namen metonymisch zu fließen. Eine Benennung geht in der anderen, in ihrem Neben- und Gegensinn auf. Alle haben teil aneinander,
tauschen sich aus, lassen sich übertragen, geben sich einander hin.
    Ephraems Hymnus besteht in einer großen Vereinigungsfeier der
Signifikanten. Fast könnte man sagen, dass er zum Schauplatz einer
christlichen Variante der dionysischen All-Einheit wird. Doch vollzieht
sich diese überschwängliche All-Einheit nicht in einem leiblichen, sondern mystischen Bacchanal. Das Christentum hebt sich ja gerade durch
seinen Abscheu gegen die sexuelle Promiskuität der heidnischen Götter hervor. Weder Gott noch einer der Engel, wendet Origenes gegen
Kelsos' antichristliche Streitschrift *Wahres Wort* ein, habe sich nur von
Ferne zuschulden gemacht, »was Kronos gegen Uranos, oder was Zeus
gegen seinen Vater, oder was er damals gewagt hat, als ›der Vater der
Götter und Menschen‹ seiner eigenen Tochter beiwohnte«[67]. Die

Werke der Kirchenväter sind voll von Attacken auf die blutschänderischen und gotteslästerlichen Stoffe der heidnischen Mythologie – und von der Gewissheit erfüllt, dass die Anhänger Christi gegen solche Versuchungen gefeit sind.

Auch die Verehrung antiker Gottheiten konnte in einem rituellen Zeichenspiel vor sich gehen. Der Polytheismus der mediterranen und orientalischen Völker schuf ein von Sprache zu Sprache, von Kulturraum zu Kulturraum übersetzbares Pantheon. Die Götter der Sonne, des Mondes, der Fruchtbarkeit und all der anderen kosmischen Erscheinungen konnten tausenderlei Namen auf sich versammeln. Wer sich an sie adressierte, griff zu dem Mittel der »Epiklese, die für die Religiosität dieser Zeit kennzeichnend ist: Die Anrufung der Götter bei den Namen, die die verschiedenen Völker ihr zulegen«[68]. Insbesondere Isis, die stillende Mutter des Horus, die von manchen Religionshistorikern als eigentliche Vorgängerin Marias angesehen wird, zog solche Epiklesen auf sich. Sie galt im Synkretismus der griechisch-ägyptischen Kulte als den Kosmos umfassende, universelle Gottheit. »Isis«, schreibt Jan Assmann, »trifft oder fordert keine Unterscheidung, sie hebt alle vorhandenen Unterscheidungen auf«[69]. Deshalb wird sie »die ›zehntausendnamige‹ genannt, sie ist der letztinstanzliche Referent aller Gottesnamen«[70].

Aber bei Ephraem und den christlichen Hymnikern, die ihm voraufgehen oder folgen, handelt es sich um etwas ganz anderes. Maria ist nicht Göttin, sondern Frau. Als *einziger* ihres Geschlechts wird ihr die Gnade Gottes zuteil; sie lässt sich nicht durch eine vielsprachige Kette von Namen und Kultformen unterschiedlicher Herkunft verehren. Dem christlichen Glauben ist die polytheistische Epiklesenbildung seiner innersten Natur nach fremd. Überdies besteht Marias Haupteigenschaft nicht in Promiskuität, sondern in Virginität. Und gerade ihre Jungfräulichkeit macht Maria zu einem vielfältigen, unendlich verknüpfbaren Wesen, bis zu dem Punkt, an dem die klassifikatorischen Zeichen zu ›tanzen‹ beginnen. In der Mitte des Tanzplatzes befindet sich eine Auslassung, ein Nicht-Geschehen, ein weißer Fleck. Das *Virtuelle* ihrer nicht periodischen, sondern ewigen und unverletzlichen Virginität lässt es zu, mit den Worten von Marie-Odile Métral, das »Verbot des Inzests mit dem Vater (Gott) und dem Bruder (Christus)«, »das Verbot, Gattin *und* Geliebte zu sein«, in mystischen Akten zu

übertreten[71]. »Paradoxerweise ist die Jungfräulichkeit eine Verhaltens-
weise, die dem Eros mehr Recht zukommen lässt als die Ehe. Sie überschreitet symbolisch das Inzestverbot. Sie vereint mit dem Vater und
erfüllt somit das von jeder Zeugungspflicht befreite Begehren.«[72] Dieses »Recht« eines im Zeichen der Virginität schrankenlos gewordenen
Eros breitet sich über alle Beziehungen aus, die sich an die zentrale
Konstellation der Empfängnis Christi angliedern lassen.

Nicht allein Maria ist jungfräulich, wie man schon bei Gregor von
Nyssa lesen kann:

> an die Gnade der Jungfräulichkeit wird ja auch bei dem unvergänglichen
> Vater gedacht, wobei es doch eigentlich paradox ist, bei einem Vater die
> Jungfräulichkeit zu finden, der einen Sohn hat, der aber doch ohne jede Lei-
> denschaft zeugte; ja auch bei dem eingeborenen Sohn, dem Herrn der Un-
> vergänglichkeit, ist diese Gnade fassbar, sie leuchtet gemeinsam mit der
> Reinheit und Leidenschaftslosigkeit seiner Zeugung. Auf die gleiche para-
> doxe Weise ist auch der Sohn zu denken, der in Jungfräulichkeit geboren
> wurde. Ebenso betrachtet man die Jungfräulichkeit auch bei der natürlichen
> und unvergänglichen Reinheit des Heiligen Geistes – nennt man »rein« und
> »unvergänglich« mit einem anderen Namen, so bezeichnet man damit die
> Jungfräulichkeit.[73]

Das Attribut der Virginität breitet sich in allen Richtungen aus. Es
überschreitet die Geschlechtergrenze und schafft ein *drittes* Geschlecht jenseits der Polarität von Mann und Frau. Und es vermag sogar die Grenze zwischen dem menschlichen Dasein Marias und der
göttlichen Dreifaltigkeit zu überwinden. Der größte Triumph der
Jungfräulichkeit liegt darin, eine Brücke zwischen Himmel und Erde
zu schlagen. In dieser Eigenschaft kommt die Liebe der Jungfrau auf
überraschende Weise mit dem platonischen Eros überein. »Mit jeg-
licher Natur, die die Welt übersteigt, ist sie in Verbindung«, fährt Gregor fort,

> und durch ihre Leidenschaftslosigkeit ist sie bei allen überirdischen Kräften
> vorhanden [...]. So groß ist also die Macht der Jungfräulichkeit: In dem
> Himmel bei dem Vater der geistigen Wesen wohnt sie, mit den überirdi-
> schen Gewalten steht sie in Verbindung, aber sie reicht auch heran an das
> Heil des Menschen; Gott führt sie aus sich selbst zur Gemeinschaft mit dem

Leben des Menschen, den Menschen aber beflügelt sie aus sich heraus zum Streben nach den himmlischen Dingen, sie ist in etwa ein Bindeglied für die Vertrautheit zwischen Mensch und Gott: Zwei Ebenen, die so weit von Natur aus voneinander getrennt sind, führt sie durch die von ihr ausgehende Vermittlung zum harmonischen Einklang.[74]

Jungfräulichkeit heißt Liebe: Liebe zu Gott. Durch ihr konnektives Vermögen macht sie alle Menschen zu Söhnen der Muttergottes und damit zu *Gottes Brüdern* – ein Verwandtschaftstitel, dessen Unmöglichkeit denen, die ihn aussprechen, schier den Atem verschlägt[75]. Die heilige Keuschheit spricht keine andere Sprache als die Sprache der Liebesvereinigung. Von Maria kann gesagt werden, sie sei »die Braut Gottes, das Gemach der ganzen Dreifaltigkeit und die besondere Lagerstatt des Sohnes«[76]. Die Mystikerinnen des 12. und 13. Jahrhunderts, allen voran Mechthild von Magdeburg, gestalten diese Topik in ihren eigenen bräutlichen Visionen aus[77].

Erst im Prozess der *Entspiritualisierung* religiöser Gehalte seit der Reformation werden die verwandtschaftlichen Polyvalenzen, die sich an die Verhältnisse der christlichen Urfamilie anlagern, unverständlich und verlieren ihren mystischen Sinn. Ihnen wird nun ein anderer, kruderer, ein, wenn man so will, ins Heidnische zurückspielender Subtext untergeschoben. Auch die Psychoanalyse geht auf diese Art vor, wenn sie die christliche *Transgression* der Geschlechter- und Familienordnung als verschobenen Ausdruck eines doch wieder nur körperlichen Begehrens *im Rahmen* dieser Ordnung versteht. Ein Zeitgenosse Freuds ist Oskar Panizza, dessen Tiraden über die Gestalt der Maria von einem wahren Ingrimm gegen den Katholizismus und insbesondere gegen das Papsttum beseelt werden[78]. Panizza hält der allegorischen Kombinationsfreude der christlichen Exegeten wie einen Zerrspiegel den Buchstabensinn solcher Kombinationen vor:

In der großen römischen *Götter-Familie*: Gott-Vater, Gott-Sohn, der heilige Geist, Maria, die heilige Anna und der Papst, sieht man sofort aus der Summe der Beinamen, aus den nach allen Seiten hin sich erstreckenden Beziehungen, wer eigentlich der Mittelpunkt des Systems, von welcher Richtung die meisten Strahlen ausgehen. Nur mit Grauen zitieren wir die folgenden Ehrentitel, die auf die merkwürdigen polytheistischen, blutschän-

derischen Beziehungen dieser katholischen Familie ein sattsames Licht wer-
fen: *Die heilige Anna* ist *Großmutter Gottes, Mutter der Maria, Schwiegermutter des heiligen Geistes. – Maria: Tochter Gott Vaters, Tochter der heiligen
Anna, Gemahlin Gott Vaters, Tochter der Drei-Einigkeit, Mutter des Sohnes,
Schwester des heiligen Geistes, Braut des heiligen Geistes, Gemahlin des
heiligen Geistes, Vertraute der Drei-Einigkeit, substanziell mit der Trinität
vereinigt,* die *vierte Person der Drei-Einigkeit. – Gott Vater: Vater des Sohnes,
Vater der Maria, Gemahl der Maria. – Christus* kommt mit zwei Beiworten
weg: *Sohn Gottes, Sohn der Maria. – Der Papst: Stellvertreter Christi, Gott auf
Erden, Vize-Gott, kennt die Mysterien Gottes, bespricht sich familiär mit
Christus, öffnet den Himmel, ist der Sohn Gottes, auf Erden allgegenwärtig.* –
Wir meinen, die Deutschen sollten mit diesem Rattenkönig von Verwandt-
schaften nichts zu tun haben, und Hände und Gewissen rein erhalten.[79]

Man muss Panizzas in deutsch-protestantischem Geist geführter Atta-
cke nicht beipflichten, um gleichwohl auf zwei Probleme, an die sie
rührt, aufmerksam zu werden. Das betrifft zum einen die Frage nach
den *Triebkräften*, die sich hinter dem metonymischen Netz all der miteinander verknüpfbaren Verwandtschafts- und Amtstitel verbergen.
Bringt sich hier eine Sprache des Wunsches zum Ausdruck, die jenseits
der Verbote beheimatet ist, die das Dasein der gewöhnlichen Sterblichen begrenzen? Ist das sublime Sprechen, für das Kategorien wie
»Mutter«, »Tochter« und »Braut«, »Geliebter«, »Vater« und »Sohn«
keinen Widerspruch bilden, nur eine verschobene Weise, ein Begehren
nach Verbotenem zu artikulieren? Gründet sich das Christentum tatsächlich auf eine lediglich spirituell kaschierte Idee des ›ursprünglich‹
sexuellen Inzests?

Daran schließt sich zweitens die Frage nach der *Funktion* eines solchen Vexierspiels der Signifikanten an. Wenn religiöse Symbole die
verwandtschaftliche Taxonomie durchkreuzen, wirken sie dann der
sozialen Ordnung entgegen? Stiftet das Heilige *Unordnung*, trägt es
Konfusion in das klassifikatorische Raster der Gesellschaft hinein?
Und wie würde sich eine solche Dysfunktionalität mit den *normsetzen-
den* Effekten des Modells der Heiligen Familie vertragen?

Wieder hat man es hier mit der ›janusköpfigen‹ Anlage religiöser
Symbolik zu tun. Nach der einen Seite besteht ihr Wesen offenbar in
der *Entgrenzung* – darin, alle bestehenden Gebote, Normen, Fest-
legungen, Logiken, Identitäten zu übersteigen. Das ist ihr Anteil am

Freiheitsversprechen der Religion. In umgekehrter Blickrichtung aber erzeugt sie ihrerseits Ein- und Ausschlüsse, Gleichnamigkeiten und Unterscheidungen, Kohäsionen und Disjunktionen. Anders formuliert, sie zeichnet neue ›Wunschkarten‹ mit neuen liminalen Effekten in das kulturelle Gefüge ein. Der Decodierung folgt eine Recodierung nach eigenen, nicht weniger gebieterischen Regeln. Im christlichen Glaubensuniversum hat dieser Durchgangspunkt, dieser Moment des A-Symbolischen, der Lücke zwischen den Codes positive Gestalt angenommen: in der Unbeschriebenheit des Körpers der Jungfrau Maria, der, aus der Geschlechterordnung entlassen, Beziehungen zwischen allen und allen stiften kann.

B. Theorien

Wenn die zentrale Figuration des Christentums aus Dreiecken besteht und wenn die Funktionsweise von Beziehungsdreiecken darauf beruht, dass der jeweils dritte Term die beiden anderen sowohl zusammenführt als auch trennt, dann verschafft der christliche Symbolismus der *Einheit* ein bemerkenswertes Übergewicht über die Gegenkraft der *Alterität*. Die dogmatische Konstruktion der Dreieinigkeit ebenso wie die mittelalterliche *unio mystica* zwischen Mutter und identischem Gottvater / Sohn lassen die Triangulierungen, die sie aufspannen, in sich zusammenfallen: Es bleibt kein Rest der Andersheit zwischen den Eckpunkten der Triade.

Strukturell entspricht dieser Zusammenfall aller personalen Unterscheidungen im familiären Gefüge der Figur des Inzests, wie sie in der neueren psychoanalytischen Theorie dargestellt wird: »Die inzestuöse Überschreitung«, schreibt Juan Eduardo Tesone, »besteht nämlich nicht nur in einem körperlichen Austausch, sondern sie ist vor allem der allmächtige Wunsch, alle Orte zugleich einzunehmen: Vater, Mutter, Sohn und Tochter zugleich zu sein. Wie Legendre sagt [...], ist der Inzestwunsch der Wunsch nach Allmacht, d. h. er bedeutet den Wunsch nach dem Unmöglichen. Das Gesetz des Inzestverbotes besteht gerade deshalb, um diesem absoluten Wunsch eine Grenze zu setzen. Gott und die Heilige Familie kennen den Inzest nicht [...], da es Gott an nichts mangelt. Der Inzest führt zu einer Verwirrung der Orte, mithin zu einer Verwirrung der Geschlechter und Generationen. Die inzestuöse Familie bringt zum Ausdruck, dass ihr die Akzeptanz der Andersheit fehlt. Die Gleichung einer solchen Familie lautet: 1+1+1=1 und nicht 1+1+1=3.«[80]

Die Gleichung 1+1+1=1 ist als mathematischer Ausdruck des Trinitätsdogmas lesbar. Gleichwohl behauptet Tesone unter Berufung auf Pierre Legendre[81], Gott kenne den Inzest nicht, weil es mit seinem Wesen unvereinbar sei, (geschlechtlichen) Mangel zu leiden. Man könnte präzisieren: Gott kennt den Inzest*wunsch* nicht, weil die theologischen Beziehungsdreiecke, denen Christus zugehört, das Verlangen nach Fülle und Vollständigkeit, nach »Verwirrung der Orte« und »Verwirrung der Geschlechter und Generationen« *immer schon* erfüllt haben. Gott, Christus und die Madonna sind, sobald nur erst die Verhältnisse der jüdischen Ursprungsfamilie des Neuen Testaments exegetisch überwunden sind, von Anbeginn miteinander verschmolzen. Die Jungfräulichkeit Marias eröffnet eine übergängliche und multiple Struktur, die es ganz analog zum Szenario der inzestuösen Familie erlaubt, »alle Orte zugleich einzunehmen: Vater, Mutter, Sohn und Tochter zugleich zu sein«.

Nach dem psychoanalytischen Modell errichtet der Ödipus-Komplex eine Schranke gegen das Inzestbegehren. Dieses Modell arbeitet mit der Spannung zwischen Wunsch und Verbot. Demgegenüber ließe sich das christliche Familiendreieck als eine Figuration interpretieren, die ein Begehren nach Ganzheit, Einheit und Entgrenzung in hohem Maß *erfüllt* – um den Preis von sexueller Abstinenz und Passion. Beide Modelle beschreiben, wenn man so will, familiäre Triaden mit implosiver Tendenz. Aber sie gehorchen doch je eigenen Grammatiken und erzeugen abweichende Grundlagen für Selbst- und Anderssein. Nicht zuletzt stimulieren sie die Erzählung unterschiedlicher Geschichten – seien diese nun theologischer, theoretischer oder therapeutischer Art.

12. Der Familienroman der Religionen

Jesus und Judas

Jacobus de Voragine, geboren um 1230, Dominikanermönch und späterer Erzbischof von Genua, hat sich bleibenden Ruhm durch eine Sammlung von Heiligenviten, Apostel- und Märtyrergeschichten erworben. Er schuf auf diese Weise ein Kompendium der historischen und volkstümlichen Überlieferungen im christlichen Abendland, das schnell Verbreitung fand und in viele Sprachen übersetzt wurde. Ein Bestseller, könnte man sagen, wenn dieser Ausdruck in Bezug auf die mittelalterliche Handschriftenkultur nicht deplatziert wäre. Das jahrhundertelang in Europa ungemein erfolgreiche Buch trägt den Titel *Legenda aurea*.

Eine der Legenden handelt von dem Apostel Mathias, der zu den zwölf Jüngern Jesu gehörte. Allerdings nicht von Anfang an. Mathias trat nämlich an Judas' Stelle, der sich bekanntlich nach seinem Verrat am Messias das Leben nahm. Eine Gelegenheit für den Verfasser der *Legenda aurea*, die Geschichte des Judas einzuschalten.

Judas, so wird unter Berufung auf eine »apokryphe Historie« kolportiert, stammt von Ruben und seiner Frau Cyborea ab. »Es geschah eines Nachts, da sie einander hatten erkannt, dass dem Weibe träumte ein schwerer Traum; und da sie erwachte, hub sie bitterlich an zu weinen, und sagte ihrem Mann den Traum und sprach ›Mir träumte, ich sollte ein Kind gebären, das wäre so böse, dass all unser Volk davon verderbet würde.‹«[82] Als nun tatsächlich, wie befürchtet, ein Sohn zur Welt kommt, beschließen die Eltern, ihn in einem »Körblein aus Binsen« auf dem Meer auszusetzen. Das Körbchen wird an das Ufer einer Insel getrieben, die Scarioth heißt. (Man stößt hier auf die notorische Neigung des Jacobus de Voragine, Volksetymologien in seine Erzählungen einzuflechten.)

Auf der Insel geht gerade die Königin spazieren, die bisher dem Land keinen Erben hat schenken können; also nimmt sie das Findelkind auf und erklärt es zu ihrem leiblichen Nachkommen. »Das Kind ward köstlich erzogen, wie es königlichem Adel geziemet. Nicht lange darnach aber empfing die Königin wirklich und gebar einen Sohn.« Zwischen beiden Söhnen, dem echten und dem unechten, herrscht bald Unfriede, zumal Judas hier schon seine ganze Boshaftigkeit zeigt. Die Episode geht, wie man sich denken kann, übel aus; Judas tötet seinen Stiefbruder und flieht, und er flieht ausgerechnet nach Jerusalem.

In Jerusalem wird Judas Hofmeister bei Pilatus – was aus der Sicht frommer Christen einmal mehr seinen schlechten Charakter beweist. Und nun eskalieren auch die Ereignisse. Denn Pilatus blickt eines Tages aus seinem Palast in den Baumgarten des Nachbars hinüber, in dem schöne Äpfel ihn locken. Er schickt seinen Hofmeister aus, um die Äpfel zu stehlen. Der Baumgarten gehört aber niemand anderem als Ruben, Judas' Vater. Ruben stellt den Apfeldieb, ohne ihn als seinen Sohn zu erkennen; Judas wiederum weiß nichts von seiner wahren Herkunft. Es kommt zu Tätlichkeiten, bei denen Judas den eigenen Vater erschlägt. »Als es Nacht war, fand man den Ruben in seinem Garten tot, und gedachte, er wäre eines jähen Todes gestorben. Da gab Pilatus dem Judas alles Gut, das dem Ruben war gewesen, und gab ihm auch Cyborea zum Weibe.« Die Sache kommt ans Licht, und der Redaktor hat einige Mühe, Judas' Reue und seine Aufnahme in die Jüngerschar Jesu nach all den begangenen Untaten, denen dann die biblischen folgen werden, glaubhaft zu machen. Jacobus de Voragine ist auch keineswegs von dem, was er zu berichten hat, überzeugt: »Bis hierher«, heißt es, »ist das Vorgeschriebene genommen aus der apokryphen Geschichte; und was davon zu halten sei, steht bei des Lesers Urteil; ob es gleich scheinen will, als sei es eher zu verwerfen denn zu glauben.«

Die Judas-Legende gehorcht einem leicht durchschaubaren Plan. Sie will alles Übel auf das Haupt des nachmaligen Verräters Christi häufen. Angefangen bei den bösen Vorahnungen der Mutter, wird den mittelalterlichen Lesern und Hörern ein Leben voller Gräuel erzählt. Auch die Ingredienzien der Geschichte sind leicht voneinander zu isolieren. Die Aussetzung in dem Binsenkörbchen und die Adoptivmutterschaft der Inselkönigin entstammen der Moses-Sage; der Mord an dem nachgeborenen Königssohn wiederholt den ersten Mord in der Geschichte der Menschheit überhaupt, den Brudermord Kains an Abel; die Episode mit den Äpfeln zitiert die Geschichte von der Vertreibung aus dem Paradies. Vatermord und Inzest mit der Mutter schließlich haben zwar keine biblische Vorlage, aber auch hier ist der Prätext sofort erkennbar. Judas ist in diesem Punkt nach dem Vorbild des griechischen Tragödienhelden Ödipus modelliert.

Judas' Vita setzt sich aus einer Serie von Schlechtigkeiten zusammen. Nachzutragen ist noch, dass er sich auch als Schatzmeister der Jüngerschar schuldig macht, nämlich des Betrugs und der Unterschlagung. Indessen stellt Judas nicht bloß einen anekdotischen Bösewicht dar, an dem sich die christliche Fabulierkunst erprobt. Er ist nichts weniger als die *Verkörperung der Sünde* im universellen Heilsplan Gottes. Als er sich aus Reue über seine letzte und größte Schandtat, den Verrat am Messias, erhängt, »barst ihm sein Leib mitten auseinander, dass sein Eingeweide herausfiel. Und also ward sein Mund geschonet, dass seine Seele nicht ausfuhr aus dem Munde; denn es war nicht ziemlich, dass der Mund so schmählich werde entreinet, der Christi Lippen hatte berührt.«

Judas ist ein satanischer Gegenspieler zu Jesus, eine Art Spiegelfigur. Sein Wesen ist Unheil, während Jesus das Heil in die Menschenwelt bringt. Jeder Zug seiner Vita lässt sich im Sinn dieser Gegenüberstellung entziffern. Wo der Engel Maria die frohe Botschaft ihrer Empfängnis verkündet, hat Judas' Mutter ein böses Traumgesicht. Während die Eltern Jesu dessen Wunderbarkeit durch verschiedentliche Heilszeichen erkennen, fürchten sich die Eltern des Judas so sehr vor dem ihnen geoffenbarten Fluch, dass sie ihr Kind verstoßen. Die Episode auf der Insel Scarioth besteht in einer glatten Kontrafaktur der Moses-Geschichte: Statt zum Liebling des Herrschers aufzusteigen, wird Judas zum Mörder an dessen leiblichem Sohn. Mit dem Diebstahl der Äpfel im väterlichen Garten schließlich *wiederholt* Judas den Sündenfall, statt ihn, wie Jesus, zu sühnen. – So viel zur ›Gegenteiligkeit‹ der Spiegelfigur. Aber Spiegelung heißt bekanntlich nicht nur: Gegenteil, sondern auch: Ähnlichkeit. Worin wäre Judas dem Heilsbringer ähnlich?

Man muss sich auf die intime Gestaltung der Mutter-Kind-Dyade in der christlichen Bildphantasie besinnen, um diese Frage zu beantworten. Erst kehrt der tote Mann Jesus in den bergenden Schoß Mariens zurück; dann lebt er, nach seiner Auferstehung, mit der eigenen Mutter in himmlischer Ehe. Man könnte mutmaßen, dass sich schon die mittelalterlichen Gläubigen der Gefahr bewusst waren, dass diese privilegierte Beziehung in einem fleischlichen Sinn inzestuös ausgelegt und dass infolgedessen die Gestalt Jesu mit einer schuldbeladenen, tragischen Gestalt wie dem Ödipus der griechischen Mythologie überblendet werden könnte. Vor einem solchen Hintergrund liest sich die Judas-Geschichte der *Legenda aurea* als der Versuch, ein der Heiligen Familie inhärentes, aber kulturell höchst bedrohliches Element auf den Gegenspieler des christlichen Heilands, auf die zu ihm symmetrische Negativfigur zu übertragen.

Diese Deutung ist spekulativ; doch bietet sie eine Erklärung dafür, warum den christlichen Mythologen daran gelegen war, Judas' Sündenregister über seinen Verrat hinaus, der zur Verhaftung Jesu im Garten Gethsemane führte, mit den ganz kontextfremden Verbrechen des Ödipus zu befrachten. Das narrative Entlastungsmanöver der *Legenda aurea* führt, so gesehen, ganz gegen die Absicht seiner Erfinder auf die Spur einer ödipalen Lesart der neutestamentlichen Passion.

Freud. Vatermord und Sohnesopfer

Freud geht nur in einem einzigen Text ausführlicher auf Zusammenhänge ein, die den Umkreis der Heiligen Familie berühren. Das ist sein Alterswerk *Der Mann Moses und die monotheistische Religion.* Um dieses Werk angemessen zu beurteilen, muss man seinen Zeithintergrund berücksichtigen. Im Gegensatz zu den meisten anderen Schriften von Freud hat der *Mann Moses* eine langwierige Entstehungsgeschichte, wie auch aus den verschiedenen Vorbemerkungen, Einschüben, Bedenkensäußerungen und Neueinsätzen deutlich wird, die dieser Arbeit ein zerrissenes Erscheinungsbild geben. Ein erster Teil erscheint 1937, der dritte Teil wird 1938, nach Freuds Emigration, fertig gestellt. Ein Buch über Judentum und Christentum kann in jener Zeit, offen oder verschwiegen, nichts anderes sein als ein Buch über das NS-Regime und den Antisemitismus. Mit der Machtergreifung der Nationalsozialisten, mit dem Anschluss Österreichs, mit der Verfolgung der Psychoanalyse als ›jüdischer‹ Bewegung, mit der Flucht des Juden Sigmund Freud aus Wien – einer »Stadt«, wie Freud schreibt, »die mir von früher Kindheit an, durch 78 Jahre, Heimat gewesen war«[83], ist die Fortschrittszuversicht der bürgerlichen Liberalen, zu denen Freud gehört, zerbrochen. Offensichtlich, so muss er konstatieren, gibt es an der Religion etwas, das den Aufklärungsprozess überdauert hat und, ohne einen Platz im offiziellen Bewusstsein der Kultur zu haben, die Menschen von fern her in ihre Vergangenheit verstrickt.

Seit *Totem und Tabu* von 1912/13 beschäftigt Freud sich immer wieder mit Fragen der Religion. Dieses Gebiet liegt für ihn deshalb nahe, weil er dort die gleichen Mechanismen wirksam findet wie in der individuellen Psyche – Mechanismen, die er auf die innerfamiliäre Sozialisation zurückführt. Vom Vaterproblem, das im Zentrum der psychoanalytischen Theoriebildung steht, lässt sich unter dieser Prämisse leicht auf die Figur des Vatergottes zurückschließen, und umgekehrt.

Auf dieses Analogiesystem, das die Vergleichbarkeit kollektiver – und das heißt vor allem: religiöser – mit psychopathologischen Entwicklungen in der Einzelseele voraussetzt, stützt sich auch Freuds späte Schrift. »Ich habe seit damals«, schreibt er im Rückblick auf *Totem und Tabu*, »nicht mehr bezweifelt, dass die religiösen Phänomene nur nach dem Muster der uns vertrauten neurotischen Phänomene des Individuums zu verstehen sind, als Wiederkehren von längst vergessenen, bedeutsamen Vorgängen in der Urgeschichte der menschlichen Familie, dass sie ihren zwanghaften Charakter eben diesem Ursprung verdanken und also kraft ihres Gehalts an *historischer* Wahrheit auf die Menschen wirken.«[84]

Der *Mann Moses* besteht aus einer Abfolge von Aufsätzen, die im späteren Druck als Kapitelfolge erscheint. Das erste Kapitel beschäftigt sich mit dem Nachweis, dass Moses, der Begründer der jüdischen Nation und Religion, selber kein Jude, sondern Ägypter war, und führt dafür etymologische und andere Indizien an. Freud orientiert sich an dem damaligen Forschungsstand, den er allerdings zugunsten seiner These selektiv benutzt und gewichtet.

Das zweite Kapitel dreht sich um die Frage, wie aus dem ägyptischen Polytheismus der Glaube der Juden an einen einzigen Gott hervorgehen konnte. Moses, so argumentiert Freud, sei als ein hoch stehender Ägypter unter dem Pharao Icknaton anzusehen und habe dessen monotheistische Überzeugung an die Juden weitergegeben. Der Kern der jüdischen Religion liege also in der Atonreligion, die in Ägypten selbst nur eine Episode blieb. Freud zufolge stammt auch der Ritus der Beschneidung aus Ägypten.

In den Büchern Mose lässt sich jedoch eine doppelte Überlieferung nachweisen – eine, die sich auf den Gottesnamen ›Jahwe‹, und eine andere, die sich auf ›Elohim‹ bezieht. Freud schließt daraus auf zwei ursprünglich unabhängige Kulte. Er charakterisiert Jahwe als einen beschränkten, jähzornigen Lokalgott, während er in Elohim die höherrangige Gottheit der Atonreligion wieder erkennt. Seiner Konstruktion nach handelt es sich um getrennte Traditionsstränge, die erst nachträglich ›verlötet‹ worden seien[85]. Der Auszug aus Ägypten vollzog sich im Zeichen des einzigen, transzendenten Gottes, wie ihn der Religionsstifter Moses den Juden nahe brachte; erst später verfielen die Juden dem primitiveren und sinnlicheren Jahwe-Glauben und datierten diesen Glauben auf die Zeit des Auszugs aus Ägypten zurück.

Die Geschichte des Judentums bestünde also aus zwei Phasen, zwei Anfängen, deren Unterschied durch die nachträgliche Redaktion der alttestamentlichen Schriften unkenntlich gemacht werden sollte. Aber diese Vereinheitlichung ist nicht ohne Konflikt vor sich gegangen. Zwischen der ersten, transzendent-monotheistischen und der zweiten, naturreligiös geprägten Glaubensform liegt, meint Freud, eine entscheidende Zäsur. Sie besteht in der *Ermordung* des ägyptischen Moses. Freud beruft sich auf den Religionshistoriker Sellin, der diese spektakuläre These zu Beginn der zwanziger Jahre formuliert hat.

Man sollte hier vielleicht eine Bemerkung über die historische Tragfähigkeit von Freuds Annahmen einschalten. Schon bald nach Erscheinen seiner Schrift wurde klar, dass Freuds rhetorisch äußerst geschickt errichtetes Bauwerk von mehr oder minder vagen, sich aber gegenseitig abstützenden Hypothesen in Fachkreisen keine Billigung finden konnte. Das Buch galt, kurz gesagt, als phantastisch oder als unseriös. Freud ließ sich durch Forschungen, die seiner Theorie widersprachen, übrigens nicht wirklich beirren. Als man ihm mitteilte, »Sellin habe seine Theorie aufgegeben, dass Moses von den Hebräern ermordet worden sei« und könne also in dieser Hinsicht nicht mehr als Gewährsmann fungieren, soll Freud lediglich geantwortet haben: »Ursprünglich hatte er Recht.«[86]

In jüngster Zeit ist es zwar zu Rehabilitierungsversuchen der Freudschen Konstruktion gekommen – etwa in dem neuen Moses-Buch des Ägyptologen Jan Assmann[87]. In ihrer historischen Substanz scheint sie trotzdem unrettbar. Paradoxerweise jedoch bewahrt diese in zen-

tralen Annahmen offensichtlich falsche Darstellung eine Strahlkraft
und ein Erklärungsvermögen, die ihr gegenüber ihren ›richtigeren‹
Konkurrentinnen einen bisher uneinholbaren Vorteil verschafft. Das
wirft ein Licht auf den Diskursmechanismus der Psychoanalyse überhaupt. Man könnte sagen, es sei interessanter und ergiebiger, Freuds
Theorie anzuzweifeln, als andere, besser abgesicherte Theorien zu ve-
rifizieren.

Das gilt vor allem mit Blick auf das dritte Kapitel des *Mann Moses*.
Noch einmal setzt Freud neu ein und rekapituliert seine Theorie eines
doppelten Ursprungs der jüdischen Religion. Daran knüpft er die
Frage an, wie es zu der Re-Installation des strengen monotheistischen
Vatergottes kam, warum die Erinnerung an ihn und die Erinnerung an
seinen ermordeten Botschafter Moses sich durch die prophetische Tra-
dition hindurch so zählebig halten und schließlich den Sieg über den
Jahwe-Kult davontragen konnte.

»Die priesterliche Darstellung«, heißt es mit Blick auf die Redaktion
des Alten Testaments, »will ein Kontinuum zwischen ihrer Gegenwart
und der mosaischen Frühzeit herstellen, sie will gerade das verleugnen,
was wir als die auffälligste Tatsache der jüdischen Religionsgeschichte
bezeichnet haben, dass zwischen der Gesetzgebung des Moses und der
späteren jüdischen Religion eine Lücke klafft, die zunächst vom Jahve-
dienst ausgefüllt und erst später langsam verstrichen wurde.«[88] Für
diese zwar geleugnete, aber seiner Auffassung nach unabweisliche
Phasenverschiebung liefert Freud eine Erklärung, indem er die Geschichte des jüdischen Volkes als kollektive Seelengeschichte in Parallele zur individuellen psychischen Entwicklung des Neurotikers setzt.
Im einen wie im anderen Fall findet er ein Schema am Werk, das die
drei Stufen »Frühes Trauma – Abwehr – Latenz – Ausbruch der neurotischen Erkrankung – teilweise Wiederkehr des Verdrängten«
durchläuft[89]. In beiden Fällen, beim Volk wie bei dem exemplarischen
(und das heißt männlichen) Neurotiker, den Freud vor Augen hat, geht
es um die Auseinandersetzung mit einer übermächtigen Vatergestalt.
Es geht um Mordwunsch und Mord, um Verdrängung und anwach-
sendes, schließlich nicht mehr zu bewältigendes Schuldgefühl. Kurz
gesagt, ein ödipales Drama spielt sich ab.

Der Mord an Moses, den Freud zur Voraussetzung seiner weiteren
Deduktionen macht, steht nämlich im Schatten eines anderen Mordes,

der in *Totem und Tabu* Gegenstand war: des Mordes am Urvater, *des* Ursprungstraumas jeder Kultur, die zugleich Geburtsstunde der patriarchalen Gottesvorstellung war. Spätestens ab diesem Punkt wird Freuds Kombinatorik Schwindel erregend.

Totem und Tabu macht sich die darwinistische Hypothese von der Hordenexistenz der archaischen Menschheit zu Eigen. Laut Freud war der Hordenführer, der *Urvater* der Horde, im Besitz eines unbeschränkten Macht- und Sexualmonopols. Das bedeutete die Vertreibung der um die Horde und insbesondere die Weibchen herumstreunenden jungen Männer. »Eines Tages«[90] tun sich die vom Zugang zur Stammhorde ausgeschlossenen Brüder zusammen und erschlagen den Vater, woraufhin sie »ihn nach der Sitte jener Zeiten roh verzehrten« und sich durch kannibalische »Einverleibung eines Stücks von ihm der Identifizierung mit ihm« zu versichern[91]. Aber die Befreiungs- und Bemächtigungstat fordert einen hohen Preis: Sie belastet die Täter mit einem nicht zu beruhigenden, im Lauf der Zeit sogar noch wachsenden Schuldgefühl.

Dieses Schuldgefühl zeitigt zwei Konsequenzen. Erstens pflanzt es in den Brüdern den Mechanismus eines »nachträglichen Gehorsams« ein[92]. Sie erlegen sich nun selbst einen Großteil der sexuellen Beschränkungen auf, die ihnen zuvor vom Vater auferlegt waren. Das ist der Ursprung des Inzesttabus und des Gebots der Exogamie. Zweitens vergrößert und verklärt sich das Andenken an den gemordeten Urvater. Das ist der Ursprung der patriarchalen Gottesvorstellung. In der totemistischen Kulturstufe, wie sie die Ethnologen um 1900 beschrieben, geprägt von Heirats- und Verzehrtabus einerseits, dem feierlichen Ritus der Verzehrung des Totems andererseits, findet Freud dieses ursprüngliche Geschehen als rituelle Handlung durch die Zeiten hindurch konserviert. Und den jüdischen Monotheismus sieht er als späte »Wiederkehr des einen, einzigen, unumschränkt herrschenden Vatergottes« an[93].

Von hier aus lassen sich Verbindungslinien zur christlichen Religion weiterziehen. Zunächst deshalb, weil nach Freud auch im christlichen Vaterkult Spuren des totemistischen Rituals und damit der Urvatertötung, auf die er sie zurückdeutet, sichtbar geblieben sind. »So ist es«, schreibt er, »mehrmals einem Autor aufgefallen, wie getreu der Ritus der christlichen Kommunion, in der der Gläubige in symbolischer

Form Blut und Fleisch seines Gottes sich einverleibt, Sinn und Inhalt der alten Totemmahlzeit wiederholt.«[94]

Noch weitreichender ist aber ein anderer Zusammenhang. Freud zufolge lastet auf dem Volk der Juden ein doppeltes Trauma. Wie alle Menschen sind sie Nachfahren der Urvatermörder. Aber zu ihnen ist der gemordete und vergöttlichte Urvater zurückgekehrt, und sie haben die Tat durch den Mord an Moses *wiederholt*. Sie haben zwar versucht, auch diese zweite Tat zu verdrängen, doch erging es ihnen wie dem Neurotiker, der es nach einer Latenzzeit mit der Wiederkehr des Verdrängten zu tun bekommt. Zumal die Juden sich auf eine besondere und exklusive Art an den einen und einzigen Vatergott gebunden sehen, dessen auserwähltes Volk sie zu sein beanspruchen. Gerade in seiner Rolle als Lieblingskind Gottes aber wird das Volk der Juden von einem besonderen ethischen Rigorismus beherrscht. Seine exklusive Vaterbindung beweist sich darin, dass es besonders streng bestraft wird; die Strafe wiederum bindet es in einem masochistischen Zirkel in noch engerem Gehorsam und Schuldgefühl an das väterlich-göttliche Gesetz[95].

Unter solchen Voraussetzungen ist es kein Zufall, dass ausgerechnet das Judentum zum Schauplatz einer weltgeschichtlich folgenreichen Sühnehandlung wurde. Das ist der Kreuzestod Christi. Die christliche Religion der Sühne, die von der Kreuzigung ihren Ausgang nimmt, *erfüllt und überwindet* den jüdischen Schuld-Imperativ. Freuds Schrift gelangt hier zu einer ihrer dichtesten und suggestiv unwiderstehlichsten Passagen:

Die Wiedereinsetzung des Urvaters in seine historischen Rechte war ein großer Fortschritt, aber es konnte nicht das Ende sein. Auch die anderen Stücke der prähistorischen Tragödie drängten nach Anerkennung. Was diesen Prozess in Gang brachte, ist nicht leicht zu erraten. Es scheint, dass ein wachsendes Schuldbewusstsein sich des jüdischen Volkes, vielleicht der ganzen damaligen Kulturwelt bemächtigt hatte als Vorläufer der Wiederkehr des verdrängten Inhalts. Bis dann einer aus diesem jüdischen Volk in der Justifizierung eines politisch-religiösen Agitators den Anlass fand, mit dem eine neue, die christliche Religion sich vom Judentum ablöste. *Paulus*, ein römischer Jude aus *Tarsus*, griff dieses Schuldbewusstsein auf und führte es richtig auf seine urgeschichtliche Quelle zurück. Er nannte diese die »Erbsünde«, es war ein Verbrechen gegen Gott, das nur durch den Tod gesühnt werden konnte. Mit der Erbsünde war der Tod in die Welt gekommen. In Wirklichkeit war dies todwürdige Verbrechen der Mord am später vergötterten Urvater gewesen. Aber es wurde nicht die Mordtat erinnert, sondern anstatt dessen ihre Sühnung phantasiert, und darum konnte diese Phantasie als Erlösungsbotschaft (Evangelium) begrüßt werden. Ein Sohn Gottes hatte sich als Unschuldiger töten lassen und damit die Schuld aller auf sich genommen. Es musste ein Sohn sein, denn es war ja ein Mord am Vater gewesen. [...]

Dass sich der Erlöser schuldlos geopfert hatte, war eine offenbar tendenziöse Entstellung, die dem logischen Verständnis Schwierigkeiten bereitete, denn wie soll ein an der Mordtat Unschuldiger die Schuld der Mörder auf sich nehmen können, dadurch, dass er sich selbst töten lässt? In der historischen Wirklichkeit bestand ein solcher Widerspruch nicht. Der »Erlöser« konnte kein anderer sein als der Hauptschuldige, der Anführer der Brüderbande, die den Vater überwältigt hatte. Ob es einen solchen Hauptrebellen und Anführer gegeben hat, muss man nach meinem Urteil unentschieden lassen. [...] Wenn es keinen solchen Anführer gab, dann ist Christus der Erbe einer unerfüllt gebliebenen Wunschphantasie, wenn ja, dann ist er sein Nachfolger und seine Reinkarnation.[96]

Freud geht mit den Mitteln einer geradezu kriminalistischen Beweisführung vor. Die Strafe muss ein Äquivalent der Schuld sein. Bestraft wird derjenige, der ein Verbrechen ausgeführt hat oder ausführen wollte. Besteht also das Strafritual im Opfer des Sohnes, so muss die bestrafte Urtat der Mord am Vater gewesen sein – oder doch zumindest der Mord*wunsch*, denn in den Rechnungen des Unbewussten lassen sich Wunschimpuls und vollendete Tat grundsätzlich nicht unterscheiden.

Was die Christen von den Juden trennt, ist also das *Eingeständnis* und die *Wiedergutmachung* des Urverbrechens der Vatertötung. »Das arme jüdische Volk«, schreibt Freud,

das mit gewohnter Hartnäckigkeit den Mord am Vater zu verleugnen fortfuhr, hat im Laufe der Zeiten schwer dafür gebüßt. Es wurde ihm immer wieder vorgehalten: Ihr habt unseren Gott getötet. Und dieser Vorwurf hat Recht, wenn man ihn richtig übersetzt. Er lautet dann auf die Geschichte der Religionen bezogen: Ihr wollt nicht *zugeben*, dass ihr Gott (das Urbild Gottes, den Urvater, und seine späteren Reinkarnationen) gemordet habt. Ein Zusatz sollte aussagen: Wir haben freilich dasselbe getan, aber wir haben es *zugestanden* und wir sind seither entsühnt.[97]

Marcuse. Christlicher Revisionismus

Die Passionsgeschichte hinterlässt, mit psychoanalytischen Kategorien gedeutet, ein zwiespältiges Vermächtnis. Zwar nimmt Christus die archaische Urschuld der Menschheit auf sich; aber sie bleibt zugleich in Gestalt der Erbsünde bestehen. Zwar treten die Anhänger Christi, allen voran Paulus, das Erbe der jüdischen Schuldreligion an; aber die spätere Entwicklung wird zeigen, dass sie dabei ein Großteil der Schuld auf die Juden verschieben und den Boden für einen tief sitzenden *christlichen Antijudaismus* bereiten. Und schließlich bleibt das Machtverhältnis zwischen Vater und Sohn im Christentum ungeklärt, wie Freud selbst hervorhebt:

> Beachtenswert ist, in welcher Weise die neue Religion sich mit der alten Ambivalenz im Vaterverhältnis auseinander setzte. Ihr Hauptinhalt war zwar die Versöhnung mit Gottvater, die Sühne des an ihm begangenen Verbrechens, aber die andere Seite der Gefühlsbeziehung zeigte sich darin, dass der Sohn, der die Sühne auf sich genommen, selbst Gott wurde neben dem Vater und eigentlich anstelle des Vaters. Aus einer Vaterreligion hervorgegangen, wurde das Christentum eine Sohnesreligion. Dem Verhängnis, den Vater beseitigen zu müssen, ist es nicht entgangen.[98]

Herbert Marcuse, gesellschaftstheoretischer Kultautor der 68er-Generation, hat versucht, dieser Ambivalenz eine antiautoritäre Pointe abzugewinnen. Was Freud ganz im Sinn der alten Schuldlehre das »Verhängnis« nennt, »den Vater beseitigen zu müssen«, stellt sich für Marcuse in die Perspektive eines Befreiungskampfes der Söhne. In seinem Buch *Triebstruktur und Gesellschaft*, das erstmalig 1955 erschien, akzentuiert Marcuse den psychoanalytischen Ansatz in der Weise um, dass

> Leben und Tod Christi als ein Kampf gegen den Vater – und als ein Sieg über den Vater erscheinen. Die Botschaft des Sohnes war eine Botschaft der Befreiung: der Sturz des Gesetzes (das Herrschaft ist) durch Agape (die Eros ist). Dies würde mit dem häretischen Bilde Jesu als Sühner im Fleische übereinstimmen, des Messias, der gekommen ist, um den Menschen hier auf der Erde zu erlösen.[99]

Marcuse macht Jesus zum Anführer des Aufstandes der Sohnesgenera-
tion, eines Aufstandes im Zeichen der *Liebe* gegen das *Gesetz* des Vaters. Nur behält der Erlöser des Fleisches auf Erden nicht das letzte
Wort. Die Theologen der Kirche deuten seine Befreiungstat um und
holen den aufrührerischen Sohn in den Herrschaftsbereich des Vaters
zurück. In Marcuses Formulierung:

> Dann wäre die späte Transsubstantation des Messias, die Vergöttlichung des
> Sohnes an der Seite des Vaters, ein Verrat seiner Botschaft durch seine eige-
> nen Jünger – die Leugnung der Befreiung im Fleisch, die Rache an dem Süh-
> ner. Das Christentum hätte dann das Evangelium von Agape-Eros wieder
> dem Gesetz unterworfen, die Vaterschaft wäre wieder aufgerichtet und ver-
> stärkt.[100]

Der Rebell, der sich dem Projekt der sexuellen Befreiung verschreibt,
wäre gewissermaßen als Juniorchef in das fast zwei Jahrtausende lang
florierende Unternehmen Christentum integriert worden. Der Vater
hätte den längeren Atem gehabt; sein Regime wäre partnerschaftlich
geteilt, nicht erschüttert. Wie der christliche Heiligenkult ein Zuge-
ständnis gegenüber dem Polytheismus der missionarisch bekehrten
Völker darstellte[101], so weicht die Konstruktion einer göttlichen Dreifaltigkeit das streng monotheistische Gottesbild der Moses-Religion
auf. Auch dies eine historisch variable Kompromissbildung, um einen
Begriff Freuds zu verwenden.

In gewisser Weise schreiben die Theorien das Psychodrama der
Religionen fort. Sie lesen den christlichen Generationenkonflikt (falls
man das so nennen kann) in ihren jeweiligen Zeithorizont ein. Allerdings setzen sie sich dabei dem Risiko aus, auch dessen blinde Flecke
zu übernehmen. Eine Blindstelle der Freudschen Rekonstruktion ist
besonders auffällig. Sie betrifft das Streitobjekt, um dessentwillen der
Konflikt ausgetragen wird.

Die Frage ist ja: Wo bleibt die Mutter in diesem Männerspiel? Freud
verliert sie in seinem Hypothesenbau zuletzt ganz aus dem Auge[102].
Immerhin haben einst die Brüder gegen den Vater rebelliert, um sich
seiner Frau(en) zu bemächtigen. Die These vom originären Vatermord
projiziert die ödipale Trias, deren große Konstanten die Inzestneigung
des Sohnes und die daraus folgende sexuelle Konkurrenz zwischen Va-

ter und Sohn sind, in prähistorische Verhältnisse zurück. Wo erscheint dieses sexuelle Moment in der Gründungsgeschichte des Christentums, die Freud ja doch als Revers der Urvatertötung versteht? Ist Maria der Besitz, um den Gottvater und Gottsohn sich streiten? Falls ja, wer hätte den Sieg davongetragen? Zwar mordet, krude gesagt, nicht der Sohn den Vater, sondern der Vater den Sohn, aber verewigen die Theologen nicht später das postmortale Liebesverhältnis zwischen dem Sohn und der Mutter? Erzählt das Christentum auch in dieser Hinsicht eine doppelte, gespaltene, ambivalente Geschichte, indem es den Sohn sich der Mutter bemächtigen lässt, aber unter Preisgabe des Lebens, des Körpers, des Fleisches, indem es Inzest und Opfertod unauflöslich miteinander verschmilzt? Kann man die Figur der Pietà als spezifisch christliche Kompromisslösung eines urreligiösen ödipalen Dilemmas verstehen?

Yerushalmi. Die feindlichen Brüder

Viele Anhaltspunkte lassen es zweifelhaft scheinen, ob das ödipale Modell auf die Konstellation der Heiligen Familie anwendbar ist. Nicht nur weil sich die Mehrzahl der christlichen Theologen dagegen verwahren würde (übrigens auch gegen die Deutung des Abendmahls als kaschierter Totemmahlzeit, und zwar mit guten exegetischen Argumenten). Sondern auch weil das ödipale Szenario eine ganze Reihe von Voraussetzungen mit sich führt, die ihrerseits historisch bedingt sind und einen entsprechend eingeschränkten Geltungsbereich haben.

Die wichtigste dieser Voraussetzungen liegt darin, alle Verhältnisse auf ein Grundmuster geschlechtlicher Attraktion abzubilden, das heißt so etwas wie ein sexuelles Substrat zu isolieren und zur *inneren Wahrheit* der menschlichen Sozialität zu erklären – mit der Konsequenz, dass alle nicht unmittelbar sexuellen Äußerungen nur als Ableitungsstufen dieses Grundmusters aufgefasst werden können. Nun ist die Heilige Familie gerade durch die programmatische *Auslassung* des Sexuellen gekennzeichnet, und Jesu Lehre besteht ganz wesentlich darin, eine neue, nämlich geistliche Bindung der Menschen zu Gott und der Menschen untereinander zu eröffnen. Die psychoanalytische

Rückübersetzung des Spirituellen ins Sexuelle würde diesen ent-
scheidenden kulturellen Schritt des Christentums sozusagen mit einem
Handstreich wieder kassieren. Sie liest den gewaltigen spiritualisti-
schen Drang der antiken Welt der Zeitenwende, dem die christliche
Religion ihre Entstehung und Verbreitung verdankt, mit ihrer eigenen
Brille. Und diese Brille ist, wie sich wohl zeigen ließe, ein optisches
Fabrikat des 19. Jahrhunderts.

Es hat deshalb nicht an Versuchen gefehlt, Freuds Schrift über den
Mann Moses weniger auf die Zeit, die sein Thema ist, als auf die Entstehungszeit der Psychoanalyse und Freuds eigenen Lebenshinter-
grund zu beziehen. Freud als Jude, der über Schuldgefühl und Vaterkomplex des Judentums schreibt – was liegt näher, als das in den Komplex ›Freud und sein Vater‹ umzumünzen?

Das Buch *Freud und sein Vater* wurde tatsächlich verfasst, und zwar
von der Familiensoziologin Marianne Krüll[103]. Der Untertitel lässt ihre
Hauptthese erraten: »Die Entstehung der Psychoanalyse und Freuds
ungelöste Vaterbindung«. Diese einlässliche Studie ist nicht der einzige
Versuch geblieben, Freuds Spekulationen über das Judentum zu seiner
eigenen Herkunft und zur Psychoanalyse als ›jüdischer‹ Wissenschaft
in Beziehung zu setzen. Auch eine Arbeit von Yosef Hayim Yerushalmi
über *Freuds Moses* beschäftigt sich mit dem Mann Sigmund Freud,
dessen Verhältnis zu seinem dem Judentum noch religiös verpflichteten Vater Jakob Freud und überhaupt mit den Imperativen der eigenen religiösen Tradition. Yerushalmi lässt sich darüber hinaus auf
religionsgeschichtliche Überlegungen ein, die den Ausgang des Christentums aus dem Glauben der Väter betreffen. Und zwar tut er das in
einem – erzwungenermaßen einseitigen – ›Gespräch‹ mit dem Begründer der Psychoanalyse, dem er trotz aller Einwände Respekt zollt. Dieses ›Gespräch‹ ist betitelt: »Monolog mit Freud«[104].

»Ich frage mich«, schreibt Yerushalmi,

ob Ihnen je aufgefallen ist, dass die Heilige Schrift der Christen unmittelbar
mit einem »Familienroman« einsetzt (im ersten Kapitel von Matthäus), der
weit augenfälliger ist als derjenige, den Sie im zweiten Buch Mose ausge-
macht haben. Dieser »Familienroman« sollte für Christen wie Juden im Lauf
der Jahrhunderte noch unermessliche Folgen haben. Jesus erhält hier – offensichtlich rückwirkend – zur Legitimation seiner Stellung als Messias

einen mythischen Stammbaum als direkter Nachfahr König Davids; diese königliche Abstammung ist in der jüdischen Tradition eine conditio sine qua non für den Messias.[105]

Die neue Religion hatte sich unter den vielen Glaubensströmungen im mediterranen Raum erst zur Geltung zu bringen. Sie musste sich vom Ruch der Illegitimität freimachen und sich eine »vornehme und ehrwürdige Herkunft« verschaffen. »Dies vermochte das Christentum nur zu leisten, indem es die Geschichte und somit auch das Alter des Judentums selbst für sich in Anspruch nahm.« Dass es dabei nicht ohne offene Feindseligkeit gegen den älteren Glauben abging, zeigen die Schriften der Kirchenväter, die das jüdische Volk zugunsten der Christenheit erklärtermaßen *enterben*. Yerushalmi an Freud:

> Die Übernahme der heiligen Geschichte und des Auserwähltseins der Juden durch die Christen bedeutet notwendigerweise eine aggressive Verdrängung der Juden selbst, einen intensiven und heftigen Kampf wie bei einem Thronfolge- oder Erbstreit. Diese Dimension scheinen Sie nicht bemerkt zu haben.

Daraus ergibt sich für Yerushalmi eine ganz andere ödipale Konstellation als diejenige, die Freud im Sinn hatte:

> In Ihrem *Moses* haben Sie auf geistreiche Weise das Problem von Judentum und Christentum mithilfe des Ödipuskomplexes beleuchtet. Es geht um den ursprünglichen Vatermord, aber auch um etwas für das Wesen beider Religionen Bezeichnendes. Nur haben Sie meines Erachtens die ödipale Analyse nicht weit genug getrieben. Das Christentum ist, um mich Ihrer gelungenen Wortprägung zu bedienen, eine »Sohnesreligion«, nicht nur weil es den Sohn zum Gott erhebt, sondern weil es historisch wie theologisch ein Spross des Judentums ist und daher zu diesem in einer ödipalen Beziehung steht. Daher sind die Juden trotz des figurativen christlichen Anspruchs auf spirituelles Alter das »alte« Israel und die Christen das »neue«; ersteren gehört das »Alte Testament«, letzteren das »Neue«. Beide Male tritt das »Neue« an die Stelle des »Alten«, genau wie der Sohn den Vater verdrängt.

Aber auch diese Umdeutung der bei Freud notorischen Vater-Sohn-Rivalität kann den Konflikt zwischen Christen und Juden noch nicht hinreichend erfassen. Man muss dazu mehrere ›Familienromane‹ überblenden. Denn beide Glaubenssysteme sind ja auf einen Vatergott bezogen und befinden sich ihm gegenüber in einer gleichartigen Position. Yerushalmi lässt sie auf der Bühne der Weltgeschichte als feindliche Brüder auftreten.

> Gleichzeitig sind sowohl Judentum als auch Christentum in ihrer Beziehung zu Gottvater »Sohnesreligionen«, die nicht umhin können, auf Kosten der jeweils anderen Religion ausschließliche Legitimität für sich zu beanspruchen; denn wenn die eine wahr ist, ist die andere falsch. Wenn uns der Ödipuskomplex bei der Analyse des Verhältnisses von Judentum und Christentum weiterhelfen soll, müssen wir ihn also noch komplizierter sehen und nicht nur die Rivalität des Sohnes gegenüber dem Vater berücksichtigen, sondern auch die der Söhne untereinander. »Rivalität *worum?*«, fragen Sie mit gutem Recht. (Seltsamerweise verschwindet das Verlangen nach der Mutter, welches bei Ihrer Darstellung des Ödipuskonflikts beim einzelnen eine so bedeutende Rolle spielt, in Ihrer Darstellung der Religionsgeschichte – ebenso wie die Frauen des Urvaters.) Wer ist also in unserer Geschichte die Mutter? Ich antworte schlicht und kühn – die Thora, die Lehre, die Offenbarung, die im Hebräischen grammatikalisch weiblich ist und im Midrasch mit einer Braut verglichen wird. Ihren Besitz macht das Christentum, der jüngere Sohn, weniger dem Vater streitig als dem Judentum, dem älteren Sohn. Für diesen Kampf ist der Ausdruck Geschwisterrivalität wohl zu mild. Psychologisch (und nur allzu oft leider auch historisch) geht es um Brudermord.

Nicht Ödipus, sondern Kain; nur dass nun der jüngere Bruder zum Täter wird. »Die verdrängte und geleugnete Schuld«, so wandelt Yerushalmi Freuds Herleitung des kirchlichen Antijudaismus ab, »ist die des Brudermörders, der das Recht der Erstgeburt usurpiert hat, ein Recht, dessen sich das Christentum nie ganz sicher fühlen kann, solange es Juden gibt, welche die Usurpation bezeugen, verurteilen und ihr hartnäckig die Anerkennung verweigern.« Er kann sich mit diesem Modell auf patristische Quellen, insbesondere Augustinus, berufen. Besonders wichtig ist aber, dass Yerushalmi nicht nur die klassisch-ödipale Fixierung von Freuds Theorie aufzulösen versucht, sondern dass er auch einen Vorschlag macht, den weiblichen Part zu benennen, um den sich der Streit zwischen den ungleichen Brüdern Judentum und Christentum seiner Ansicht nach dreht. Es geht um die *Lehre*, also gerade nicht um sexuellen, sondern spirituellen Besitz.

Nikolaus von Verdun, Beschneidung Christi. Verduner Altar von 1181.
Joseph nähert sich dem Kind mit Messer und Tuch, um den jüdischen Ritus
der Beschneidung zu vollziehen.

Wem das zu esoterisch vorkommt, der kann auch ein anderes Femininum für das zwischen den Rivalen strittige Weibliche einsetzen. Das
ist eine zwar aus Menschen bestehende, aber nichtsdestotrotz transpersonale Wesenheit: die *Gemeinde*. Wenn Jesus und in seiner Nachfolge die Apostel durch Lehre und Mission Juden zu Christen bekehren – und die ersten Christen sind ja Juden, erst später öffnet sich die
junge Sekte heidnischen Konvertiten –, dann reißen sie die für den
neuen Glauben Gewonnenen aus dem Schoß der jüdischen Gläubigenschaft, um sie zu Gliedern der rasch anwachsenden Christengemeinde zu machen.

Nun hat sich das Volk Israel schon seit den Zeiten des Alten Testaments als Braut Gottes verstanden. Zeichen dieser Brautschaft ist die
Beschneidung, die Opferung der Vorhaut, ein der Kastration benachbartes und insofern effeminierendes Ritual[106]. Die Christen haben sich
zwar bald von dem Gesetz der Beschneidung gelöst, aber nur um die
jüdische »Beschneidung, die auswendig am Fleisch geschieht«, durch
die »Beschneidung des Herzens«, »die im Geist und nicht im Buchstaben geschieht«, also durch einen noch viel tiefer ins Innere gehenden
Einschnitt zu ersetzen. So schreibt es der Apostel Paulus im Römerbrief (Römer 2, 28–29). Und sie haben sich von den Gesetzen der
Blutsbande nicht losgesagt, um die Menschen heillos zu vereinzeln,
sondern um sie zu vergeistigen und in eine erneuerte Gemeinschaft
mit Jesus Christus eingehen zu lassen. In dieser geistigen Gemeinschaft
sind die Gläubigen als *Gemeinde* weiblicher Natur.

Jede Seele, die Gott Einlass gewährt, ist ihrer Rolle nach weiblich.
Doch auch das Kollektiv der Gemeinde, die Gemeinschaft der gläubigen Seelen, wird als Braut Jesu symbolisiert. So schon in der paulinischen Lehre; die Kirchenväter führen diesen Gedanken weiter aus.
Man sieht einmal mehr, wie schwierig es ist, eindeutige Geschlechtsattribute auf die komplexen Partizipationsverhältnisse der christlichen
ecclesia zu übertragen. In geschlechtlicher Hinsicht sind die christlichen Männer sozusagen doppelt codiert: Einerseits in Analogie zu
Christus als Haupt, das heißt als männlicher Part einer Liebesverbindung; andererseits Glieder der Gemeinde, die im Verhältnis zum
christlichen Gott die Rolle der gehorsamen Frau innehat. Als Einzelperson ist der Mann männlich, als Teil der Gemeinschaft der Gläubigen hat er sich Gott wie eine Frau hinzugeben.

Über den symbolischen Effekt, dass Männerkollektive weibliche Züge annehmen – ein Effekt, der bis in die Massenbildungen der Moderne hinein wirksam ist –, wäre an sich viel zu sagen. Hier jedenfalls bringt er eine gewisse Verwirrung mit sich, wenn man sich auf Freuds ödipale Trias zurückbesinnt und als Streitobjekt zwischen jüdischer Vater- und christlicher Sohnesreligion nicht einfach eine Frau, sondern ein männerdominiertes Kollektiv identifiziert. Die Verwirrung scheint noch zu wachsen durch Yerushalmis Hinweis darauf, dass die Rivalität zwischen Juden- und Christentum sich auch als Rivalität ungleichaltriger Brüder, als Konkurrenz um den Ehrenplatz des geliebtesten Kindes artikulierte.

Unerwartete Hilfe kommt gerade von Seiten der christlichen Theologie. Freud konnte in seinen fruchtbaren Spekulationen über die Entstehung der christlichen Religion aus dem jüdischen Vaterkomplex den *Einsatz* des Generationenkonflikts, nämlich die begehrte Mutter, nicht mehr plausibel benennen. Sie geriet ihm im Gegeneinander der männlichen Protagonisten ganz aus dem Blick. Dieses *missing link* lässt sich füllen. Sein christlicher Name ist Maria. Und damit ist nicht die leibliche Mutter Jesu, sondern die Maria der Theologen gemeint. Denn all die ›Ersatzbestimmungen‹ für das umkämpfte weibliche Objekt, sei es die Seele des Gläubigen, sei es die Gesamtheit der Gemeinde oder die Empfängnis der wahren Lehre, stimmen darin überein, dass sie allegorisch durch die Mutter Christi und seine gläubigen Brüder darstellbar sind. Das ödipale Schema, das Freud als religionstheoretischen Universalschlüssel benutzte, geht also erst dann auf, wenn man es seinerseits spiritualisiert. Als sexueller Schematismus greift es leer. Paradoxerweise lässt es sich nur *jenseits des natürlichen Geschlechts* vervollständigen.

13. Jenseits des Geschlechts

Girard. Jenseits der Gewalt

Auch René Girard, der vielleicht wichtigste zeitgenössische Religionstheoretiker, hat seine Ideen in kritischer Auseinandersetzung mit Freud entwickelt. Girard stimmt mit dem Begründer der Psychoanalyse in einem Punkt überein, nämlich in der Annahme eines gewalttätigen Ursprungs der Kultur. Er sieht die menschlichen Gesellschaften beherrscht vom Kreislauf der Gewalt. Gewalt löst Gegengewalt aus, ein Teufelskreis, der, wie die alte Institution der Blutrache zeigt, seinem Wesen nach niemals zum Stillstand kommt. Menschen neigen nach Girards Überzeugung dazu, sich *mimetisch* zu verhalten, das nachzuahmen, was ihnen von anderen widerfährt; sie ahmen die Gewalt des anderen nach, indem sie ihrerseits mit Gewalt reagieren; diese Reaktion ist dem auslösenden Verhalten ähnlich, sie stiftet eine Antwortgewalt, die von der Anfangsgewalt nicht unterscheidbar ist und genauso viel oder wenig Grund hat wie diese. Girard kleidet das in das mythologische Bild der verfeindeten Zwillinge, die sich aus den gleichen, nur jeweils spiegelverkehrten Motiven bekämpfen.

In allen Religionen gibt es indessen ein Ritual, das dem unendlichen und letztlich grundlosen Zirkel der Gewalttätigkeit zumindest vorübergehend Einhalt gebieten kann: das *Opfer*. Im Opfervorgang lenkt sich die gesellschaftliche Aggression auf ein bestimmtes, zu diesem Zweck ausersehenes Objekt. Es muss bestimmte Bedingungen erfüllen, zum Beispiel sozial so randständig sein, dass seine Tötung den Zyklus der Rache nicht von neuem in Gang setzt. Ursprünglich, so glaubt Girard, sind die Opfer immer Menschen gewesen; später wurden sie oft durch geeignete Substitute ersetzt. Allerdings muss man sich über den Charakter der Opferstellvertretung im Klaren sein:

> Das Opfer tritt nicht an die Stelle dieses oder jenes besonders bedrohten Individuums, es wird nicht diesem oder jenem besonders blutrünstigen Individuum geopfert, sondern es tritt an die Stelle aller Mitglieder der Gesellschaft und wird zugleich allen Mitgliedern der Gesellschaft von allen ihren

Mitgliedern dargebracht. Das Opfer schützt die ganze Gemeinschaft vor *ihrer* eigenen Gewalt, es lenkt die ganze Gemeinschaft auf andere Opfer außerhalb ihrer selbst. Die Opferung zieht die überall vorhandenen Ansätze zu Zwistigkeiten auf das Opfer und zerstreut sie zugleich, indem sie sie teilweise beschwichtigt.[107]

Welche Wirkung hat also das Opferritual? Es reagiert auf die drohende Auflösung der sozialen Ordnung dadurch, dass es alle Verantwortung für das Übel dem Opfer anlastet. Das Opfer wird zum *Sündenbock*. Wenn man den Sündenbock eliminiert, hat man die soziale Ordnung vom Bösen gereinigt. Alle Gewalt richtet sich gegen das zur Inkarnation des Bösen erklärte Opfer. Damit der Opfermechanismus funktioniert, ist es notwendig, dass die Beteiligten sein Wesen *verkennen*. Erstens dadurch, dass sie das Übel, das ja in Wahrheit ein Übel ihrer eigenen Gesellschaft ist, auf den Sündenbock als Außenseiter projizieren. Zweitens dadurch, dass sie die im Opferritual vollstreckte Gewalt als eine höhere Macht ansehen, die nicht von den Menschen selber ausgeht, sondern von Gott. Und hier liegt, Girard zufolge, der Ursprung der Religion. »Religiös denken«, sagt er, heiße, die »Gewalt als übermenschlich zu denken, um sie auf Distanz zu halten und loszuwerden«[108].

Auf den ersten Blick sieht die Geschichte von Jesu Kreuzigung genauso aus wie der religionsstiftende Kollektivmord, von dem Girard spricht. Sie enthält die gleichen Komponenten: eine gewalttätige Menschenmenge in Lynchjustizstimmung; einen einzelnen Verfolgten, auf den alle Schuld geschoben wird; Jesus in der Rolle des ›Sündenbocks‹ oder, in christlicher Bildlichkeit, des Opferlamms. Und dieser Akt kollektiver Reinigung / Katharsis vollzieht sich angeblich nach dem Willen und Plan Gottes, sodass also nicht nur die Schuld, sondern auch die Gewalt externalisiert, auf äußere Instanzen überschrieben wird.

Das würde heißen, dass die Passionsgeschichte nur eine von vielen gleichartigen Opferepisoden wäre, die den Kreislauf der Gewalt in Gang halten: Opfer – Besänftigung – erneutes Anwachsen der Gewalt – neuerliche Entladung im Opferritual. Gegen diese Lesart verwahrt Girard sich jedoch ganz entschieden, und hier zeigt sich eine bekennend christliche Grundtönung zumal seiner späteren Werke[109]. Zwar habe die christliche Theologie durchaus mit dem Opfermodell operiert. Dies geschah Girard zufolge aber nur deshalb, weil sie die eigentliche Botschaft der Evangelien nicht verstand. Die Kirchenmänner hätten die christliche Heilsbotschaft in eine bloße Wiederholung des Gewaltmechanismus verwandelt.

Für Girard besteht ein entscheidender Unterschied zwischen den mythischen Opferberichten und dem Evangelium. Die mythischen Berichte sind aus der Perspektive der Verfolger verfasst. Sie vollziehen deren Verkennung des Opfervorgangs mit. Sie legen dem Opfer selbst die Schuld an der Verfolgung auf, dichten ihm alle möglichen Schandtaten an und exkulpieren auf diese Weise die das Opfer vollstreckende Menge; sie tun das Gleiche wie die Verfolger, indem sie eben das Opfer zum Sündenbock erklären. Demgegenüber betont Girard den *antimythologischen* Charakter der Evangelien: Diese gebieten der unendlichen Selbstreproduktion der Gewalt dadurch Einhalt, dass sie den Opfermord nicht aus der Sicht der Verfolger mystifizieren (durch Beschuldigung des Opfers, das angeblich seine gerechte Bestrafung erhält), sondern die *Schuldlosigkeit des Opfers* offenbaren.

Die Evangelien lassen keinen Zweifel daran, dass Jesus unschuldig in den Tod gehen muss, und sie lassen ebenso wenig Zweifel daran, dass die Mörder die Schuldigen sind. Auf diesem Weg arbeiten sie der Verkennung des Opfermechanismus entgegen, klären über seine Blindheit auf und machen ihn dadurch unwirksam. Jesus nimmt die Schuld auf sich, ohne schuldig zu sein. Nicht einmal seine Feinde können ihn wirksam für schuldig erklären, wie die Vorführung Jesu bei Pontius Pilatus demonstriert. Sie können ihre Gewalttätigkeit nicht mehr einer Figur außerhalb des Kollektivs anlasten und werden damit konfrontiert, dass die Gewalt, das Böse, das sie aus der Welt schaffen wollen, aus ihnen selber entspringt.

Das Neue Testament erzählt zwar die gleiche Geschichte wie die Mythen der kollektiven Gewalt, aber es erzählt sie auf andere Weise. Es *beendet*, Girard zufolge, das Regime der Gewalt. Der Gott des Christentums ist – anders noch als der zornige Gott des Alten Testaments – kein gewalttätiger Gott mehr, der Rache und Vergeltung fordert. Er ist vielmehr ein Gott, der die Menschen aus dem mythischen Zirkel der sich immerfort erneuernden Gewalt herausführt. Ein Gott der Feindesliebe, wie seine Anhänger bezeugen, ein Gott, der von seinen Anhängern Sanftmut und Vergebung verlangt; schließlich ein

Gott, bei dessen Verehrung die herkömmlichen und in der Antike noch gebräuchlichen Opferrituale keine Rolle mehr spielen. Und tatsächlich ist ja das Frühchristentum keine Religion der *ausübenden* Gewalt (des Opferkultes), sondern der *erlittenen* Gewalt, des *Martyriums* in der Nachfolge der Passion Christi gewesen.

Wenn man sich den evangelischen Themen zuwendet, die scheinbar am meisten mythischer Natur sind wie z. B. die jungfräuliche Empfängnis Jesu bei Matthäus und Lukas, gewahrt man, dass hinter den fabelartigen Zügen stets eine Botschaft liegt, die zu der Mythologie, die sie uns bringen, im Gegensatz steht: Die Botschaft von der gewaltlosen Gottheit, die mit den sich aufzwingenden Epiphanien des Sakralen nichts zu tun hat.

Alles, was aus der Welt und aus dem »Fleisch« geboren ist (um uns der Sprechweise des Johannesprologs zu bedienen), ist von der Gewalt geprägt und wird am Ende wiederum zur Gewalt. In diesem Sinn ist jeder Mensch der Bruder Kains, der als erster von dieser Gewalttätigkeit gezeichnet war.

Bei zahlreichen mythischen Geburten paart sich der Gott mit einer Sterblichen, damit ein Held geboren werde. Diese Berichte tragen stets das Gepräge der Gewalt. Zeus stürzt sich auf Semele, die Mutter des Dionysos, wie ein Raubtier auf ein Opfer, und er schmettert sie denn auch nieder. Die göttliche Empfängnis gleicht stets einer Vergewaltigung. [...]

Die Rede von der jungfräulichen Empfängnis Jesu verwendet zwar zur Übermittlung ihrer Botschaft die gleichen »Codes« wie die Geburtsmythen, aber eben der Parallelismus der Codes sollte es uns ermöglichen, die Botschaft zu vernehmen und festzustellen, was daran einzigartig, von Grund auf anders ist als bei der mythologischen Botschaft.

Unter denen, die an der jungfräulichen Geburt beteiligt sind – der Engel, die Jungfrau und der Allmächtige –, bilden sich keine Gewaltbeziehungen. [...] Das Fehlen jeglichen sexuellen Elements hat nichts mit Puritanismus oder Verdrängung zu tun, die sich das zu Ende gehende 19. Jahrhundert ausgedacht hat und die der niedrig denkenden Epoche, die sie erzeugt hat, ganz entspräche. Die Abwesenheit von allem Sexuellen ist die Abwesenheit der gewalttätigen Mimesis, von der in den Mythen das Begehren und die Vergewaltigung durch die Gottheit sprechen.[110]

Lob der Jungfräulichkeit

Man kann über Girards Theorie und die entschieden christliche Wendung, die sie in der späteren Ausarbeitung erfährt, sicherlich streiten. Doch hat sie immerhin den Vorteil, zumindest dem *Selbst*verständnis des Frühchristentums und seiner Hochschätzung der Virginität, abgeleitet von der jungfräulichen Empfängnis Mariä, näher zu kommen als Freud mit seinem Modell sexueller Repression / Sublimation. Für die Kirchenväter, die in den ersten Jahrhunderten unserer Zeitrechnung danach streben, das Vermächtnis des Neuen Testaments theologisch aufzuarbeiten, ist geschlechtliche Enthaltsamkeit kein Wert an sich. Sie isolieren das Sexuelle auch nicht, wie es später geschieht, von all den anderen Sünden, Leidenschaften oder auch nur von den notwendigen Rücksichten des weltlichen Lebens.

Im Katalog der acht christlichen Todsünden kommt die sexuelle Begierde gar nicht eigens vor; sie läuft lediglich unter dem Stichwort »luxuria« (Schwelgerei, Zügellosigkeit, Verschwendungssucht) mit. Sexualität wird hier nicht als eine eigene, autonome Triebgröße gedacht. Sie hängt vielmehr untrennbar mit Prokreation, Fortpflanzung und Einbezogenheit in das weitläufige System biologischer Abhängigkeiten zusammen. Sie ist das, was den Körper mit der Welt verbindet. Und sie ist das, was diese Welt – eine schlechte, grausame, heillose, von Begierde, Gewalt, Zerstörung und Tod beherrschte Welt – am Laufen hält. Zwar sprechen die frühchristlichen Kirchenlehrer nicht von der kollektiven Gewalt, die Girard im Sinn hat, doch sehen sie das kreatürliche Leben überhaupt als einen Gewaltkreislauf an.

Sexualität heißt Zeugung, Zeugung heißt Geburt, und Geburt heißt, immer neue Menschen in die vergängliche und todverfallene Welt zu entlassen. Die Fruchtbarkeit, nicht der Genuss ist das eigentliche Problem. Manche Strömungen innerhalb des Christentums nahmen weniger an unehelichen Vergnügungen Anstoß, solange sie folgenlos blieben, als am ehelichen Kinderzeugen und Fortsetzen des Übels der Welt.

Anders als in der psychoanalytischen Trieblehre gehen im antiken Entstehungsmilieu der christlichen Religion Zeugung und Tod, Geburt und Sterben unmittelbar ineinander über. Sie reichen sich die Hände zu einem ewigen Reigen, aus dem kein Entrinnen ist. Die antiken Menschen, daran erinnert der Religionshistoriker Peter Brown, verbinden mit dem Geschlechtsakt traurige Vorstellungen[111]. Sie assoziieren mit dem weiblichen Schoß immer schon auch das Grab. Zeugung und Tod stellen sich ihnen als die beiden Grenzpfosten der Vergänglichkeit dar.

Das lässt umgekehrt Rückschlüsse auf die Zielsetzung des christlichen Asketismus zu. Geschlechtliche Enthaltsamkeit ist unter solchen Voraussetzungen nicht bloß eine Frage individueller Zügelung oder Reserve. Sie soll der pausenlosen Wiedererschaffung / Fortsetzung des Unheils des biologischen Daseins, dem Teufelskreis des Irdischen Einhalt gebieten. »Die Jungfräulichkeit ist stärker als die Herrschaft des Todes«, schreibt Gregor von Nyssa[112], und er führt aus:

Bei allen Geschlechtern, die vorher Zeugung und Geburt hatten, war der Tod mit am Lebenswege, und bei allen Menschen, die noch zum Leben kommen werden, geht er gemeinsam mit hinaus; aber eine Grenze seiner Wirksamkeit hat er in der Jungfräulichkeit gefunden, und diese Grenze zu überschreiten gehört zu den unmöglichen Dingen. Bei der Gottesmutter Maria hat der Tod, der von Adam bis zu Maria geherrscht hatte, sich wie an einem Felsen an der Frucht der Jungfräulichkeit gestoßen, als er auf Maria traf, und hat sich an ihr zerrieben; auf dieselbe Weise zerreibt sich die Kraft des Todes und löst sich auf in jeder Seele, die durch die Jungfräulichkeit das fleischliche Leben nicht beachtet und übergeht, da er niemand mehr hat, dem er seinen eigenen Stachel eingeben kann.[113]

Die Jungfräulichkeit beweint keine Verwaistheit, sie bejammert nicht den Witwenstand. Immerdar lebt sie in Gemeinschaft mit dem unvergänglichen Bräutigam, immerdar rühmt sie sich mit dem Hervorbringen von Gottesfrucht. Sie sieht, dass das ihr wahrhaft eigene Haus an allem Schönen dauernd Überfluss hat, weil der Herr des Hauses immer anwesend ist und in dem Hause wohnt; für die Jungfräulichkeit verursacht der Tod nicht eine Trennung, sondern führt zur Gemeinschaft mit dem Ersehnten.[114]

Man muss sich die soziale Realität der ersten christlichen Jahrhunderte vor Augen führen, um solche Aussagen zu würdigen. Auf dem Höhepunkt des Römischen Reiches im 2. Jahrhundert liegt die durchschnittliche Lebenserwartung unter 25 Jahren. Nur vier von hundert Männern, und noch weniger Frauen, erreichen ein Alter über 50. Allein um die Bevölkerungszahl bei der herrschenden Sterblichkeitsrate stabil zu

halten, muss jede Frau mindestens fünf Kinder gebären. Junge Mädchen werden im Durchschnitt mit vierzehn Jahren verheiratet, um
diese Aufgabe erfüllen zu können. Kaiser Augustus erlässt Strafen gegen männliche Junggesellen, die sich ihrer Pflicht entziehen, die Geburtenrate auf gleicher Höhe wie die Todesrate zu halten[115] – ein Strafkatalog, der bis zum Toleranzedikt von Mailand 313 in Kraft bleibt.

Der Tod ist ein ständiger Gast in den Häusern. Frauen sterben im
Kindbett, weshalb bei Männern mehrfache Heiraten und innerhalb
der Ehen große Altersunterschiede die Regel sind. Die meisten Kinder kommen in frühen Jahren um. Es ist keine Frage, dass uneingeschränkte Prokreation das einzige Mittel bietet, um ein Minimum an
sozialer Stabilität aufrechtzuerhalten. Die antike Sippe muss alle Energien auf die bloße Fortführung der Deszendenzlinie richten.

Auf der anderen Seite gibt es schon im Palästina zur Zeit Jesu
befremdlich-heilige Gestalten, die in der Wüste oder am Rand der
Siedlungsgebiete hausen und von Zeit zu Zeit in den Ortschaften auftauchen, um dort das Kommen des Gottesreiches, Buße und sexuelle
Abstinenz zu predigen. Kleinasien wird von millenaristischen Wellen
durchlaufen. Die Apostelgeschichte und -briefe vermitteln einen Eindruck davon: Immer wieder ergießt sich der Heilige Geist über die
Gläubigen, verzückt sie, lässt sie stammeln und tanzen, entrückt sie an
ferne Orte, lässt Wunder und wundersame Bekehrungen geschehen.

In den jungen Christengemeinden verlassen die jungen Männer Eltern und Haus, schließen sich radikalen asketischen Gruppen an, ziehen als wandernde Bettler und Prediger durch das Land. Aber auch
eine immer größere Zahl an Mädchen weigert sich, die Ehe einzugehen; sie leben fortan keusch entweder im Rahmen ihrer Familie oder in
kleinen, zumeist informellen Gruppen, die noch nicht, wie später, unter der Vormundschaft von geistlichen Führern stehen. Zudem werden
immer mehr weibliche Nachkommen von ihren Eltern zum Jungfernstand bestimmt. Im dritten Jahrhundert kommt es in den Christengemeinden zu einem regelrechten Überschuss an Jungfrauen, »Jungfrauen Gottes«, wie sie sich nennen[116]. Das spricht sich bei den heidnischen Nachbarn herum und führt immer wieder zu Ausschreitungen
und Übergriffen.

Das 4. Jahrhundert sieht Mönchsgesellschaften in der ägyptischen
Wüste entstehen – Vorbild für die späteren Klöster. In Nordafrika set

zen sich Kirchenobere gegen das Herumstreunen gläubiger *outlaws* und Phantasten zur Wehr. Augustinus schließlich leitet eine radikale theologische Wende weg von den asketischen, sektiererhaften Ursprüngen des Christentums ein, um den Reproduktionsnotwendigkeiten der Gesellschaft, auf die er als Bischof der nunmehr machtvollen Institution Kirche zu achten hat, Genüge zu tun.

All dies sind, wenn man so will, Folgen der Heiligen Familie. Ihren Höhepunkt erreichen sie, wie bekannt ist, erst später, in der Institution des Priesterzölibats und in den monastischen Bewegungen des Mittelalters. Schematisch dargestellt: Auf der einen Seite findet sich die gesellschaftliche Majorität, die ›im Fleisch‹ lebt und rein physisch um ihren Fortbestand besorgt ist. Auf der anderen Seite gibt es eine wachsende Minderheit jener Gläubigen, die sich von dieser Gesellschaft lossagen und ihr künftiges Leben auf die spirituelle Gemeinschaft in Gott auszurichten gedenken. Asketen und Ekstatiker, die Enthaltsamkeitsschwüre leisten, sich den zivilen Normen entfremden und ein Leben in großer Einfachheit und Härte führen. Leute, die mit leuchtenden Augen von der Liebe reden, die nichts gemeinsam hat mit Geschlecht, die den Geist höher stellen als Fleisch und Blut, die sich auf skandalöse Weise von der Sorge um ihre nächsten Angehörigen losmachen. Bettler, Asoziale, Unruhestifter, Verrückte, Dissidenten. Übergriffen und politischen Repressionen ausgesetzt, nehmen sie für ihre Glaubensüberzeugung sogar das Martyrium auf sich. Ihre Märtyrer sind imstande, im qualvollen Sterben unter dem Steinhagel oder in den römischen Gefängnissen und Arenen ihren Mördern zu verzeihen, der Gewalt nicht mit Hass, sondern mit der gebotenen Feindesliebe zu begegnen.

Vor diesem Hintergrund scheint es plausibel, wenn Girard den Mythen der sozialen Gewalt die befreiende Versöhnungslehre der Evangelien entgegenstellt. Es scheint, als führte kein Weg von der Auflösung der Blutsbande durch Jesus, von der spirituellen Gemeinschaft der Jünger, von Jesu Missachtung des Herkommens und der Gesetzesforderungen der Pharisäer und Hohen Priester, von seiner Liebeslehre und seiner duldenden Passion zu den Zwängen und Gewalten der sozialen Normalität. Kein Weg von der *Liebe* zum *Gesetz*. Kein Weg von der Heiligen Familie zur Macht.

Dann muss man sich aber fragen, wie es dem Christentum gelungen ist, nur drei Jahrhunderte nach seiner Entstehung zur ersten offiziellen Religion eines europäischen Staatswesens, nämlich des Römischen Reiches, zu werden. Wie konnte es sich zu einer Kirche verfestigen, die ihrerseits zu einer Verfolgerorganisation geworden ist? – Und was die Heilige Familie betrifft, muss man nicht nur nach dem Status der Frau im patriarchalen System dieser Religion fragen, sondern auch nach dem Verhältnis zwischen *Familienpolitik* und *staatlicher Ordnung*. Es steht also ein klassisches Problem zur Debatte: das Problem der Macht.

14. Die Machtfrage

Weber. Das Urchristentum als charismatische Bewegung

Mit Fragen der Macht ist die Soziologie befasst. Max Weber, einer der Klassiker dieses Faches, hat eine Typologie von Herrschaftsformen entworfen, innerhalb derer dem Christentum eine exemplarische Bedeutung zukommt. Weber unterscheidet zwischen drei Haupttypen »legitimer Herrschaft«: der rationalen, die »auf dem Glauben an die Legalität gesatzter Ordnungen«, der traditionalen, die »auf dem Alltagsglauben an die Heiligkeit von jeher geltender Traditionen«, und schließlich der charismatischen Herrschaft, die »auf der außeralltäglichen Hingabe an die Heiligkeit oder die Heldenkraft oder die Vorbildlichkeit einer Person« beruht[117].

Unter diesen drei Herrschafts- bzw. Legitimationsformen ist die charismatische Herrschaft die am wenigsten stabile. Sie kann sich nicht auf die Heiligkeit unvordenklicher Einrichtungen stützen wie die traditionale / patriarchale Herrschaft; sie verfügt andererseits nicht über einen durchorganisierten, geregelten, bürokratischen Apparat wie der Herrschaftstyp, dem Weber einen rationalen Charakter zuerkennt. Die charismatische Herrschaft lebt von der Außergewöhnlichkeit des Herrschenden selber, von der Suggestivkraft seiner Mission, von seinem Glauben an sich selbst und in Wechselwirkung damit von dem Glauben, den seine Gefolgsleute ihm entgegenbringen. Sie bricht mit dem Herkommen und durchkreuzt geregelte Verwaltungsabläufe rechtlicher und verwaltungstechnischer Art.

Wo Weber den Charismatismus näher kennzeichnet, stehen ihm die historische Gestalt Jesu und seine kirchlichen Nachfolger Modell. Das betrifft die wechselseitige Stützung von charismatischem Führertum und gläubiger Jüngerschaft. Es gilt auch für die nichtökonomische Verfasstheit des Charismas, das »in und doch nicht von dieser Welt« lebt und »den planvollen rationalen Geldgewinn, überhaupt alles rationale Wirtschaften«, als »würdelos« ablehnt[118], und im Zusammenhang damit für die Ablehnung von Güterbesitz, Ehe und anderen institutionellen Verpflichtungen.

Die Träger des Charisma: Der Herr wie die Jünger und Gefolgsleute, müssen, um ihrer Sendung genügen zu können, außerhalb der Bande dieser Welt stehen, außerhalb der Alltagsberufe ebenso wie außerhalb der alltäglichen Familienpflichten. Der Ausschluss der Annahme kirchlicher Ämter durch das Ordensstatut der Jesuiten, die Besitzverbote für die Mitglieder der Orden oder auch – nach der ursprünglichen Regel des Franziskus, für den Orden selbst, das Zölibat des Priesters und Ordensritters, die faktische Ehelosigkeit zahlreicher Träger eines prophetischen oder künstlerischen Charisma sind alle der Ausdruck der unvermeidlichen »Weltabgewendetheit« derjenigen, welche Teil [...] haben am Charisma.[119]

Weber charakterisiert die charismatische Herrschaft als *Ausnahmephänomen*. Ihre Unwirtschaftlichkeit, ihre Vermeidung hergebrachter sozialer Routinen und Institutionen verurteilen sie zu einer kurzlebigen Existenz. Dazu passt der eruptive und revolutionäre Grundzug dieses Herrschaftstyps, den Weber andernorts betont, wenn er sagt, das Charisma sprenge

in seinen höchsten Erscheinungsformen Regel und Tradition überhaupt und stülpt alle Heiligkeitsbegriffe geradezu um. Statt der Pietät gegen das seit alters Übliche, deshalb Geheiligte, erzwingt es die innere Unterwerfung unter das noch nie Dagewesene, absolut Einzigartige, deshalb Göttliche. Es ist in diesem rein empirischen und wertfreien Sinn allerdings die spezifisch »schöpferische« Macht der Geschichte.[120]

Ein Zeichen der schöpferischen *Außeralltäglichkeit* ist die Bevorzugung der zölibatären Lebensweise. Geschlechtliche Enthaltung bildet in Webers typologischer Perspektive keine christliche Besonderheit. Sie hebt alle charismatischen Figuren aus der Masse des Gewöhnlichen heraus, vom Propheten über den Heerführer bis hin zum Künstler. (Der Zusammenhang zwischen – in der Regel: männlichem – Charisma und – in der Regel: männlichem – Zölibat scheint fast den Rang einer kulturellen Universalie einzunehmen. Jedenfalls ist er noch in der Alltagsmythologie unserer Tage, etwa beim Typus des ehelosen Filmhelden, unübersehbar.)

In einer Skizze mit dem Titel »Das weltablehnende Frühchristentum« deutet Weber das Frühchristentum ausdrücklich als eine charismatische Massenbewegung[121]. Von diesem Ansatz her lassen sich zentrale Elemente des Evangelienberichts erhellen. Der Charismatismus beruht auf einem Anerkennungszirkel – die charismatische Mission reißt die Menschen mit und lässt gläubige Jüngerschaften entstehen, und umgekehrt beflügelt der Glaube der Anhänger den Charismatiker in seiner Mission –, der schnell wieder zusammenbrechen kann. Die verzweifelte Einsamkeit Jesu am Ölberg, seine Aburteilung, seine Verlassenheit von Gott und den Menschen am Kreuz, die Flucht und Verleugnung der Jünger stellen für Weber einen solchen Zusammenbruch des Charismas dar.

> Der Bestand der charismatischen Autorität ist ihrem Wesen entsprechend spezifisch *labil*: Der Träger kann das Charisma einbüßen, sich als »von seinem Gott verlassen« fühlen, wie Jesus am Kreuz, sich seinen Anhängern als »seiner Kraft beraubt« erweisen: Dann ist seine Sendung erloschen und die Hoffnung erwartet und sucht einen neuen Träger. Ihn aber verlässt seine Anhängerschaft, denn das reine Charisma kennt noch keine andere »Legitimität« als die aus eigener, stets neu bewährter Kraft folgende. Der charismatische Held leitet seine Autorität nicht wie eine amtliche »Kompetenz« aus Ordnungen und Satzungen und nicht wie die patrimoniale Gewalt aus hergebrachtem Brauch oder feudalem Treueversprechen ab, sondern er gewinnt und behält sie nur durch *Bewährung* seiner Kräfte im Leben. Er muss Wunder tun, wenn er ein Prophet, Heldentaten, wenn er ein Kriegsführer sein will. Vor allem aber muss sich seine göttliche Sendung darin »bewähren«, dass es denen, die sich ihm gläubig hingeben, *wohlergeht*. Wenn nicht, so ist er offenbar nicht der von den Göttern gesandte Herr.[122]

Webers Schematismus der Herrschaftsformen macht es möglich, zumindest eine hervorstechende Eigenschaft des christlichen Messias und seiner familiären Abkunft in soziologische Zusammenhänge einzufügen: den unterstellten Sexualitätsverzicht, der sich in den frühchristlichen Keuschheitsbewegungen fortsetzt und zur Herausbildung des priesterlichen Zölibats führen wird. Eine Lehre, die Jüngerschaft predigt statt familiärer Anhänglichkeit, Liebe statt Gesetz, Geist statt Fleisch, listet die typischen Voraussetzungen charismatischer Führerschaft auf. Die unerhörte Bewegung religiöser und sozialer *Dissidenz*, die durch die Idee der Überwindung des Geschlechts ausgelöst wird, lässt sich als Nachgeschichte dieses Urcharismas lesen.

Allerdings tritt dabei eine Schwierigkeit auf. Denn Weber betrachtet den Charismatismus als instabile soziologische Formation. Der Logik seiner Ausführungen nach müsste die Herrschaft Christi mit dessen kläglicher Hinrichtung als Verbrecher an ihr Ende gekommen sein. Nun ist zwar Webers Theorie in der Folgezeit modifiziert worden – unter anderem aufgrund von Untersuchungen über millenaristische Sekten des 20. Jahrhunderts, deren Gruppenzusammenhalt durch das Nichteintreten prophezeiter Ereignisse eher gestärkt als gemindert wurde[123]. Enttäuschte Erwartungen und das Unverständnis Außenstehender fördern solchen Beobachtungen zufolge die Überzeugung, einem auserwählten Kreis von Gläubigen, die durch den Augenschein nicht irrewerden, anzugehören.

Doch ändert das letztlich nichts an Webers Einsicht, dass charismatische Bewegungen sich nicht auf Dauer stellen lassen. Sie sind ihrer Organisationsweise nach einem frühzeitigen Zerfall ausgeliefert. Die persönliche Wirkung ihrer Führer verbraucht sich, entsprechend schwächt sich die innere Bindung der Anhänger bald wieder ab, und ein unausweichlicher Prozess der »Umbildung des Charisma«[124] kommt in Gang: Die junge Herrschaft verkrustet und geht entweder in traditionalistische oder bürokratische Formen über; aus den Helden der ersten Stunde werden Diadochen der nachfolgenden Generationen, die ihre erworbenen Vorzüge zu befestigen suchen; das Ideal der Besitzlosigkeit schließlich degeneriert zur Verteidigung von Funktionärsprivilegien. Zwar dient die charismatische Periode dazu, die alten Autoritäten durch jüngere zu ersetzen, aber im Endeffekt führt das nur zu einer Neuauflage des Traditionalismus der Macht. »Auf diesem Weg von einem stürmisch-emotionalen wirtschaftsfremden Leben zum langsamen Erstickungstode unter der Wucht der materiellen Interessen«, schreibt Weber, befinde sich »jedes Charisma in jeder Stunde seines Daseins und zwar mit jeder weiteren Stunde in steigendem Maße«.[125]

Lässt sich die Geschichte des Christentums so erzählen? Eine Dissidenzbewegung im abgelegenen Palästina, die im Lauf der Jahrhunderte immer enger mit den alten Herrschaftsinstanzen kollaboriert, die dogmatisch und kirchenbürokratisch versteinert und immer mehr von ihren ursprünglich befreienden, erlösenden, Gewalt überwindenden Zügen verliert? Eine Religion, deren Transzendenzdrang in die Koordinaten irdischer Machtentfaltung zurückgebogen wird? Hat man es mit einer ursprünglich sozusagen unschuldigen *Freiheitsbewegung* zu tun, die *nachträglich* pervertiert und ihren Zielen abspenstig gemacht wird? Wäre dann auch die Wirkungsgeschichte der Heiligen Familie eine Geschichte der Usurpation, der ideologischen Eingliederung, die eine außeralltägliche Konstellation nach und nach in ein *Normalisierungsinstrument* der staatlich-kirchlichen Herrschaft verwandelt?

Die Gegenthese würde lauten, dass der frühchristliche Millenarismus und die spätere Machtentfaltung der Kirche nicht bloß in einem Verhältnis der Zweckentfremdung, der Um- und Fehldeutung, letztlich der *Korruption* zueinander stehen. Ins Positive gewendet: Es bestünde ein unmittelbares Junktim zwischen asketischer Erweckung und Neuordnung der Gesellschaft, zwischen der Transzendenz und der Macht, und das heißt auch: zwischen der Heiligen Familie einerseits und dem Staatswesen auf der anderen Seite.

Fox. Staat, Individuum, Sippe

Die Forschungen des britischen Anthropologen Robin Fox sind der Geschichte der Verwandtschaftssysteme gewidmet[126]. In diesen Zusammenhang gehört ein vor einigen Jahren publizierter Aufsatz »The Virgin and the Godfather«[127]. Anders als der Titel suggeriert, befasst sich Fox nicht mit den Familienverhältnissen im Christentum; er überlässt es dem Leser, die entsprechenden Verbindungslinien zu ziehen. Sein Ausgangspunkt ist Sophokles' Drama *Antigone*, das bekanntlich um einen unlösbaren Konflikt zwischen familiären Gebräuchen und Staatsrücksichten kreist. Fox geht der grundsätzlichen Frage nach, wie gut sich Staat und Familie verstehen. Eine befremdliche Frage, denkt man zunächst, wenn man die vielen staatlichen Bestandsgarantien für die Familie im Ohr hat. Die spontane Antwort würde wohl lauten: Der Staat ›mag‹ die Familie, weil sie Untertanen beziehungsweise Staatsbürger rekrutiert, aber er mag das Individuum nicht, mit dem er in ständigem Streit liegt und dessen Äußerungen er unterdrücken muss, weil es tendenziell undiszipliniert ist und nach Freiheit von staatlichen Zwängen strebt. ›Individuum versus Gesellschaft‹ war jahrzehntelang ein bevorzugtes Gegensatzpaar sozialpsychologischer Expertisen.

Fox hält diese Auffassung aber für einen populären Irrtum einer individualistisch orientierten Moderne. In der langen und konfliktreichen Entstehungsgeschichte des Staates geht es im Wesentlichen um zwei Ziele: um die Zentralisierung der Herrschaft und um das staatliche Gewaltmonopol. Diesen Zielen stehen weniger die individuellen Freiheitsrechte im Weg, die historisch erst später bedeutungsvoll werden – mit den Soziallehren der Neuzeit und besonders des 18. Jahrhunderts. In seiner langen Entstehungszeit musste der Zentralstaat sich mit einem anderen Gegner auseinander setzen. Und dieser Gegner war die Sippe, oder, mit einem anderen Wort: das Geschlecht.

Sippen sind Loyalitätsverbände auf der Grundlage verwandtschaftlicher Beziehungen. Die dem Einzelnen von der Sippe abverlangte Loyalität ist von einem bestimmten Punkt an mit der Loyalität gegenüber dem Staat als einem rationalen, unpersönlichen, abstrakten Ordnungsraum unvereinbar. Ein Staatsbeamter muss Vorschriften ausführen, und zwar nach allgemeinen und unbeugsamen Regeln. Das schließt es aus, dass er die eigene Verwandtschaftsgruppe zum Nachteil der anderen bevorzugt. Die europäische Staatsgeschichte ist eine Serie von Kämpfen um die Priorität des Staates gegenüber partikularen Sippschaftsrücksichten. Das gilt für den Kampf um das Königtum, es gilt für das Machtstreben der feudalen Adelsgeschlechter, es prägt den politischen Streit rivalisierender Familien etwa in den oberitalienischen Stadtstaaten, die sich nur im gegenseitigen Hass einig waren. Das Prinzip des Staates als eines der Idee nach unparteiischen Gemeinwesens reibt sich am Prinzip der Dynastie. Lange bevor widerspenstige Individuen *als Individuen* dem Staat zum Problem wurden, hatte er mit mächtigen und streitsüchtigen ›Häusern‹, Deszendenzgruppen zu kämpfen.

Wer eine halbwegs funktionsfähige Staatsverwaltung im modernen Sinn aufbauen will, muss das Bindegewebe der Verwandtschaft zerreißen. Er muss Begünstigung ausschließen, die Erbbarkeit von Ämtern und Privilegien zurückdrängen, das Kriterium der *Geburt* weitestmöglich durch das des *Verdienstes* ohne Ansehen der Person ersetzen und schließlich über alles ein System unabhängiger wechselseitiger Kontrollen herrschen lassen. Noch heute können in der Dritten Welt ganze Staatsgebilde implodieren, wenn sie dem Druck und Gegendruck von Stammes- oder Clanrivalitäten nicht standzuhalten vermögen. Aber selbst formal funktionsfähige Staaten haben mit den Gegenkräften der Sippschaft zu kämpfen. Aus der Perspektive des Staates heißt das Loyalitätengeflecht der Sippe abfällig: Vetternwirtschaft. Und die Verpflichtung zu unverbrüchlicher Treue gegenüber der eigenen Familie, einer Treue, die höher gilt als staatliche Gesetze und gegen die niemand verstoßen kann, ohne sich der Eigenjustiz dieser Familie zu überliefern, trägt umgangssprachlich einen italienischen Namen: Mafia.

Diesem Antagonismus gegenüber sind Staat und Individuum natürliche Verbündete; mehr noch, sie bringen sich gegenseitig hervor:

> Was in ganz Europa geschah, in unterschiedlichem Ausmaß, das war die Herausbildung eines triangulären Konflikts. Bände sind über den Aufstieg des Individualismus verfasst worden, und die Verwandtschaft wurde ebenso als Gegner des Individuums angesehen wie der Staat. Aber sehr wenig ist über den Kampf der Verwandtschaft mit den beiden anderen Institutionen geschrieben worden. Denn trotz seiner gelegentlichen Verfolgung des Individuums ist der Staat weitaus glücklicher mit Individuen als Grundeinheiten als mit Verwandtschaftsgruppen, und zwar aus einem einfachen Grund: Sie sind leichter zu kontrollieren. Wenn der Staat die Verwandtschaft auf die Kernfamilie (oder noch weniger) reduzieren will, dann will er seine rechtlichen Einheiten auf den einzelnen Wähler nach der Formel des 18. Jahrhunderts reduzieren: die Kreatur des Gesellschaftsvertrags [...] – ohne Verwandtschaft, ohne Geschlecht, ohne Alter, aller Bestimmungen beraubt, mit Ausnahme eines Interesses am persönlichen Überleben. [...] Ich denke, das wirkliche Paradox besteht darin, dass der Staat, jedenfalls in bürgerlichen Demokratien, den Individuen weniger opponiert als sie fördert.[128]

Zu diesem Befund scheint die Tatsache im Widerspruch zu stehen, dass es heute in allen westlichen Demokratien eine unübersehbare staatliche Begünstigung der Familien gibt. Warum werden einer Institution, die dem Verstaatlichungsprozess seit jeher Widerstände entgegensetzt, verfassungsrechtliche Garantien geboten? Nochmals Fox:

> Hier gibt es auch ein Paradox. Man sagt mir oft, dass der Staat in Wirklichkeit eine Menge tut, um die Familie zu fördern, nicht um sie zu zerstören. Das ist wahr. Aber es greift meine These nicht an, die besagt, dass der Staat die Sippe (kinship) verabscheut – nicht die Familie. Indem er die Selbst-

genügsamkeit der Kleinfamilieneinheit fördert, greift der Staat die Essenz der Sippe an, die in der Ausdehnung blutsverwandtschaftlicher (oder pseudo-blutsverwandtschaftlicher) Bindungen über die Familie hinaus und in der Bildung starker, wirkungsvoller Sippschaftsgruppen liegt. Anders formuliert: Vom Gesichtspunkt des Staates aus ist das höchste Organisationsniveau von Sippschaftsgruppen, das er zu sehen wünscht, die Kernfamilie, die in Wirklichkeit das niedrigstmögliche Niveau funktionsfähiger Sippschaftsgruppen ist, wenn diese ihrer Aufgabe der Reproduktion und Sozialisation von Nachkommen gerecht werden sollen. Um genau zu sein: Diese Aufgabe könnte auch von der Mutter-Kind-Einheit mit dem Staat als Versorger gelöst werden. Aber das ist nicht das Ziel des Staates und macht in Wirklichkeit eine ganze Menge Ärger – zum Beispiel in Form des Wohlfahrtssystems.[129]

Deshalb, so Fox, arbeiten praktisch alle Staaten der Vielehe entgegen; deshalb ist es ihnen aber andererseits nicht lieb, wenn sich nun auch die Kleinfamilien auflösen und die Väter als Versorger ausfallen und wohlfahrtsstaatlich ersetzt werden müssen. »Der Staat«, schreibt Fox, »zieht es vor, wenn Männer die Versorgung der Mutter-Kind-Einheit übernehmen, und ärgert sich, wenn das nicht geschieht.«[130] In den fortgeschrittenen westlichen Industriegesellschaften hat demnach die Zersetzung der Verwandtschaftsbindungen eine Grenze erreicht, deren weitere Unterschreitung für den Staat unvorteilhaft wäre. So versucht er, die Kernfamilie mit ideologischen und sozialstaatlichen Mitteln intakt zu halten. »Das Paradox ist also, dass der Staat (oder die Kirche) durch Förderung der Kernfamilie die Verwandtschaft auf ihren kleinsten gemeinsamen Nenner herunterschneiden, während es doch so scheint, als würden sie fundamentale ›Werte der Verwandtschaft‹ unterstützen.«[131]

Die Heilige Familie und der Prozess der Staatsbildung

Trotz der Allusion im Titel erwähnt Fox in seinem Aufsatz die christliche Heilige Familie mit keinem Wort. (Immerhin spricht er, analog zu staatlichen Maßnahmen, gelegentlich von den Organisationsformen und politischen Interessen der Kirche.) Dennoch hat man den Eindruck, als habe er auch im Sinn, Struktur und Funktion dieser religiösen Figur offen zu legen. Denn was geschieht anderes auf dem Weg vom jüdischen Herkunftsmilieu Jesu zur Ikonographie der Heiligen Familie, als dass, wie Fox es in gesamtabendländischem Maßstab beschreibt, die Sippe sich auf den familiären Minimalkomplex reduziert? Und was sonst symbolisiert die jungfräuliche Empfängnis Marias, als dass die Gesetze der Reproduktion der Sippe für *diese* zukunftsweisende Familie außer Kraft gesetzt sind? Und was sagt Jesus anderes, wenn er lehrt: Lasst die Toten die Toten begraben, und damit elementare, heilige Verwandtschaftsverpflichtungen für nichtig erklärt? (Um genau diesen Punkt entspannt sich ja der Konflikt in Sophokles' Drama *Antigone*, das Fox zu seinen Überlegungen Anlass bot.)

Heilige Familie im Jahr 1   Restfamilie im Jahr 2000

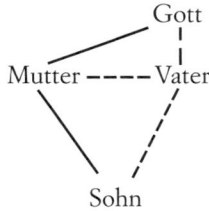
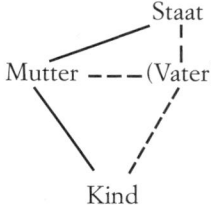

Wenn man Fox' Ausführungen auf die Heilige Familie bezieht, zeigen sich erstaunliche Parallelen. In seiner – allerdings etwas ins Großallegorische abgleitenden – geschichtlichen Simultanschau gelangt der britische Anthropologe zu dem Ergebnis, das Kontrollbedürfnis des Staates bringe diesen dazu, seine Bürger so weit wie möglich zu individualisieren. Aber für die sexuelle und soziale Reproduktion hat sich die Institution der Familie bisher als weitgehend unentbehrlich erwiesen. Also formatiert der Staat die Verwandtschaftsgruppe durch suppressive Maßnahmen so weit herunter, dass als kleinste Einheit die Kernfamilie übrig bleibt, die er dann gegen weitere Erosion zu schützen versucht. Kernfamilie heißt: Mutter-Kind-Einheit (mother-child unit) plus männlicher Versorger. Der männliche Versorger hat eine schwankende Stellung. Er ist schon fast auf dem Absprung, aber der Staat lässt ihn nicht gehen, weil er ihn nicht ganz ersetzen kann und

will. Fox hat die aktuelle Situation der Kleinfamilie in den westlichen
Gesellschaften im Sinn. Doch der Struktur nach könnte man ebenso an
die 2000-jährige Heilige Familie denken. Auch sie besteht ja aus einer
Mutter-Kind-Dyade und einem nur noch halb seines Amtes waltenden
Mann. In diesem Fall teilt sich der Mann seine Position mit *Gott*. Im
modernen Wohlfahrtsstaat ist die Vaterrolle auf andere, aber analoge
Weise ›halbiert‹: zwischen dem Mann und dem *Staat*. Die Stelle Gott-
vaters in der Heiligen Familie wird in der modernen Kleinstfamilie von
Vater Staat eingenommen.

Treffen diese Spekulationen zu, dann ist das merkwürdige Kon-
strukt der Heiligen Familie nicht bloß negativ auf den Aufbau der
weltlichen Macht zu beziehen – negativ insofern, als es sich ja um eine
Familie ohne sexuelle Prokreation und ohne Anbindung an das den
Sozialkörper tragende Verwandtschaftsgefüge handelt; sozusagen um
eine Familie mit Minus-Eigenschaften, die als Lebensvorbild anzusehen bedeutet, von den herrschenden sozialen Gepflogenheiten ab-
zuweichen. Vielmehr kann gerade dieses dissidente Potenzial der Herausbildung eines umfassenden und alles durchdringenden Staatswesens dienen. Die Anomalien der Heiligen Familie gewinnen einen
anderen Stellenwert, wenn man sie vor dem Hintergrund des langen Widerstreits zwischen Staats- und Verwandtschaftsregulativen betrachtet. Wenn – rückblickend – dem Staat das Ziel inhärent zu sein
scheint, die Verwandtschaftsgruppe auf Kernfamilienformat herunter-
zubringen, dann findet er in der normativen Wirkung, die vom Bild der
christlichen Urfamilie ausgeht, Zuspruch von Seiten der Religion.

Die Kräfte, die auf eine Zentralisierung der Macht hinarbeiten, können nur dann erfolgreich sein, wenn sie Kontrolle über die Reproduk-
tionsmechanismen der Verwandtschaft gewinnen. Der Hauptschau-
platz dieses Konflikts ist die Institution der Ehe. Die Ehe ist nicht
nur seit vielen Jahrtausenden für den biologischen Fortbestand der
Menschheit unabdingbar gewesen; sie stellt auch das Zentrum, sozusagen den Netzknoten des Sippschaftsverbandes dar. In frühchristlicher
Terminologie: Die Ehe ist der Ort des Fleisches, und zwar nicht nur,
weil es in den Ehebetten fleischlich zugeht, sondern weil die Kette der
Leiber, die Linie des Blutes durch die Ehe fortgeführt wird. Durch die
Ehe verschmilzt der einzelne Körper mit dem Sozialkörper, immer vorausgesetzt, dass man unter diesem Sozialkörper eben den Körper der

SPIEGEL-**Titel, Ausgabe vom 17. 11. 1997**

Verwandtschaft versteht – des *Geschlechtes* im doppelten Sinn dieses Wortes.

Der Staat, der sich als übergeordnete politische Formation gegen den krakenartigen Organismus der Sippe durchsetzen will, muss Einfluss auf die Ehe gewinnen. Er muss die biologisch-soziale Reproduktion in eine andere, abstraktere Reproduktionsweise des Sozialen überführen; er muss den Zusammenhalt der Gesellschaft auf einem *spirituellen* Niveau sicherstellen und zu diesem Zweck die Selbstherrlichkeit des Verwandtschaftsprinzips durchbrechen. Noch einmal anders formuliert: Der Stoff, aus dem die Staatsmacht besteht, ist weniger das Fleisch als der Geist. Gegenüber dem Nahbereich des Verwandtschaftssystems formiert sich der Staat als eine Ebene der Transzendenz, und er muss in die soziale Reproduktion einen ›Schalter‹ einbauen, der sie, zumindest teilweise, auf diese Transzendenz hin orientiert.

Dafür bietet nun offenbar die Heilige Familie das ideale Modell. Sie setzt den Primat der biologischen Reproduktion außer Kraft. In ihrer Doppelkonditionierung enthält sie einen *Umschaltmechanismus zwischen innerweltlich-familiärer und transzendenter Kopplung* – nämlich zwischen dem Vater als der verwandtschaftlich bevollmächtigten Autorität und jener anderen, ferneren, höheren Vaterinstanz, den man religiös verehren oder auch in einer Institution wie dem Staat verkörpert sein lassen kann, einer Institution, die sich nicht zufällig auf Metaphern der Vaterschaft stützt.

Einerseits muss der Staat die Ehe als Fundament der sozialen Reproduktion intakt halten, weil er biologisch von ihr abhängt. Ohne Staatsbürger gibt es keinen Staat – eine schlichte Tatsache, der schon die Bevölkerungspolitik der römischen Kaiser, vor allem durch Entmutigung und gesetzliche Sanktionierung des Zölibats, Rechnung trägt. Andererseits muss der Staat die Ehe ihrer rein biologischen Definition entkleiden, um sie als Scharnierstelle des Reproduktionssystems der Verwandtschaft zu schwächen. Für eine derartige, von Grund auf doppeldeutige Einflussnahme auf das Institut der Ehe bieten sich mehrere Möglichkeiten: Erstens die *moralische* Problematisierung von Eheschluss und Fortpflanzung; zweitens der Eingriff in die *rechtliche* Gestaltung des Verheiratungsaktes, der lange Zeit der alleinigen Hoheit der Sippe unterstand; und drittens schließlich der Versuch, Einfluss auf das Wegenetz der Güterverteilung und der karitativen Fürsorge zu nehmen, um das *materielle* Fundament der Segmentierung in Verwandtschaftsgruppen zu unterminieren.

C. Konsequenzen

15. Der Weg zur Reichsreligion

Der Aufstieg des Christentums beruht auf vielen Faktoren. Die junge Religion profitiert von der Stabilität des durch Augustus befriedeten und in Religionsdingen permissiven Römischen Reiches. Sie ist Nutznießerin der Krise, in die der Judaismus nach der Zerstörung des Jerusalemer Tempels gerät. Sie kann sich zu ihrer eigenen Weiterverbreitung der weit gespannten Infrastruktur des hellenistischen Diaspora-Judentums bedienen, mit dem sie in der Anfangszeit sowohl die Schriften als auch die Methoden ihrer Auslegung teilt[132]. Der entscheidende Erfolgsgrund liegt aber wohl weder in günstigen äußeren Umständen noch in der intensiven missionarischen Aktivität, sondern im *sozialen Charakter* des Christentums, in seinem »sense of community«[133]. Die strengen Anforderungen, die es als geschlossene und exklusive Glaubensgemeinschaft an ihre Anhänger richtet, schaffen eine Gruppenidentität, die auf Angehörige ganz unterschiedlicher sozialer Milieus – von den Depravierten der Frühzeit bis zu den Stadteliten des vierten Jahrhunderts – eine ungeheure Anziehungskraft ausgeübt hat.

In der Frühzeit lässt die für die Antike ungewöhnliche Unduldsamkeit der frühen Christen sie selbst zum Ziel grausamer Verfolgung werden. Später, in der Ära Konstantins, bietet sich jedoch der Ausschließlichkeitsanspruch des christlichen Monotheismus als ein religionspolitisches Instrument an, um die kaiserliche Zentralmacht zu stärken. Peter Brown beschreibt das Römische Reich als ein »Commonwealth der Städte« – wohlhabender, das Umland kontrollierender Provinzmetropolen. Der dezentralen Struktur der Machtverteilung entspricht die Vielfalt und relative Unabhängigkeit örtlicher Kulttraditionen[134]. Diese Kulte geraten durch das Christentum im wachsende Bedrängnis, das damit faktisch zum Anwalt eines Zentralisationsschubs der Staatsgewalt wird.

»Konstantins Verurteilung der heidnischen Opfer und die Schließung und Plünderung vieler Tempel«, schreibt Brown, »unterminier-

ten [...] die kulturelle Autonomie der Stadtstaaten. Die ortsansässigen
Honoratioren sahen sich um das Recht gebracht, gerade diejenigen religiösen Zeremonien zu pflegen, die es einst jeder Stadt ermöglicht hatten, ihrem besonderen Identitätsgefühl Ausdruck zu verleihen. Es war
nicht länger ratsam, Opferhandlungen vorzunehmen, Tempel zu besu-
chen oder seine Heimatstadt als Wohnsitz bestimmter Gottheiten zu
feiern, die durch besondere lokale Riten mit der Einwohnerschaft
verbunden waren. Statt dessen förderte der christlich orientierte Kai-
serhof die Entstehung eines neuen, das Imperium umspannenden Pat-
riotismus. Gebunden an die Person und Sendung eines universalen
Herrschers von Gottes Gnaden, ließ er die althergebrachten Loyalitäten gegenüber den einzelnen Stadtstaaten als provinziell und unbedeu-
tend zurücktreten.«[135]

Die Stärkung der kaiserlichen Administration macht sich vor allem
in der Steuerpolitik bemerkbar. Während es zuvor Aufgabe der ört-
lichen Honoratioren war, durch Wohltaten und Feste den Zusammenhalt des *demos* abzusichern, führt die wachsende Steuerlast im spät-
antiken Kaiserreich dazu, dass die lokalen Großzügigkeitsrituale an
Wichtigkeit verlieren; an ihre Stelle tritt nach und nach ein fiskalischer
Kreislauf von Abgabenpflichten und Rückverteilungen. Überdies verstärkt der Zuzug armer Landbewohner die Tendenz zur Desintegration der korporativen Struktur in den Städten. Die Zahl der Armen, die
nicht in den Genuss von Bürgerrechten kommen und infolgedessen
auch keine Alimentation durch die wohlhabende Honoratiorenschicht
erwarten dürfen, scheint im 4. Jahrhundert dramatisch zugenommen
zu haben[136].

Diese Krise des herkömmlichen Patronatssystems verschafft den
christlichen Bischöfen eine Schlüsselrolle im karitativen Bereich. Die
Bischöfe operieren bis zu einem gewissen Grad abseits der traditionellen Untergliederung der Stadtgesellschaft. Sie setzen dem abgestuften
Privilegienwesen der *polis* ein universalistisches Konzept entgegen.
»Das Phänomen der Armen«, so Brown, »zeigte die ganze Breite der
Zuständigkeit eines Bischofs. Auf der sozialen Karte der Stadt bezeich-
neten sie die äußerste Grenze der *via universalis*, die mit der christlichen Kirche assoziiert wurde [...]. Man glaubte, dass ein mystisches
Band den Bischof mit den Armen seiner Stadt verbinde. Dieses Band
lief durch alle Stände der Gesellschaft und ›umschlang‹ gewisser-

maßen die gesamte städtische Gemeinde vom höchsten bis zum
niedersten Rang als ein allumfassendes ›Volk Gottes‹. Reiche und Bettler stiegen gemeinsam ins Taufbecken und versammelten sich vor dem
Altar, um die Eucharistie zu empfangen. Selbst wenn sie sich vorläufig
noch gegenüber Heiden und Juden in der Minderheit befand, hatte die
Kirche, indem sie ihre Hand zu den Armen am Rande der Gesellschaft
ausstreckte, bereits ihr zukünftiges moralisches Recht bekundet, für
die Gesellschaft als Ganzes zu sprechen.«[137]

Die christliche Idee der Gottessohnschaft aller Menschen, das Bild
des ins irdische Elend herabgestiegenen Messias zeitigen auf diesem
Weg höchst praktische sozialpolitische Konsequenzen. Die Christengemeinde zerteilt sich nicht nach ständischer Zugehörigkeit und damit
nicht nach dem Abstammungsprinzip, sondern bildet eine mystische
Körperschaft, in der, zumindest in theologischer Hinsicht, alle Mitglieder gleich sind. Von daher wohnt ihr auch eine Tendenz in Richtung
auf *materielle Vergemeinschaftung* inne. Die Kirche etabliert sich als
Umverteilungsmaschinerie. »Es war deshalb wichtig, dass der zunehmende Reichtum der christlichen Kirchen, der sich in unzähligen pri-
vaten Spenden kundtat, als Reichtum der gesamten Gemeinde dargestellt wurde. Und dieser Reichtum konnte nicht wirkungsvoller aus
seinen Bindungen an einzelne Familien gelöst werden, als wenn man
ihn an jene ›Unpersonen‹ verteilte, die am Rande der Gesellschaft ve-
getierten.«[138]

Auf diese Weise entsteht eine Vorstellung von *öffentlichem Besitz*
jenseits der segmentären Differenzierung der antiken Gesellschaft, die
in eine vollkommen neue Richtung weist. »Wie immer er sich auch in
der Praxis auswirken mochte«, so noch einmal Peter Brown, »der Anspruch des Bischofs, als ›Freund der Armen‹ zu handeln, hatte ein
neues geistiges Gesellschaftsmodell in die Öffentlichkeit getragen – ein
Modell, welches die alten Unterscheidungen zwischen Bürger und
Nichtbürger sowie zwischen Stadt und Land nicht mehr kannte. Es
setzte bewusst den zeremoniösen Dialog der Honoratioren mit der
Stadtbevölkerung, die sich in Form des traditionellen *demos* in Thea-
tern und auf Rennplätzen versammelt hatte, außer Kraft. Die Sorge für
die Armen betonte stattdessen ein ganz anders geartetes, tiefer greifen-
des Band der Solidarität. Die Armen wurden unterstützt, nicht weil sie
Mitbürger innerhalb einer bestimmten Stadtbevölkerung waren, son-

dern weil sie mit den Großen das gemeinsame Band menschlichen Lebens vereinte.«[139]

Am Ausgang der Antike scheint eine Vision der *humanitas* jenseits geburtsrechtlicher Distinktionen auf. Das »mystische Band«, das den Bischof als Stellvertreter Christi und seine Gemeinde umschlingt, durchquert die Grenze zwischen Reichen und Armen, *demos* und *plebs*, ja sogar zwischen Freien und Unfreien und setzt alle Christen in ein unmittelbares Verhältnis zu Gott. Diese *Vereinheitlichung* der religiösen Beziehungen zwischen den Menschen und der Transzendenz Gottes korrespondiert mit einem Zug zur Vereinheitlichung auch der innerstaatlichen Abhängigkeiten. In großem Maß verlagert sich die legitime Machtausübung von den kleinen, örtlich begrenzten Einheiten – angefangen vom *pater familias*, dem im Jahr 374 die nominelle Verfügungsgewalt über Leben und Tod der Familienmitglieder entzogen wird[140], bis hin zu den Provinzeliten – auf den kaiserlichen Apparat von Verwaltern, Richtern und Steuereintreibern. Vor dem Kaiser »waren alle Untertanen, ebenso wie vor Gott, nichts als Arme«.[141]

Das heißt nicht, dass die weltliche Zentralisierung nach der Erklärung des Christentums zur allein gültigen Religion im Jahr 380 gleichen Schritt mit den Vorgaben der nun etablierten, auf eine einzige, menschlich-göttliche Herrscherinstanz ausgerichteten Staatsreligion hätte halten können. Umgekehrt gerät ja die christliche Frömmigkeit ihrerseits in den Gegensog einer quasi polytheistischen Wiederauffächerung – bedingt durch die wachsende Zahl an Heiligen und der mit ihnen verbundenen Feste und Kulte, die oft heidnische Traditionen weiterführen. Darin erweist sich die Beharrungskraft der Provinz gegen den Zentrismus der kaiserlichen Macht. Dennoch bewahrt das mit dem Kaisertum verschmolzene Christentum einen egalitären Zug, der langfristig die Auflösung kleinteiliger Abhängigkeitsverhältnisse zugunsten großer ›Herrschaftsformate‹ begünstigt.

Oder, um genauer zu sein: Das Christentum unterlegt dem sozialen Feld eine in sich widersprüchliche, stets neu auszutarierende *Doppelkonditionierung*. Auf der einen Seite besteht der Stufenbau weitgehend undurchlässiger, in sich abgeschlossener Gentilgruppen und Stände durch alle historischen Abwandlungen fort. Auf der anderen Seite jedoch sind die Gläubigen vor Gott und die Untertanen vor dem Kaiser ›eigentlich‹ gleichgestellt. Diese Eigentlichkeit ›arbeitet‹, sie bringt eine kraftvolle Rhetorik der Armut mit sich – Armut sowohl im materiellen als auch im zeichenhaften Sinn, nämlich als Wegfall der herkömmlichen gesellschaftlichen Markierungen –, um so das Gefüge der mehr oder minder feinen gesellschaftlichen Unterschiede zu devalorisieren.

Christen gehören dem Verwandtschaftssystem, das jedem seinen sozialen Ort vorgibt, nur mit einem Teil ihrer Existenz an. Mit dem anderen Teil sind sie Glieder der Kommunität, oder, christlich gesprochen: Kinder der jungfräulichen Kirche. Als solche gehen sie nicht aus einer zurückrechenbaren Abstammungslinie, sondern aus der Brautschaft der Jungfrau mit dem einzigen und allmächtigen Gott hervor. Während ihre körperliche Genealogie und ihr körperliches Geschlecht sie an ein irdisches Dasein binden, das ihnen vom Schicksal zugewiesen ist, hebt ihre geistliche Abkunft diese Bindung auf und gibt sie frei. Weil sie Brüder und Schwestern Christi sind und insofern auf mystische Weise selbst der Heiligen Familie entspringen, ist ihre soziale Festlegung nicht absolut. Die mystische Sozietät der Gläubigen erzeugt ein gegenüber der sichtbaren sozialen Welt *verschobenes* Koordinatensystem. Sie lässt die Ordnung des Fleisches als kontingent, das heißt hinterfragbar und beweglich erscheinen und überwölbt sie durch eine Ordnung allgemeinerer Art, die sich vom Heiligen Geist, von der gleichmäßigen und allgegenwärtigen Liebe Gottes herleitet.

16. Die kirchliche Ehepolitik im Mittelalter

Goody. Der Kampf gegen das Verwandtschaftssystem

Von Freud bis Lévi-Strauss operieren die großen Kulturtheorien des 20. Jahrhundert mit einer universellen Konstante: dem Inzesttabu. Während Freud dieses Tabu gleichsam ›gegen den Strich bürstet‹ und von der Mächtigkeit des Verbots auf die Mächtigkeit eines zugrunde liegenden, unbewussten Wunsches schließt – mit der Konsequenz, dass der Inzest letztlich im ödipalen Begehren verschwindet –, führt Lévi-Strauss strukturale Gründe dafür an, dass Inzest in der Regel mit Sanktionen bedroht wird. Er verhindere nämlich die notwendige soziale Verflechtung zwischen Verwandtschaftsgruppen, den wechselseitigen Tausch von Frauen und Gütern[142].

Jack Goody zeichnet in seinem Buch *Die Entwicklung von Ehe und Familie in Europa* ein anderes Bild. Ihm zufolge sind endogame Heiratsgewohnheiten außerhalb des christlichen Kulturraums weit verbreitet. »Noch heute ist die Verwandtenehe eine typische Erscheinung an den Küsten des Mittelmeeres, an der asiatischen und afrikanischen Küste vom Bosperus bis zum Maghreb und an der europäischen von der Türkei bis nach Spanien.«[143] Dasselbe scheint vor der Christianisierung für Griechenland, das Römische Reich und Westeuropa gegolten zu haben. Die Heirat von Cousins und Cousinen, von Halbgeschwistern und Schwiegerverwandten, die Eheschließung mit der Witwe des Vaters oder Bruders wurden nicht nur toleriert, sondern offen gefördert. Endogamie galt als legitime Praktik, den Besitz der Verwandtschaftsgruppe zusammenzuhalten – was die Möglichkeit einer »Eheschließung nach draußen mit dem Ziel, politische Verbindungen zu knüpfen oder zu erhalten«, nicht ausschloss[144].

Erst das Christentum stellt sich diesen Gebräuchen entgegen. Es dehnt die biblischen Heiratsverbote, die im 3. Buch Mose niedergelegt sind, in beträchtlichem Umfang aus. Das führt nicht nur zu ständigen Unklarheiten und Rechtfertigungsproblemen theologischer wie moralischer Art[145], sondern löst auch Widerstand bei den Betroffenen aus. Dennoch lässt sich die Kirche in ihrer restriktiven Politik nicht beirren.

Im Mittelalter gelingt es ihr vorübergehend, das Inzesttabu bis hin zur Verwandtschaft siebten Grades zu erweitern – was rein rechnerisch heißt, dass jedem Heiratskandidaten tausende mögliche Partner verboten sind[146]; und was praktisch heißt, dass man zum Zweck der Verheiratung entweder den Wohnort verlassen oder eben gegen das kirchliche Gebot verstoßen muss. Die Kirche kann allerdings von den Verboten dispensieren – ein wichtiges Mittel, um Einfluss auf die Heiratspolitik der betreffenden Sippen auszuüben, und im übrigen eine nicht unerhebliche Einnahmequelle.

Grundsätzlich oszilliert also die Heiratspraxis zwischen zwei widersprüchlichen Zielen. Ihrer sozialen Dynamik nach unterliegen die Eheschließungen einer starken Neigung zur Endogamie – was die Zugehörigkeit zur Schicht, zu einer Gruppe mit gemeinsamen Traditionen, schließlich und vor allem zu den das Leben bestimmenden Verwandtschaftsverbünden betrifft. Diese Neigung äußert sich in einem Imperativ der *Reinheit*, der Abwehr gegen das »Eindringen von fremdem, womöglich unreinem Blut«. »Andererseits konnte man aber auch nicht zulassen, dass diese Verbindungen zu nahe Verwandte zusammenbrachten – Vorfahren und Nachkommen, unmittelbare Seitenverwandte –, da man sonst das Inzestverbot verletzt hätte [...].«[147]

Diesen zweiten Gesichtspunkt macht sich die Kirche zu Eigen. Ihre Maßnahmen zeigen indessen, dass die Demarkation der Inzestschwelle nicht von Natur vorgegeben, sondern historisch veränderlich ist. Über die Frage, ob sie zurückhaltend oder extensiv eingesetzt wird, entscheiden weniger theologische als gesellschaftspolitische Leitvorstellungen. Im Spiel sind immer auch konkrete Machtinteressen. Wenn die Kirche im Mittelalter das Inzestverbot bis an die Grenze des Praktikablen ausdehnt, so geschieht das »vielleicht auch, um die engen endogamen Heiraten zu verbieten, worin zum Teil die Stärke ihres Rivalen, des Kriegeradels, lag«. Erst die Herabsetzung der Inzestschranke auf den vierten Verwandtschaftsgrad, die 1215 erfolgt, gibt »der nach wie vor im Adel sehr beliebten Endogamie wieder mehr Spielraum«[148].

Dennoch wird man ein so langfristiges Unterfangen wie die kirchliche Politik der Heiratsverbote nicht allein auf punktuelle historische Konstellationen zurückführen können. Der volle Zweck dieser Verbote erschließt sich erst, wenn man die ökonomische Bedeutung von Heiratsallianzen in ihrem vollen Umfang in Rechnung stellt. Das Sys-

tem der Verwandtschaftsgrade spielt nicht nur im Blick auf das Inzest-
problem, sondern auch im Erbrecht eine organisierende Rolle. Weitreichende Heiratsverbote machen Eigentumsübertragungen innerhalb
der Verwandtschaft unmöglich: »tatsächlich konnte man niemanden
heiraten, von dem man bisher hätte erben können«[149]. Das Eherecht ist
so nicht nur auf moralischen Einfluss, sondern auch und vor allem auf
die materielle Schwächung der Sippe hin angelegt. Es steht im Dienst
einer Politik der Kirche gegen die Verwandtschaft.

Goody listet eine ganze Reihe ähnlicher Maßregeln auf, die das Institut der Ehe als *wirtschaftliche* Reproduktionsbasis einer auf segmen-
tärer, nämlich verwandtschaftlicher Differenzierung beruhenden Gesellschaft betreffen. Dabei geht es vor allem um die Stärkung der
Monogamie. Gegen die alten Gebräuche in den meisten christlich missionierten Ländern wird etwa die Ehescheidung massiv erschwert; in
diesem Fall kann sich die Kirche immerhin auf ein Wort Christi berufen[150]. In die gleiche Richtung zielen die Abwertung des Konkubinats –
einer im alten Israel und im Römischen Reich durchaus angesehenen
Einrichtung, um »einen Erben zu zeugen, wenn die eigentliche und
rechtmäßige Ehefrau, die mit einer Mitgift gekommen war, keinen zu-
stande gebracht hatte«[151] – sowie der Ausschluss nichtehelicher Kinder
von der Erbfolge. »So wurden denn unter christlicher Ägide die Kon-
kubine zur Mätresse und ihre Kinder zu Bastarden.«[152]

Noch weitreichender sind die Konsequenzen, die sich aus der Abschaffung der Adoption ergeben. Während im römischen Recht jede
Vaterschaft, auch die leibliche, durch einen förmlichen Adoptionsakt
bestätigt werden musste, beschränkt das Christentum die Vaterschaft
auf blutsverwandte Nachkommen[153]; es stellt den Code der Paternität
von *rechtlichen* auf *natürliche* Beziehungen um. Auch hier ist der Effekt klar: »Ein Mann konnte keinen Sohn und Erben adoptieren, wenn
er keinen eigenen hatte.«[154]

Allenthalben widersetzt sich die Kirche den Erbschaftsinteressen
der Sippe. »Heiraten zwischen Verwandten«, schreibt Goody, »dienen
der Festigung der ›Familien‹-Bande. Auch wird dadurch eine Erbin
daran gehindert, Besitz von der ›Familie‹ abzuziehen, sodass sich hier
eine wirksame Lösung für das Problem ergibt, keinen Sohn zu haben.«
Dieses Problem ist in einer Gesellschaft, die mit Unfruchtbarkeit und
hoher Kindersterblichkeit rechnen muss, von existentieller Bedeu-

tung; sie muss deshalb auf Mittel sinnen, die sowohl die Weiterführung des Stammbaums als auch die Weitergabe des Erbes sicherstellen.«Die genannte Form der Verwandtenehe trägt dem Mangel an Söhnen Rechnung; andere Verfahrensweisen wie Adoption, Polygynie, Scheidung und Wiederheirat können als Lösung für das Problem der Kinderlosigkeit dienen. Verbietet man aber die Verwandtenehe, verhindert man die Adoption, verdammt die Polygynie, das Konkubinat, die Scheidung und eine Wiederheirat, dann werden vierzig Prozent der Familien ohne direkten Erben dastehen.«[155]

Der Besitz, der nicht innerhalb der Familie vererbt werden kann, kommt in Form von Schenkungen und testamentarischen Verfügungen, für die in der gleichen Periode die rechtlichen Voraussetzungen geschaffen werden, zu einem beträchtlichen Teil der Kirche zugute. Goody sieht einen unzweifelhaften »Zusammenhang zwischen dem Vorgehen der Kirche, anerkannte Erbschaftsstrategien zu modifizieren, und ihrem Bestreben, die Gläubigen zu Vermächtnissen zugunsten der Kirche zu ermuntern«[156] – eine Ermunterung, die an die Angst der Christen um ihr Seelenheil appelliert und nicht selten mit Pressionen einhergeht. Wenn »eine gewaltige Umverteilung von Eigentum aus privatem Besitz in die Hand der Kirche zu den profundesten Veränderungen, die mit der Christianisierung einhergehen«, gehört, wenn die Kirche schon im Frühmittelalter zu immensem Grundbesitz und materiellem Reichtum gelangt, so trägt die politische Zurückdrängung der Sippe durch Einschränkung des Heirats- und Erbrechts beträchtlich dazu bei[157].

Man muss diese Umverteilung zugunsten der Kirche aber nicht konspirationstheoretisch als pure Bereicherungstaktik verstehen. »Die Anhäufung von Besitz war nicht einfach nur ein Weg, in die eigene Tasche zu wirtschaften, denn die Kirche benötigte Einkünfte nicht nur, um den Klerus zu versorgen und ihre Häuser zu unterhalten; es musste auch die wohltätige Unterstützung der Bedürftigen gewährleistet werden.«[158] Schon das Frühchristentum zeichnet sich durch seine hoch entwickelte Armenfürsorge aus; im Mittelalter übernehmen die Klöster neben karitativen auch Wirtschafts- und Bildungsaufgaben. Mit anderen Worten, die Machtverschiebung von der Sippe zur Kirche befördert ein neues Verhältnis zum Besitz, zur Versorgung Bedürftiger und damit letztlich ein neues Modell des *Gemeinwesens*.

Orazio Gentileschi, Maria mit dem Kind. Florenz, vor 1610

Der Umbau des alteuropäischen Verwandtschaftssystems, der sich über Jahrhunderte hinweg erstreckt und entscheidend durch die kirchlichen Maßnahmen zur Kontrolle der ehelichen Reproduktion beeinflusst wird, geht mit dem Umbau des Gemeinwesens im Ganzen einher[159]. Es werden Funktionen von den Verwandtschaftsverbänden abgezogen und auf die *ecclesia* als Allgemeinheit aller Christen übertragen. Die kirchliche Besitzakkumulation vermehrt, zumindest der Idee nach, den *öffentlichen* Besitz.

Faktisch geht die Kirche dadurch ein Bündnis mit denjenigen Kräften ein, die langfristig auf eine staatliche Zentralisation einerseits, auf die *Individualisierung* der familialen Strukturen andererseits hinarbeiten. In dieser Doppelbewegung wird die verwandtschaftliche Großgruppe zerrieben. Die Zielformation der kirchlichen Politik ist die Kernfamilie – unter »Abbau der Rechte von kollateralen und entfernteren Verwandten«[160]. »Wenn Vermögen innerhalb der Verwandtschaft übertragen werden musste«, so reformuliert Goody das Programm der Kirche, »dann sollte das auf den Rahmen der Kleinfamilie beschränkt bleiben.«[161] Überdies setzt sich das kanonische Recht auch in seiner Parteinahme für eine konsensuelle Eheschließung in klaren Gegensatz zu herkömmlichen Sippschaftsrechten, nach denen das Heiratsarrangement eine Angelegenheit der Familien, nicht der Individuen ist. Das Kirchenrecht des Mittelalters begünstigt die persönliche Partnerwahl gegenüber der elterlichen Autorität – ein emanzipatorischer Zug, den die Reformation allerdings weitgehend zurücknehmen wird[162].

Am Ende steht das Ideal einer »›kindorientierten‹ Familie«, einer »Familie, die durch die Bande der Zuneigung zusammengehalten wurde und durch wechselseitigen Konsens entstanden war«[163]. Anders formuliert: einer konjugalen Kernfamilie, die sich als autarke Einheit versteht und aus dem Geflecht der Sippenbindungen herausbegibt. Nach einem Bildspender zur Veranschaulichung ihres Ideals brauchen die Kirchenlehrer nicht lange zu suchen. Es ist der christlichen Religion in Gestalt der Heiligen Familie von Anbeginn mitgegeben. All die Bilder der zärtlichen Madonna mit Kind, schreibt Goody, lieferten zwar »nicht unbedingt Beweise über die Natur des Familienlebens, aber sie erinnern uns daran, dass das positive Zusammengehörigkeitsgefühl zwischen Mutter und Kind keine Erfindung des modernen Menschen ist, dass Christus an der Brust einer jungfräulichen Mutter genährt wurde und dass das Kind das wichtigste Mitglied der Heiligen Familie war, ja in der Tat ihre *raison d'être*. Es kann schwerlich ein stärker am Kind orientiertes Modell geben, als es in der Reise und Anbetung der Weisen und der alljährlichen Erneuerung zu Weihnachten zum Ausdruck kommt.«[164]

Die Entwicklung des Zölibats

Unter dem Einfluss des erstarkenden Mönchtums breitet sich im 4. Jahrhundert die Forderung aus, den geistlichen Amtsträgern sexuelle Abstinenz aufzuerlegen. Eine päpstliche Verfügung des Jahres 385 erklärt das Priesterzölibat zur allgemeinen Regel[165]. Doch handelt es sich nicht bloß um eine Maßnahme ›von oben‹; im Kirchenvolk selbst ist der Wunsch lebendig, dass die heilige Kulthandlung der Eucharistie von sexuell unbefleckten Priestern vollzogen wird. »Das eucharistische Mahl als Liebesgemeinschaft und Opfer Christi legt es nahe, dass der Leiter selbst im Zölibate die zeichenhafte Repräsentation Christi, sein Priestertum und seine bräutliche Liebe zur Kirche, darstellte.« Der Priester soll allein vom Heiligen Geist ausgefüllt sein und »in ein bräutliches Verhältnis zum göttlichen Logos« treten, wenn er sein Amt würdig bekleiden will[166].

Das Christentum erweitert die rituellen und temporären Keuschheitsgebote, die es schon in der mosaischen Religion, aber auch in den meisten heidnischen Kulten gibt, zur Maxime einer lebenslangen Enthaltsamkeit. Die Entwicklung des Dogmas von der *ewigen* Jungfräulichkeit Mariens hat hierin gewissermaßen ihr männliches Gegenstück. »Wir verlangen«, dekretiert Kaiser Justinian 531, »dass niemand zum Bischof gewählt werden darf, der nicht auch in anderweitiger Hinsicht rechtschaffen und bewährt ist. Er soll weder mit einer Frau zusammen leben noch Vater von Kindern sein, sondern, statt einer Frau, der hochheiligen Kirche mit aller Treue anhängen.«[167]

In der Anfangszeit waren die Gemeindevorsteher verheiratete Männer; ihre Befähigung zum apostolischen Amt ließ sich aus der Ordnung ihres Haushalts ersehen[168]. Diese Tradition gerät mit der wachsenden Bedeutung der Zölibatsforderung in Konflikt. Einen möglichen Kompromiss bildet das Modell der keuschen Ehe. Wenn man die Priester noch nicht dazu zwingen kann, sich von ihren Frauen und Familien zu trennen, so werden sie doch durch den doppelten Druck der kirchlichen Obrigkeit und der Laien, die um die Reinheit der heiligen Verrichtungen im Gottesdienst besorgt sind, zur Enthaltsamkeit *in* der Ehe gedrängt. Die keusche Ehe bietet sich indessen nicht nur für die große Zahl an Klerikern an, die vor der Einführung des obligatorischen Priesterzölibats verheiratet waren. In der Spätantike und im Frühmittelalter kommt es häufig vor, dass fromme Eheleute zwar ihre häusliche Gemeinschaft bewahren, aber dem geschlechtlichen Umgang entsagen. Sie wählen sozusagen eine klösterliche Gemeinschaft *en miniature*, lange vor der vollen institutionellen Ausbildung des Klosterwesens. Wer sich für lebenslange Abstinenz in der Ehe entscheidet, darf geltend machen, in der unmittelbaren Nachfolge der heiligen Eltern zu stehen. Er führt eine ›Josephsehe‹, wie der volkstümliche Ausdruck lautet – zwar in Abweichung von den weltlichen Normen, aber ermutigt durch die Kirchenväter, insbesondere Augustinus, der einem solchen Lebenswandel die höchste auf Erden erreichbare Vollkommenheit zuerkennt[169]. Allerdings ist die keusche Ehe trotz dieser Hochschätzung nur eine Übergangserscheinung geblieben. Je mehr die Kirche sich von den charismatischen Keuschheitsbewegungen der Frühzeit, vom Leben der radikal-asketischen Wüstenväter in Ägypten und Nordafrika, von den noch weitgehend unformierten Gemeinschaften jungfräulich lebender Männer und Frauen entfernt, je mehr sie Staatsaufgaben übernimmt, je mehr dadurch ihre Vorschriften über einen kleinen Kreis von Auserwählten hinaus für die gesamte Bevölkerung relevant werden, desto größere Probleme bereitet es für sie, Ehelosigkeit und Askese zu allgemein gültigen Verhaltensidealen zu erheben.

Die christlichen Gläubigen befinden sich, was die Ehe betrifft, in einem Dilemma. Auf der einen Seite weist ihnen ein Ausspruch Jesu den Weg, den das Matthäus-Evangelium überliefert: »Denn etliche enthalten sich der Ehe, weil sie von Geburt an zur Ehe unfähig sind; etliche enthalten sich, weil sie von Menschen zur Ehe untauglich gemacht sind; und etliche enthalten sich, weil sie um des Himmelsreiches willen auf die Ehe verzichten. Wer es fassen kann, der fasse es!« (Mt. 19,12) Dem stehen auf der anderen Seite der Auftrag der Genesis, der Wunsch nach Nachkommen und Erben und überdies die sexuelle Begierde all jener Menschen, die nicht für einen heiligmäßigen Lebenswandel geschaffen sind, entgegen.

Das Modell der keuschen Ehe ist die Kompromissform einer Periode, in der sich Klerus und Laienschaft noch nicht klar ausdifferenziert haben. Erst gegen jahrhundertelangen Widerstand setzt sich das Zölibat für Geistliche endgültig durch. 1123 werden durch das erste Laterankonzil alle Priesterehen annulliert. Die wachsende Strenge in Bezug auf den Klerikerstand ist jedoch nur die eine Seite der Medaille.

Denn gleichzeitig wird keusche Lebensführung immer mehr zu einem
dem geistlichen Stand vorbehaltenen *Privileg*. Das hat seinen Grund
nicht zuletzt darin, dass die Hochschätzung auch der ehelichen
Keuschheit den gegen ihren Willen und gegen ihre Neigung verheirateten Frauen die Möglichkeit bietet, sich ihrer Verpflichtung zur Produktion von Nachkommen zu entziehen. Das religiöse Keuschheits-
ideal wird den Frauen also nicht bloß auferlegt; sie können es als ein
Instrument nutzen, um sich von der sonst unentrinnbaren sexuellen
Verfügungsgewalt der Männer zu befreien[170].

Mit anderen Worten: Die Kirche wirkt nicht nur auf den ver-
pflichtenden Charakter des Priesterzölibats hin, sondern auch auf eine
normative ›Sexualisierung‹ der Ehe. Sie spricht sich gegen Abweichungen von der Norm *auf beiden Seiten* aus – in dem Maß, in dem sich
überhaupt die Grenze zwischen Laienschaft einerseits, klerikaler und
monastischer Existenz auf der anderen Seite verfestigt. »Das Postulat
einer Hierarchie, in der die *spiritualia* vor den *temporalia* rangierten«,
schreibt Georges Duby, »verlangte, dass eine konsequente Spaltung sexueller Art unter den Männern eingeführt wurde, die einen Teil von ihnen zu dauernder Keuschheit verpflichtete.«[171] Während die einen die
Verbindung der Menschheit zu Gott aufrechterhalten, sind den anderen die niederen, fleischlichen Verrichtungen überlassen.

Für die mittelalterlichen Adelsgeschlechter ist das priesterliche Zölibat ein willkommenes Mittel, jüngere Söhne von der Erbfolge auszu-
schließen – eine Maßnahme, die im Umbruch zur Feudalgesellschaft
und zur Primogenitur immense Bedeutung erhält. Der Kirche dient es
dazu, im Zuge der großen Reformen des 11. und 12. Jahrhunderts das
»Übergewicht familialer Besitzinteressen und dynastischer Politik« zu-
rückzudrängen und eine »hierarchische Autokratie des Klerus zu begründen. Um das zu erreichen, musste der Priester ein außerhalb und
über den menschlichen Schwächen stehender Mann sein.«[172]

In der Institution des Zölibats, die für Geistliche aller Hierarchie-
stufen vom einfachen Landpriester bis hinauf zum Papst, das heißt für
sämtliche Verantwortungsträger des paneuropäischen Riesenunterneh-
mens Kirche formell verpflichtend wird, kreuzen sich also eine Reihe
von machtpolitischen Interessen. Das Zölibat begrenzt den Wildwuchs
des Verwandtschaftskörpers, auch wenn es von dessen Rekuperationen
bedroht bleibt. »Durch Einsetzung des Zölibats«, schreibt dazu Robin

Fox, »ächtete die Kirche (theoretisch) Sippschaftsbindungen innerhalb ihrer Reihen und beförderte ein System der Meritokratie, selbst wenn später der Begriff *Nepotismus* erfunden werden musste, um die geschlechtlichen Neigungen verschiedener kirchlicher Würdenträger zu kaschieren: Die Sippe schlägt zurück.«[173]

Die Zölibatsverpflichtung ist Grundlage für einen Verwaltungsapparat, der den (geistlichen) Verdienst, nicht die Sippschaftszugehörigkeit fördert: ein Karrieresystem, das in manchen Zügen auf das Beamtenwesen der Neuzeit vorausdeutet. Immer wieder haben sich weltliche Herrscher die Vorzüge der Unbestechlichkeit und Effizienz zunutze gemacht, die das zölibatäre Amtsverständnis der katholischen Kleriker mit sich brachte[174]. So ebnet sexuelle Enthaltsamkeit den Weg zur modernen Bürokratie.

Duby. Die Ehe als Sakrament

Die Aufmerksamkeit der Kirchenlehrer gilt jedoch nicht allein dem Zölibat. Vor allem im 11. und 12. Jahrhundert gibt es intensive Anstrengungen, der Theologie der Askese eine Theologie der gottgefälligen Ehe zur Seite zu stellen. Sie gipfeln in der Erhöhung der Ehe zum Sakrament.

Diese Erhöhung soll das Dilemma schlichten, das der kirchlichen Ehelehre anhaftet. Trotz ihrer Gegnerschaft gegen alles Fleischliche muss die Kirche daran interessiert sein, die Heiraten als Schaltstelle der sozialen Reproduktion unter ihren Einfluss zu bringen. Das geht nur auf dem Weg einer Christianisierung der Ehe, die infolgedessen trotz ihrer Unreinheit zum christlichen Gnadenstand erklärt und deren Abschluss zu einer ebenso feierlichen wie obligatorischen kirchlichen Angelegenheit gemacht wird – was eine ganze Flut an Regelungen und Einschränkungen nach sich zieht.

»Die Ehe«, so beschreibt Duby den prekären Charakter dieser Operation, »bestand bereits im Paradies vor dem Sündenfall und ist damit das einzige Sakrament, das nicht von Jesus eingesetzt, sondern nur ›von ihm wieder aufgerichtet‹ wurde. Aber eben die Ursünde hat sie ins Verderben gestürzt, und was immer man tun mag, um sie zu läutern und emporzuheben, etwas von jenem Fall hat sie gezeichnet, das sie erneut in den Schmutz ziehen kann. An der Nahtstelle zwischen dem Geistlich-Geistigen und dem Fleischlichen angesiedelt, ist die Ehe auch dasjenige der sieben Sakramente, das am offensichtlichsten auf das Geheimnis der Inkarnation hinweist – eine gefährliche Zwischenlage, auf einem schmalen Grat. Das Wichtige ist, dass sie schließlich, in der Mitte des 12. Jahrhunderts, sakralisiert wurde, ohne ihren Fleischescharakter einzubüßen.«[175]

Allerdings werden der Fleischlichkeit strenge Auflagen gemacht. Der Akt der ehelichen Vereinigung soll ohne Leidenschaft vor sich gehen, nach Möglichkeit ohne Genuss; eine Unzahl von Auflagen schränkt die Zeiten ein, in denen er erlaubt ist; rituelle Reinheitsgebote, die das Christentum großenteils als sein alttestamentarisches, das heißt jüdisches, Erbteil mit sich führt, legen einen Ring von Tabus um die Menses der Frau, um Schwangerschaft und Geburt, um hohe Feiertage, um die ersten drei Nächte der Ehe, die so genannten Tobiasnächte, die dem gemeinschaftlichen Gebet vorbehalten sind.

Die Kirche kann und will die sexuelle Reproduktion zwar nicht unterbinden, aber sie kann ihr einen dauerhaften Misston einpflanzen, einen Misston der Schuld, zu dessen Besänftigung sie wiederum ihre geistliche Hilfe anbietet. Viele dieser Hilfestellungen stehen mit der Dogmengeschichte und Ikonographie der Heiligen Familie in Berührung. Duby spricht von »dem bemerkenswerten Versuch, die eheliche Gemeinschaft zu spiritualisieren. Die vielfältigen Aspekte dieses Unternehmens sind bekannt, ausgehend vom aufblühenden Marienkult, der die jungfräuliche Mutter schließlich zum Symbol der Kirche, das heißt zur Braut Christi machte, über die Entwicklung des Hochzeitsthemas in der mystischen Literatur bis hin zur hartnäckigen Durchforschung der Texte und ihrer Kommentare, die zur Aufnahme der Ehe in die sieben Sakramente führte.«[176]

Nicht nur die zölibatäre Lebensführung knüpft also an das Vorbild Jesu und seiner keuschen Eltern an. Auch die normale geschlechtliche Reproduktion wird vom Modell der Heiligen Familie her reglementierbar. Der Aufschwung der Jungfrauenverehrung hängt mit beidem zusammen, mit der Festigung des geistlichen Zölibats *und* der Sakramentalisierung der Ehe. »Maria verkörperte das Bild einer Frau, die, in einer veritablen Ehe verheiratet, einen Sohn zur Welt gebracht hatte und die dennoch dem Bösen entronnen war. Damit war sie das Muster einer guten Gattin.«[177] In einer franziskanischen Predigt des 13. Jahrhunderts werden die jungen Mädchen auf ihre künftige Bestimmung als Gattin und Mutter mit der Aufforderung vorbereitet, sich ganz in die Hand Christi zu begeben:»unter ihm sollst du in Jungfräulichkeit Söhne und Töchter mit religiösen Bestrebungen gebären«[178]. In spätmittelalterlichen Ehezeremonien segnet der Priester das Brautlager ein, indem er an den Besuch des Engels bei Maria erinnert. Bei ausbleibendem Kindersegen wird das eheliche Schlafzimmer mit Votivtafeln der Verkündigungsszene geschmückt[179].

Die jungfräuliche Verbindung der Heiligen Eltern und die Ehe gewöhnlicher Menschen stehen sich hier nicht mehr antithetisch und unvermittelbar gegenüber. Vielmehr gilt nun, dass Maria und Joseph das Sakrament der Ehe in seiner höchsten Vollendung verwirklichen und dazu aufrufen, ihnen auch in der natürlichen Elternschaft nachzueifern. Eine Paradoxie mit *erzieherischem* Impetus, die den Priestern durch Belehrung und Beichte Einfluss auf den intimsten Lebensbereich der Gläubigen verschafft. Durch ihre geistlichen Maßnahmen hat die Kirche in einem Umfang Zugang zu jenem wilden und ungezügelten Bereich der sexuellen Reproduktion, wie das einem bloß äußerlich ansetzenden Kontrollapparat niemals gelänge.

Wenn Sexualität und religiöses Heil kaum miteinander zu vereinbaren sind, dann kann die Kirche als Bewahrerin dieses Heils immer tiefer in die Gemüter und in den Lebenswandel der von Schuldangst gequälten Gläubigen eindringen. Sie kann das Geschäft der Fortpflanzung dem niemals vollständig missionierten Laienvolk überlassen und dieses einer privilegierten Kaste von Zölibatären subordinieren, die dafür sorgen, dass der Transzendenzbezug der sozialen Reproduktion aufrechterhalten bleibt. Dann mag das Volk fruchtbar sein und sich mehren – es fürchtet doch das Fegefeuer wegen seiner fleischlichen Sünden, betet die Jungfrau Maria an und erfleht ihre Fürsprache vor Gott. Es muss aus seiner niederen Fleischlichkeit ständig in die höhere Sphäre des zeugenden, machtsetzenden Geistes emporblicken.

Duby überliefert den Fall einer Gräfin von Perche, die sich am Ende des 12. Jahrhunderts bei einem Abbé Rat über ihre Ehepflichten einholt. »Der Geistliche bemüht sich darum, dieses beunruhigte Gewissen aufzuklären. Es gibt, sagt er, bei der menschlichen Person die Seele und den Körper. Gott ist der Eigentümer von beiden. Aber nach dem

Ehegesetz, das er selbst erlassen hat, überlässt er dem Ehemann (genauso wie ein feudales Lehen übergeben wurde, das heißt so, wie das Nutzungsrecht übergeben wurde, indem man sich über das Gut eine höhere Verfügungsgewalt bewahrte) das Recht, das er über den Körper der Frau hat [...].« Nur die Seele ist nicht Bestandteil des ›Lehens‹: »Gott erlaubt nicht«, so der Abbé, »dass die Seele in den Besitz eines anderen übergeht.«

Duby kommentiert: »Im Stand der Ehe ist das menschliche Wesen also geteilt. Die Gräfin von Perche darf nicht vergessen, dass sie in Wirklichkeit zwei Ehegatten hat, denen sie gleichermaßen dienen muss, einen, der mit einem Gebrauchsrecht über ihren Körper belehnt ist, und einen weiteren, der absoluter Herr über ihre Seele ist. [...] Eine Trennung, eine Zweiteilung der Person: Einerseits (auf Seiten des Irdischen, Fleischlichen, Untergeordneten), der passive Gehorsam; andererseits, das Streben nach Höherem, die Inbrunst, kurz gesagt, die Liebe: eine Zweiteilung in der Ehe, allerdings nur der weiblichen Person.«[180]

Eine Frau, die sich dieser Ökonomie unterwirft, erduldet zwar, was ihr als eheliche Pflicht auferlegt ist. Aber sie achtet darauf, dass ihre Seele rein und vom Verkehr der Körper unberührt bleibt. So kann sie Mutter werden und doch in einem tieferen Sinn unbefleckt sein. Die sakramentale Ehe wird zu einer *ménage à trois*, einem Dreieck der Eheleute mit Gott. Und nicht nur mit Gott, denn dieser lässt sich durch den Priester vertreten, der als Ratgeber und Beichtvater seinerseits ein enges Vertrauensverhältnis zur Frau unterhält. So mag zwar dem rechtmäßigen Eheherrn der körperliche Besitz seiner Gattin bleiben, aber er hat keine Freude daran. Das marianische Streben der Frau verurteilt ihn zu einer absurd verkehrten Josephsexistenz. Selbst in der Konstellation ›Ritter, Frau und Priester‹, wie Duby sie untersucht hat, kehrt das trianguläre Muster der Heiligen Familie wieder.

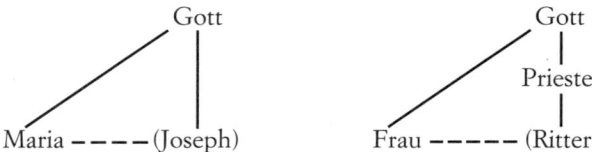

Duby: »Ist es übertrieben zu denken, dass es die Ehemänner manch-
mal aus der Fassung brachte, zwischen sich und ihren Frauen nicht nur
die Gegenwart des himmlischen Gatten, sondern auch die des Priesters zu spüren? Wie viele Männer kamen nach Hause – wie jener, von
dem Guibert von Nogent uns weismachen will, dass er verrückt war –
und riefen angesichts einer hartnäckig verschlossenen Ehefrau aus:
›die Priester haben ein Kreuz in die Lenden dieser Frau einge-
pflanzt‹?«[181]

17. Die protestantische Heilige Familie

Die Aufhebung des Zölibats

Wenn man von einem Vermächtnis der Heiligen Familie sprechen kann, so besteht es darin, einen *Riss* durch die Welt zu ziehen: Einen Riss zwischen der natürlichen Prokreation, die sündig und todverfallen ist, und der Gottessohnschaft aller Menschen in Christo; zwischen der irdischen Fortführung und der geistlichen Überwindung der Welt; zwischen denen, die heiraten und leibliche Kinder aufziehen, und den anderen, die ihr Leben so einrichten, dass sie niemanden als nur Gott umarmen. Sogar die Doppelkonditionierung der mittelalterlichen Gesellschaft durch weltliches und kirchliches Regiment lässt sich noch als ein ›Nachspiel‹ der neutestamentlichen Familienerzählung verstehen.

Nun gibt es aber zu Beginn der Neuzeit ein Ereignis, das diese Struktur des Risses außer Kraft zu setzen scheint. Das ist die Reformation. Luthers Auftreten hat zwei gewichtige familiengeschichtliche Änderungen zur Folge. Zum einen die Entsakramentalisierung der Ehe, für die das Kirchenrecht seine im Mittelalter mühsam erstrittene Zuständigkeit aufgibt. Zum anderen die Diskreditierung und Aufhebung des Zölibats.

Lyndal Roper hat in einer Studie mit dem Titel *The Holy Household* die Auswirkungen der Reformation auf die Stadt Augsburg untersucht. Einen wichtigen Bestandteil der städtischen Ordnung bilden die Klöster. Sie erlegen einem bestimmten Prozentsatz sowohl der männlichen als auch der weiblichen Bevölkerung ein Dasein in räumlicher Eingeschlossenheit und sexueller Enthaltsamkeit auf, das der Stadt als Ganzer zum Heil gereicht. Die Aufhebung des Zölibats und Auflassung der Klöster gefährden diese kollektive Heilsökonomie.

Sie schaffen überdies Probleme ganz konkreter Natur. Vor allem die Scharen freigelassener, ehelustiger Nonnen rufen Besorgnis hervor. Man fürchtet in ihrer nun von der Brautschaft mit Christus entbundenen Jungfräulichkeit eine besonders leicht entflammbare geschlechtliche Lust. Ironischerweise werden dadurch die Nonnenklöster mit

den Bordellen vergleichbar, die auch ein Ort der nur durch Abschlie-
ßung kontrollierbaren Weiblichkeit sind. »Nonnen, die ihre Konvente
verließen, betrachtete man infolgedessen als intensive sexuelle Gefahr,
sowohl wegen ihrer eigenen als auch wegen fremder Gelüste. In den
frühen Jahren der Reformation, als die ersten Nonnen sich von ihrem
Gelübde entbanden, bestand Luthers dringendes Anliegen darin, Ehemänner für sie zu finden – eine Sorge, die er nicht empfand, als Mön-
che begannen, die Klöster zu verlassen.«[182]

Doch nicht nur die Auflösung der Klöster oder ihre Umwandlung
in Pflege- und Erziehungsanstalten ändert die Lage. Noch augenfälliger ist die Abschaffung des Priesterzölibats. Der Typus des keuschen,
der Welt entsagenden Gottesdieners verschwindet – mitsamt seinem
viel verspotteten Zerrbild, dem lüsternen und ganz und gar unhei-
ligen Geistlichen. Damit werden zugleich jene Missstände behoben,
die schon seit langem öffentliches Ärgernis erregten und von den
Reformatoren erfolgreich gegeißelt werden konnten: die durch
Zahlung von Bußgeld erkaufte Duldung von Konkubinat und Nach-
kommenschaft. All dies weicht dem neuen Bild des Land- oder
Stadtpfarrers, der einem gewöhnlichen Hausstand vorsteht, in der
Regel äußerst zeugungsfreudig ist und von Frau und großer Kinder-
schar umringt wird, woraus ein Milieu erwächst, das sich als beson-
ders kulturträchtig erweisen wird – das Milieu des evangelischen
Pfarrhauses.

Fortan gelten, jedenfalls im protestantischen Bereich, Gottesnähe
und Sexualität nicht mehr als unvereinbar. Die Reformation löst die
alte und religionsgeschichtlich so bedeutende Konjunktion von Heiligkeit und Enthaltsamkeit auf. »In der ›imitatio Christi‹«, schreibt der
katholische Theologe August Franzen, habe der Priester »auf den intimen Liebesbereich der Ehe und der Familie« verzichtet, »um sich in
einer universalen Liebeshingabe an die Gemeinde zu verschenken«.[183]
Luthers Verständnis des Glaubens als einer persönlichen, unmittelbaren Beziehung jedes einzelnen Christenmenschen zu Gott entzieht
dieser bevorzugten Mittlerschaft des priesterlichen Amtes den Boden.
»Damit entfielen mehr oder weniger alle ideellen Voraussetzungen, auf
die jahrhundertelang die priesterliche Erziehung hingeordnet gewesen
war [...]. Die Sonderstellung des Priesters im Gottesdienst und im Leben sank dahin. Sein Zölibat wurde als sinnlos bezeichnet und weithin

verlacht und verspottet. Ja, er erschien auf dem Hintergrunde der christlichen Eheauffassung sogar als schädlicher Fremdkörper, der unchristlich war und deshalb ausgemerzt werden musste.«[184]

Während die Reformation jeden Gläubigen zum Priester erklärt, der in eine direkte innere Beziehung zu Gott treten kann, reiht sie umgekehrt den Amtspriester unter die gewöhnlichen Menschen ein. Für Luther bildet die Ehe eine im Stand der Erbsünde unvermeidliche Konzession an die sexuellen Begierden. Er lässt dieses ›Remedium‹ auch für die Geistlichen gelten. Er gesteht der Männlichkeit des Priesters gewissermaßen ein Lebensrecht zu, sofern sie nur in geordnete Bahnen gelenkt wird.

Man könnte sagen, nach dieser Seite hin habe die Reformation das Vermächtnis der Heiligen Familie als eines von Sexualität freien Beziehungssystems zerstört. Sie hebt den für die katholische Ehepolitik charakteristischen Zwiespalt zwischen einem Leben in fleischlicher Lust einerseits und dem ebenso unmöglichen wie imperativen Vorbild der Heiligen Familie andererseits auf. Das macht deren theologische Nachfolgekonstruktionen obsolet, und zwar für beide Geschlechter. Die Heirat zwischen dem Mönch Martin Luther und der Nonne Katharina von Bora, die geschlechtliche Vereinigung zwischen einem Mann, dessen Leben der *imitatio Christi* verschrieben war, und einer Frau, die sich der *imitatio Mariae* geweiht hatte, besiegelt diesen Bruch mit der großen Tradition asketischer Spiritualität. Kein Wunder, dass viele Leute erwarteten, aus diesem Sakrileg werde ein monströses Kind hervorgehen[185].

Der Verweltlichung des Priesteramtes steht die Säkularisation der Ehe zur Seite. Luther entkleidet die Ehe ihres sakramentalen Ranges und stuft sie nüchtern als »welltlich geschefft« ein[186]. Zwar ändert das nichts daran, dass auch für ihn die Ehe ein heiliger Stand bleibt und besonderer seelsorgerischer Pflege bedarf – eine doppeldeutige, widersprüchliche Bestimmung, die einen langen Schweif theologischer und rechtlicher Unklarheiten nach sich zog[187]. Dennoch sind damit die Weichen für eine Entwicklung gestellt, die, jedenfalls auf lange Sicht, tief ins soziale Gefüge des neuzeitlichen Europa eingreift. Während das *innere* Leben der Familie die Aufmerksamkeit und den missionarischen Eifer der protestantischen Theologen und Volkserzieher weckt, werden die *äußeren* Eheangelegenheiten aus dem Geltungsbereich

kirchlicher Vorschriften entlassen. Ihre Regelung geht – wenigstens im
Prinzip – an die weltliche Obrigkeit über[188].

Doch stellt die programmatische Verweltlichung der Familie, die
Luther einleitet, nur einen Aspekt der reformatorischen Neuerungen
dar. Der andere, dazu komplementäre Aspekt besteht in einer *Vergeistlichung* der irdischen Verhältnisse, in der Umleitung von Energien des
Heiligen in die weltlichen Institutionen[189]. Man werfe der Reformation
vor, sie habe »das Priesterthum weltlich gemacht«, schreibt Wilhelm
Baur, ein Chronist des deutschen Pfarrhauses, am Ende des 19. Jahrhunderts.

> In Wahrheit aber ist durch die Reformation dem Dienst in der Kirche wieder
> die gesunde Grundlage des Priesterthums aller Gläubigen gezeigt wor-
> den [...]. Und will man das eine Verweltlichung des Priesterstandes nennen,
> so darf man andrerseits ein Geistlichwerden des Ehestandes und der Obrig-
> keit rühmen.[190]

Zwar verbleibt das reformatorische Ehe- und Hausväterschrifttum,
das im 16. und 17. Jahrhundert zur Blüte gelangt, innerhalb der Haupt-
tradition der aristotelischen *oeconomia*, der Lehre vom häuslichen
Wirtschaften, die erst durch den aufgeklärten Kameralismus und die
Nationalökonomie abgelöst werden wird[191]. Doch akzentuiert es die
antiken Vorgaben im Sinn einer spezifisch protestantischen Verinner-
lichung und ›Weltfrömmigkeit‹ um. Alle täglichen Verrichtungen innerhalb der Produktions- und Lebensgemeinschaft des Hauses werden nun mit einem Bezug auf Gott versehen. Fleiß, Einfügung in die
häusliche Hierarchie und Tugend gelten nicht mehr als Forderungen
der praktischen Vernunft, sondern als Gottesgebote. »Vom Gehorsam
gegen diese Gebote hängt nicht nur das häusliche Wohl des Hausvaters und der Seinen ab, sondern ihr ganzes irdisches Wohl und ihr
ewiges Heil.«[192] Deshalb gewinnt im häuslichen Leben gerade die religiöse Unterweisung, die geistliche Einfassung der Alltagsgeschäfte
durch Andacht, Bibellektüre und Gebet, eine eminente Bedeutung.

Das protestantische Schrifttum erklärt das tätige und erwerbsame
Hausleben als Ganzes zum Gottesdienst. Familien sind nichts weniger
als »kleine Kirchen«[193]. Die häusliche Frömmigkeit »füllt das Vakuum,
das durch den Niedergang der Kirche und der Amtspriesterschaft«

mitsamt der von ihnen vollzogenen öffentlichen Ritualhandlungen entstanden war [194]. Der Sozialhistoriker Lawrence Stone spricht mit Bezug auf England von einer »generellen Tendenz, die Kirche durch den Haushalt zu ersetzen« und resümiert: »So wurde das Wort Gottes bis zu einem gewissen Grad von der Pfarrkirche abgezogen und in das private Heim verlegt: Der Heilige Geist wurde teilweise häuslich gemacht.«[195]

Diese Domestikation des Heiligen Geistes wirkt sich auf das Gefühlsleben der Hausangehörigen aus. Nicht nur der Gehorsam der Kinder gegen die Eltern, des Gesindes gegen die Herrschaft, der Frau gegen den Mann werden als göttliche Forderungen begriffen, mit der Folge, dass ein Verstoß gegen die Gehorsamspflicht die christliche Weltordnung im Ganzen in Frage stellt[196]. Auch die Liebe, mit der die jeweils Ranghöheren ihren Schutzbefohlenen deren Gehorsam vergelten[197], rührt von Gott her und ist deshalb ihrem Wesen nach spirituell. Dadurch sind, trotz aller äußeren Ähnlichkeit, christliche und nichtchristliche Ehen fundamental unterschieden:

> Denn es hat die liebe gar ein grossen vnterscheyd/vnter den Gottlosen/vnd Gottseligen. Ein Gotloser liebet sein weib also/das er nit Gottes willen/sonder nur allein das seine an seinem weybe suchen/Derhalben auch solche liebe nicht eine reine liebe/sonder eine vnfletige und rechte sewische [säuische] liebe ist/darinnen weder trew noch bestendigkeyt sein mag [...].
>
> Dagegen ein Gottseliger frommer Ehman/sihet an seinem weybe nichts mehr an/denn Gottes gebot vnd willen/vnd vmb des willen allein [...] hat er sie als eine Gottes gabe/vmd Gottes seines Herrn willen/lieb und werd/vnd nimpt also mit jhr für gut/wenn auch gleich etwas an jhr ist/das jhn wol eckeln möchte/als vngestalt/armut/oder der gleychen fehl und gebrechen [...].[198]

Die Frau als Gottesgeschenk, die eheliche Liebe als eine auf den Partner zurückreflektierende Gottesliebe: Solche Vorgaben lassen die protestantische Familie zum Schauplatz einer umfassenden Reform des Gefühlslebens werden, die weit über Konfessionsgrenzen hinaus ausstrahlen wird und den Grundstein für die sich im 18. Jahrhundert etablierende bürgerliche Gefühlskultur legt. Dies gilt insbesondere mit Blick auf das Pfarrhaus, das sich als protestantische Vorbildfamilie verstand und durch seine Schlüsselstellung im Säkularisationsprozess zu dem wohl wichtigsten geistesgeschichtlichen Umschlagplatz zumindest des deutschen Bildungsbürgertums wurde[199]. Der Beitrag des evangelischen Pfarrhauses zur Geschichte der Emotionalität besteht darin, dass es durch seine historische Abkunft dazu bestimmt ist, die Beziehungen zwischen den Familienmitgliedern mit einer Aura der Heiligkeit zu versehen. Das schließt sogar die geschlechtlichen Beziehungen ein. Dem Pfarrhaus ist es modellhaft gelungen, Sexualität und natürliche Fortpflanzung *als solche* zu spiritualisieren. In der Diktion des 19. Jahrhunderts:

> Der geistliche Stand muss in gleiche Tiefe mit der Laienwelt hinab steigen, die Obrigkeit und der Hausvater in gleiche Höhe mit dem geistlichen Stand sich emporheben. Davon predigt am kräftigsten das neue Pfarrhaus, in welchem der geistliche Stand ehelich und die Ehe geistlich geworden.[200]

Der Hausvater

Träger der häuslichen Geistlichkeit ist der Mann. Aus der Tatsache, dass die Christen ihren Gott »Vater« nennen, folgert Calvin im Umkehrschluss: Es ist »etwas Göttliches in jedem Vater«[201]. Man kann die Position des protestantischen Hausvaters in zwei Richtungen interpretieren. Je nach Blickwinkel erscheint sie als Position der Stärke oder der Abhängigkeit. Abhängigkeit, insofern das Familienoberhaupt im Instanzenzug der Vaterfiguren auf der untersten Stufe steht. Seine Vaterschaft ist nicht autonom; sie leitet sich von einer transzendenten Macht her. »Der Hausvater ist nichts ohne Gott. Er vermag nichts ›von sich aus‹, ›selbst‹, ›allein‹, weil Gott alles gibt. Die Gottesfurcht ist daher die erste Tugend des Hausvaters und seiner Hausangehörigen.«[202] In dieser Hinsicht kann sich der *pater familias* nur als Vollzugsorgan, als Sprachrohr des abwesenden Vaters im Himmel verstehen.

Doch gerade in der Rolle des Vermittlers von Gottes Wort wächst dem Hausvater eine neuartige Machtfülle zu. Mit seinem Recht, in weltlichen Dingen Gehorsam zu verlangen, verbindet sich seit der Reformation so etwas wie ein metaphysisches Wahrheitsprivileg. Der Vater soll seinen Schutzbefohlenen immer wieder neu den Weg zur göttlichen Wahrheit weisen. Er ist ja dazu ermächtigt worden, im häuslichen Bereich die Rolle des Predigers zu übernehmen. Jeder Widerstand gegen seine Vorrangstellung versündigt sich nicht nur an der patriarchalen Autorität, sondern, schlimmer noch, an der Autorität Gottes. Die neue Glaubensunmittelbarkeit, die Luther gegen das kirchliche Deutungsmonopol über die Heilige Schrift geltend macht, bedeutet nicht, dass beiden Geschlechtern der gleiche Zugang zum Glauben offen stünde. Im Gegenteil, der Mann in seiner dreifachen Funktion als Gatte, Familienoberhaupt und häuslicher Priester gewinnt auf neue Weise eine herausgehobene und unumgehbare Stellung.

Luthers Vorstellung vom Priestertum aller Gläubigen gehorcht nämlich der gleichen Geschlechterlogik wie Jahrhunderte später das Gleichheitsideal der Französischen Revolution, das Schiller in die berühmte Formel kleidet: »Alle Menschen werden Brüder«[203]. Vom allgemeinen Priestertum ebenso wie von der Republik sind Frauen ausgeschlossen. Die autoritative Verkündigung von Gottes Wort obliegt dem Mann. Der protestantische *Vater* behält ein Privileg bei, das dem katholischen *Priester* aberkannt wurde. Luther hat das Priestertum gewissermaßen demokratisiert, doch bleibt es bei einer Demokratie unter den männlichen Mitgliedern des Gemeinwesens. Der Abzug kirchlicher Autorität kommt der Machtstellung des Familienvaters zugute.

Einerseits ist die Reformation unzweifelhaft eine revolutionäre Bewegung. Sie stürzt althergebrachte, von der Kirche dogmatisch verfestigte Glaubensbestände um, delegitimiert die gesamte kirchliche Hierarchie mit dem Papst an ihrer Spitze, entzieht vielem, was jahrhundertelang für gut und heilig erklärt wurde, die Anerkennung und löst sich von zentralen Institutionen wie dem Zölibat. Nicht zuletzt bringt sie anarchische Unruhen mit sich, die den Bestand der Obrigkeit und bürgerlichen Ordnung ernsthaft gefährden: die Bauernkriege ebenso wie den Bildersturm.

Andererseits trägt die von Luther angestoßene Glaubensrevolution selbst hochgradig autoritäre Züge. Das hat weniger mit der Persönlichkeit Martin Luthers zu tun als mit den sozialen Ordnungsinteressen, die diese Dissidenzbewegung verfolgt. Zu einem guten Teil erwächst sie ja aus einem im 16. Jahrhundert weit verbreiteten Widerwillen gegen den desolaten Zustand sowohl des kirchlichen als auch des weltlichen Regiments.

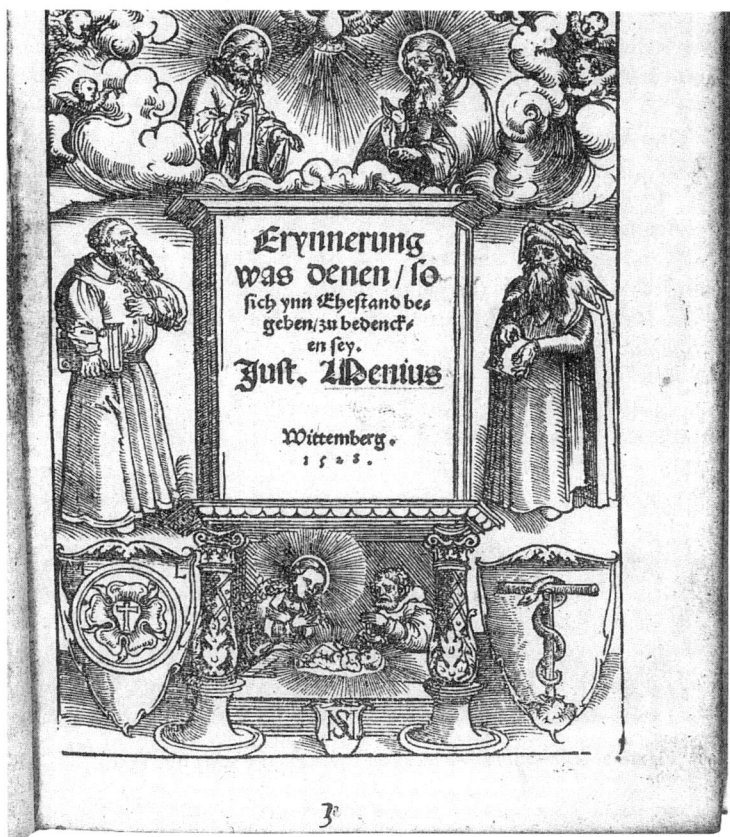

**Titelkupfer eines protestantischen Hausväterbuches, 1528. Die Heilige Familie,
angeordnet zwischen der Lutherrose und dem Tau-Kreuz mit Schlange,
wird als Muster für den christlichen Ehestand dargestellt.
In vertikaler Linie steht sie mit der Trinität in Beziehung.**

Die auf schriftfreundlichem protestantischen Boden gedeihende
Hausväterliteratur – im Verein mit zahllosen anderen Lehrtraktaten
und Predigten, von den großen Reformatoren bis hinab zu den einfachen Landpfarrern, die ihre Gemeinde Sonntag für Sonntag maßregeln
und erbauen – hat nicht nur zum Ziel, das häusliche Wirtschaften und

damit zugleich die häusliche Moral zu verbessern. Sie verfolgt auch den Zweck, das ›Haus‹, den *oikos* als Grundeinheit der vormodernen Ökonomie, in eine strengere soziale Gesamtarchitektur einzufügen. Dem in seiner ›natürlichen‹ Autorität gestärkten Hausvater kommt die Aufgabe zu, Unordnung und Unsittlichkeit in allen Bereichen des täglichen Lebens zu unterbinden und sich auf diese Weise sowohl gegenüber der landesherrlichen Obrigkeit als auch gegenüber Gott, der obersten richterlichen Instanz, dienstbar zu zeigen. Patriarchale (familienväterliche), paternalistische (landesherrliche) und kirchliche Aufsicht sollen Hand in Hand gehen, entsprechend den drei Ordnungen der christlichen Gesellschaft nach Luther: der *ecclesia, politica* und *oeconomia*[204].

Eine reiche Metaphorik des sorgenden, nährenden, prüfenden, aber auch strafenden Vaters, die in der frühen Neuzeit zu großer Beliebtheit gelangt, verbindet die drei Herrschaftsebenen miteinander. Nicht nur wird Gott als »oberster Hausvater« tituliert, der die guten Kinder liebt und die bösen bestraft, sondern umgekehrt hat auch der Hausvater Anteil an der heiligen Autorität, die von Gott auf ihn niederkommt. Wer gegen den Vater oder gegen den Landesherrn aufbegehrt, verstößt gegen die göttliche Ordnung als Ganze; er macht sich, weil ja zwischen den Instanzen der Vaterschaft eine Art metonymisches Verhältnis besteht, geradezu eines Sakrilegs schuldig.

Im *Großen Katechismus* legt Luther das Gebot, Vater und Mutter zu ehren, so weitgehend aus, dass es alle von Gott eingesetzten (männlichen) Autoritäten umschließt. »Ynn dieses gepot«, schreibt er,

> gehöret auch weiter zusagen von allerley gehorsam gegen oberpersonen, die zugepieten und zuregiren haben. Denn aus der eltern oberkeit fleusset und breitet sich aus alle andere. Denn wo ein vater nicht allein vermag sein kind auffziehen, nimpt er ein schulmeister dazu, der es lere, ist er zuschwach, so nimpt er seine Freund odder nachbar zuhülff. gehet er abe, so befilht er und ubergibt das regiment und öberhand andern die man darzu ordnet.[205]

Wenn sich »aus der eltern oberkeit« alle anderen Gehorsamspflichten ableiten, wenn auch das weltliche Regiment »ynn den vater stand gehöret«[206], dann kommt der häuslichen Ordnung eine geradezu staatsbegründende Würde zu. Die Hände und Augen des Vaters vervielfachen sich und werden allgegenwärtig. Und alle diese Vaterfiguren treten dem Einzelnen als eine solidarische, sich in ihren unterschiedlichen Zuständigkeiten ergänzende und stützende Gewaltenstaffel entgegen. Während die vormoderne Welt ein Flickenteppich von Mächten war, die miteinander rivalisierten und nur zu häufig in offenen Streit miteinander gerieten, bahnt die bruchlose Übertragbarkeit von Vaterattributen durch alle sozialen Abstufungen hindurch einer *Vereinheitlichung des Machtkörpers* den Weg, die ihr immanentes Ziel im »autoritären, alles umfassenden, inquisitorischen, alles fordernden Nationalstaat« finden wird[207].

Der Protestantismus baut die Familie zur Sozialisationsagentur der neuzeitlichen Staatsordnung um. Er befördert damit auf ideologischer Ebene eine langfristige soziostrukturelle Entwicklung, die sich in diskontinuierlichen Schüben während des 16. und 17. Jahrhunderts vollzieht und erst in der Schwellenzeit um 1800 zu ihrem vorläufigen Abschluss gelangt. Diese Entwicklung besteht im Zerfall der Verwandtschaftsgruppe in kleinere und autonome Familieneinheiten. An ihrem Ende steht einerseits die bürgerliche Kleinfamilie, wie sie – allerdings als historisches Auslaufmodell – noch heute existiert: eine nach außen hin insuläre, nach innen intimisierte Lebensgemeinschaft von Eltern und Kindern. Andererseits ein staatliches Machtmonopol, das tief in Belange eingreift, deren Regelung früher der Familie im weitesten Sinn vorbehalten war. Das weit gespannte Netz der Verwandtschaftsbeziehungen zersetzt sich also in zwei Richtungen, in die engere Bindung an die Kernfamilie und in die wachsenden Loyalitätsforderungen von Seiten des Staates[208].

Ein Indiz für den Bedeutungsverlust des Verwandtschaftssystems könnte die Tatsache sein, dass im gleichen Zeitraum auch die extensiven Heiratsverbote aus Inzestgründen, wie sie durch das kanonische Recht verfügt worden waren, schrittweise zurückgenommen werden, und zwar zuerst in den protestantischen Regionen. Schon Luther plädiert unter Berufung auf die Bibel dafür, die Zahl möglicher Ehehindernisse rigoros zu verringern[209], was allerdings Schwankungen und regionale Ungleichheiten in der Rechtspraxis der folgenden Jahrhunderte nicht ausschließt. Die großen Gesetzeswerke um 1800 liberalisieren jedenfalls das Eherecht bis zu dem Punkt, dass sie nur noch Blutsverwandtschaft ersten und zweiten Grades als Hinderungsgrund benennen – so der *Code Napoléon* und das preußische *Allgemeine Land-recht*[210]. Man wird daraus schließen können, dass die besonders in Adelsgeschlechtern verbreitete Neigung zur Endogamie aufhört, für die Zentralmacht bedrohlich zu sein. Insofern hätte die lange Periode restriktiver kirchlicher Ehepolitik vom Ausgang der Antike bis in die Neuzeit hinein Früchte getragen.

Allgemein folgt die Inzestdefinition der langfristigen Tendenz zur Verkleinerung der Familieneinheiten und zur Individualisierung der Partnerwahl. Heute spielt dieses Thema, einen fortbestehenden Kernbereich des Inzesttabus hauptsächlich unter Verwandten ersten Grades ausgenommen, juristisch und moralisch kaum noch eine Rolle[211]. Letzte Relikte wie das Verbot der Heirat unter Verschwägerten oder die Einschränkung der Partnerwahl in zweiter Ehe wurden noch in den letzten Jahren des 20. Jahrhunderts aus dem Gesetzbuch getilgt. Der Familienverband ist kein Organismus mehr, dessen Ausbreitung argwöhnisch überwacht und zurückgedrängt werden müsste. Er hat die Rolle einer dritten Macht verloren: Staat und Individuum stehen sich *face to face* gegenüber.

Bevor es so weit kam, bildete die Vaterposition gewissermaßen das Scharnier zwischen Familie und Staat. Vom römischen *pater familias* mit seinen uneingeschränkten Vollmachten[212] bis zum bürgerlichen Familienoberhaupt in der Neuzeit und darüber hinaus hat die väterliche Instanz einen kontinuierlichen Machtverlust hinnehmen müssen. Sie trat dabei immer wieder in Widerspruch zur Zentralisierung der Staatsmacht und zur Aufrichtung eines staatlichen Gewalt- und Rechtsmonopols. Die Reformation schlichtet diesen Konflikt, indem sie alle Ebenen der sozialen Ordnung miteinander konform gehen lässt. Hausvater, Landesvater und Gottvater arbeiten einander zu, tauschen Attribute und Kompetenzen aus und stärken sich sozusagen gegenseitig den Rücken[213]. Wie Gott nimmt auch der Monarch in der puritanischen Staatslehre familiäre Züge an; er verlangt Gehorsam, aber liebt seine Untertanen wie Kinder. Umgekehrt kann sich der Hausvater im Kreis seiner Lieben als Regent von Gottes Gnaden ansehen.

Zwar gehen auch solche Vorstellungen auf ältere Herrschaftsbilder zurück und lassen sich schon aus der mittelalterlichen *ordo*-Lehre ableiten; die nachreformatorische Hausväterliteratur erfindet in diesem

Punkt nichts grundlegend Neues. Sie kann sich aber auf eine durch alle sozialen Straten hindurchgehende *Arbeitsteiligkeit* der Autoritäten stützen, die in diesem Umfang zuvor nicht denkbar war. Zwischen Verwandtschaftsloyalität und Staatsprinzip, zwischen Sippe und Kirche, zwischen Kirche und Staat hatten massive Interessengegensätze bestanden. Der Vater als Vorsteher eines ›Hauses‹ im feudalen Sinn, als Machtbevollmächtigter einer Gentilgruppe hätte sich keineswegs in eine sozusagen untere Behörde des Staatsapparats umfunktionieren lassen. Er war eher Opponent als Platzhalter der höheren Machtorgane. Dass im 16. Jahrhundert ein strikter Instanzenzug vom Familien- über den Landes- zum Gottvater sich durchsetzen lässt, hat damit zu tun, dass sich der Antagonismus zwischen Verwandtschaft und Staat generell abschwächt. Diese Entwicklung resultiert aus der erfolgreichen Zentralisierung der Staatsgewalt auf dem Weg vom Feudalsystem zum Absolutismus ebenso wie aus der dazu korrelativen, zunehmenden *Staatsförmigkeit* der Familie[214]. Hatte der *pater familias* im klassischen Sinn die Schwelle seines Hauses noch als Übergang zu einem eigenständigen Rechtsraum verteidigt, so ist der neuzeitliche Hausvater sozusagen als Beauftragter des Fürsten in die Familie eingesetzt, um dessen Machtvollkommenheit auch in das Halbdunkel der Privatsphäre hinein zu verlängern.

Die natürliche Mutter

Im 16. Jahrhundert verschlechtert sich die Rechtsstellung der Ehefrau zumal in den protestantischen Gebieten eklatant. Dafür lassen sich mehrere Gründe nennen. »Eine offensichtliche Ursache war der Niedergang der Verwandtschaft, der die Frauen der Ausbeutung durch ihre Ehemänner aussetzte, weil sie den fortdauernden Schutz ihrer eigenen Sippe verloren.«[215] Die Auflösung des Solidarverbands der Sippe geht auf Kosten der Frauen, die sich nun nicht mehr auf Gegenkräfte gegen das Vordringen der häuslichen patriarchalen Machtkonzentration stützen können. »Zweitens setzte der Bruch mit dem Katholizismus auch dem weiblichen religiösen Kult um die Jungfrau Maria ein Ende; er ließ die zölibatären Priester verschwinden, die den Frauen bis dahin als Beichtväter bei ihren häuslichen Schwierigkeiten so sehr

geholfen hatten, und verschloss die Option, ein Leben in einem Non-
nenkloster zu führen.«[216]

So wird die Frau doppelt in den Haushalt eingesperrt: sozial und
spirituell[217]. Zwar war auch die mittelalterliche Gesellschaft von Männern dominiert. Aber dort gestand man der weiblichen Spiritualität
immerhin eigene Rituale und Artikulationsweisen zu. Das Universum
der Heiligen, dessen religiöse und ikonographische Vielfalt der Aufrichtung einer strengen Amtshierarchie innerhalb der Kirche entge-
genwirkte, bewahrte den weiblichen Gläubigen zahllose Verbindungs-
wege ins Himmelreich.

Organisierendes Zentrum der weiblichen Hagiolatrie war die
Marienverehrung. Die Klöster und Beginenhäuser, die sich als Stätten
einer gelebten Nachfolge Mariens begriffen, boten den Frauen eine
reale, keineswegs immer nur unliebsame Alternative zur Unterwerfung
unter den patriarchalen Familienzwang. Die Hochachtung der Jungfräulichkeit trug dazu bei, dass sich eine spezifisch weibliche Religiosität entfalten konnte. Überdies tendierte der volkstümliche Kult um die
Madonna dazu, Maria selbst in den Rang einer Gottheit zu heben. Die
Figur der Maria mediatrix, die sich mütterlich-liebevoll der Betenden
annahm und an Christi Thron für sie Fürsprache hielt, befand sich in
wachsender Konkurrenz zu der offiziellen und rein männlichen Äm-
terhierarchie der katholischen Kirche.

Die Abwertung des Marienkults durch die Reformation ist vielleicht
als Gegenschlag gegen die Feminisierung des Christentums im Spätmittelalter zu verstehen. Jedenfalls verliert mit der Auflösung der Klöster die eigenständige spirituelle Erfahrung weiblicher Gläubiger ihren
angestammten Ort. Eine leidenschaftliche und offen erotische Ver-
schmelzungswonne mit Gott, wie sie die großen mittelalterlichen
Mystikerinnen bekunden, ist im protestantischen Raum eher suspekt.
Überhaupt wird weibliche Ehelosigkeit fortan mit Argwohn bedacht
und sozial stigmatisiert. Sie rückt in die Nähe jener vielfältigen Phantasien von einer schöpfungswidrigen Unbotmäßigkeit der Frauen auch
innerhalb des Ehestandes, wie sie in den so genannten ›Teufel-
büchern‹, dem negativen Seitenstück zur Hausväterliteratur, ausagiert
werden[218].

Man würde erwarten, dass vor diesem Hintergrund das herkömm-
liche Bildrepertoire der Heiligen Familie fragwürdig wird. Bekanntlich

Rembrandt, Die Heilige Familie mit Katze und Schlange. Radierung, 1654

steht die Reformation dem Madonnenkult feindlich gegenüber. Im Lauf des 16. Jahrhunderts kommt es in vielen Städten zu ikonoklastischen Ausschreitungen, bei denen Heiligendarstellungen aus den Kirchen entfernt und zerstört werden. Aber auch aus ›familienpolitischen‹ Gründen müsste sich der Protestantismus mit der katholischen Bildtradition schwer tun. Die Madonna mit Kind ist ja gerade der Inbegriff einer privilegierten Nähe der Frau zum christlichen Gott[219]. Die Gestalt Josephs, der dieser innigen Mutter-Gott-Dyade wie ein Fremdling zusehen muss, scheint mit der Rollendefinition des protestantischen Hausvaters unvereinbar.

In der Tat lehnt sich die protestantische Vaterschaft ihrem Programm nach nicht an die Väterlichkeit Josephs, sondern an die Väterlichkeit Gottes an. Die Heiligung der Familie im Gefolge der Reformation geht mit einer Vergöttlichung der Instanz des Vaters einher. Das erlaubt es, die spirituelle Bedeutung der Mutterposition zu beschneiden. Dennoch behält Joseph in der protestantischen Bildkunst seinen Platz, und dieser Platz wird im Lauf der Zeit mehr und mehr, man könnte sagen, ›hausvaterförmig‹.

Der Maler, der hier als Erster genannt werden muss, ist Rembrandt.

Rembrandts Œuvre, schreibt Wolfgang Kemp, sei durch die Paradoxie gekennzeichnet, dass er »auch und in der Hauptsache ein Maler biblischer Historien war – in einer Gesellschaft, welche die substantiellen Funktionen des religiösen Bildes leugnete, ja aktiv bekämpfte«[220]. Das erzwingt die Entwicklung neuer Bildstrategien. Zwar verfertigt Rembrandt zahlreiche Skizzen aus dem Leben der Heiligen Familie, aber er versteht es gleichwohl, diesen Familiendarstellungen gewissermaßen zur ›Tarnung‹ ein hohes Maß an Alltagsrealismus zu leihen. Selbst die Insignien des Heiligen gehen in der empirischen Gestaltung des Bildraumes auf. Das ist besonders gut an der »Heiligen Familie mit Katze und Schlange« erkennbar, wo der Nimbus Mariens zugleich realistisch, nämlich als Fensteroval, motiviert ist. Kemp spricht von Rembrandts »›ikonographischem Stil‹«, ein »religiöses Attribut« so zu gebrauchen, »dass es gleichzeitig ganz und gar realbestimmt erscheint«[221].

Diese Naturalisierung des Heiligen weist indessen in zwei entgegengesetzte Richtungen. Auf der Bildoberfläche bringt sie die explizite Heiligen-Ikonographie mit all ihren anekdotischen und allegorischen Merkzeichen zum Verschwinden. Im Gegenzug durchtränkt sie den Familienalltag mit einer ›stillschweigenden‹ Heiligkeit und vervielfältigt auf diese Weise die Nachfolge des Sakralen. Es kommt mithin zu dem doppelten Effekt, dass die Bildlichkeit des Heiligen von einer bestimmten Art von lebenspraktischem Realismus sowohl absorbiert wird als auch darin ihren Unterschlupf findet. Fortan muss man nicht mehr das Jesuskind und die Madonna verehren, um sich zum Modell der Heiligen Familie in Beziehung zu setzen. Sakrale Energien wandern vielmehr schon in die Genreskizzen des gewöhnlichen, demonstrativ irdischen Hauslebens ein. Künstler wie Rembrandt haben aus Luthers Dialektik von Verweltlichung und Vergeistlichung die darstellerischen Konsequenzen gezogen.

Auch Joseph wird in diesem Rahmen immer häufiger bei alltäglichen Verrichtungen vorgeführt – in Situationen, wie sie bei einem handwerklich tätigen Vater jener Zeit zu erwarten gewesen sind. Er durchläuft einen Prozess ikonographischer *Normalisierung*. Zwar bewahrt er einen gewissen Abstand zu der innigeren und bis zu einem gewissen Grad exklusiven Beziehung zwischen Mutter und Kind, aber er überwindet seine inferiore Randstellung in dem Maß, in dem die Heilige

Familie sich in eine natürliche Familie transformiert. Dafür, dass diese Transformation gelingen kann, hat die Reformation theologisch Sorge getragen.

Obwohl der Protestantismus der Rolle des Vaters eine größere Konsistenz verleiht, unterteilt er sie nichtsdestoweniger in zwei Varianten. Als Platzhalter Gottes in der Familie ist der Vater die unumschränkte Autorität – praktisch wie spirituell. Der Gottesbezug ist klar auf die Vaterinstanz konzentriert, die Figur der Mutter als Nachfahrin der Madonna entmachtet. Maria, die einstige Weltenherrscherin, ist in diesem Szenario also zurückgestuft worden; ihr bleibt lediglich die Rollenkomponente der Magd. Wieder ist das Vorbild der Pfarrersfamilie einschlägig, die eine eindeutige Funktionsteilung zeigt: Der Pfarrherr ist nach Maßgabe der Amtsvorschriften ausschließlich mit höheren, die Pfarrfrau mit den Alltagsgeschäften befasst[222].

Dennoch bewahrt die protestantische Mutter etwas von dem Mysterium, das einst die jungfräuliche Gottesmutter und -braut Maria umgab. Allerdings verschieben sich gegenüber dem Marienkult die Koordinaten. Wie alle anderen Attribute der Heiligen Familie wird auch dieses Mysterium verweltlicht: es verwandelt sich in das Geheimnis der *natürlichen Mutterschaft*. Als natürliche Mutter, der Obhut eines gottnahen Mannes unterstellt, kann sich die Frau im Protestantismus neu definieren. In dieser Funktion kommt ihr eine geradezu religiöse Weihe zu. Deshalb kann der gleiche Mann, der sich den spirituellen Primat gesichert hat, der Mutterschaft seiner Frau gegenüber mit einer gewissen Scheu in den Hintergrund treten. Er wechselt gleichsam den Referenzrahmen und begibt sich vorübergehend in die Josephsrolle zurück. Dies nicht nur, weil Sexualität und Geburt seit je her rätselhafte und niemals bloß ›fleischlich‹ zu ergründende Dinge sind; auch nicht nur, weil die Zeugungslehren bis weit in die Neuzeit hinein eine Mitwirkung Gottes am In-die-Welt-Kommen einer jeden menschlichen Seele postulieren und damit die Zeugungshoheit des biologischen Vaters einschränken[223]; sondern vor allem deshalb, weil die natürliche Mutterschaft im Institutionenverbund von Familie und Staat eine neue Bedeutung erhält. Wenn die auf dem Boden des Protestantismus erwachsende Aufklärungspädagogik die Mutter zur Schlüsselfigur für die Sozialisation des Kindes erklärt, wenn der Nationalstaat – bis hin zum Nationalsozialismus[224] – die Figur der na-

Abraham Bach d. J., Die Vier Zeiten deß Tages. Augsburg, um 1670.
Hausvater Joseph bricht zur Arbeit auf.

türlichen Mutter mythologisch erhöht, dann ist auch hier noch die
durch die Reformation in Gang gebrachte Dialektik von Säkularisation
und Resakralisierung, von Verstaatlichung Gottes auf der einen und
Vergöttlichung des Staatswesens auf der anderen Seite am Werk.

Das Berufsbeamtentum

Die Reformation verringert den Zwiespalt zwischen Heiliger und un-
heiliger Familie, zwischen der spirituellen Verbindung mit Gott und
der leiblichen Verbindung der Ehe. Stattdessen setzt sich die Tendenz
durch, beide Seiten miteinander in Einklang zu bringen. Daraus lässt
sich schließen, dass das zölibatäre Ideal trotz der entsprechenden Be-
kundungen der Reformatoren nicht einfach an sein Ende gekommen
ist, sondern seine moralische und machtbildende Kraft fortan *im
Innern des weltlichen Daseins* entfaltet.

Der protestantische Familialismus hat sozusagen eine historische
Langzeitmission. Sie erfüllt sich im bürgerlichen Ehemodell des

18. Jahrhunderts. Zumal die deutsche Aufklärung hat – via Pfarrhaus – vom sozialreformerischen und pädagogischen Elan der Reformation wichtige Impulse empfangen. Dies gilt auch und gerade dort, wo die Aufklärer das Werk der Säkularisation über seinen ursprünglichen religiösen Nährboden hinaus weiterführen.

Die aufgeklärte Ehe lässt sich nämlich mit einer paradoxen Formel gerade als *Einschluss des Ausschlusses des Sexuellen* beschreiben. In Gestalt einer Lebensbindung, die idealerweise allein aus Liebe geschlossen wird, stellt sie nicht nur das Gegenteil der standespolitischen Zwangsallianz dar, sondern setzt sich auf programmatische Weise auch der Sphäre des geschlechtlichen Begehrens entgegen. In den zahllosen Eheratgebern, die in den Jahrzehnten um 1800 erscheinen, wird die Ehe auf einen konsequenten sittlichen Platonismus hin justiert. Sie hört ihrem emphatischen Verständnis nach auf, ein Ort der sexuellen Begegnung, der geschlechtlichen Reproduktion und damit auch der Schauplatz einer im traditionellen Sinn verwirklichten Männlichkeit zu sein. Der Zeugungsaspekt tritt hinter der Bedeutung der Neigungspartnerschaft und ihrer seelischen Anforderungen zurück. Jedenfalls spielt in den idealtypischen Bestimmungen die prokreative Funktion der Ehe, die in der alten kirchlichen Lehre ihr Hauptzweck gewesen war, nur noch eine nachgeordnete und in wachsendem Maß entbehrliche Rolle[225].

In diesem Zusammenhang kann die Heilige Familie zu neuer Bedeutung gelangen, und zwar nicht mehr durch ihre sakrale Unvereinbarkeit mit dem menschlichen Paarungsverhalten, sondern als Modellfall für die bürgerliche Familie schlechthin. Viele literarische Texte arbeiten daran, die natürliche Elternschaft mit Elementen der Maria-Joseph-Konstellation motivisch zu überblenden. Sie reproduzieren dabei zugleich deren Mehrdeutigkeiten. Marias Heiligkeit geht in die Heiligkeit der keuschen und aufopferungsvollen Liebe der bürgerlichen Mutter für ihr Kind über. Der Mann seinerseits teilt sich in die beiden ikonographisch vorgesehenen Rollen: Zur heiligen Dyade zwischen Mutter und Kleinkind verhält er sich als außenstehender Dritter, der gleichwohl für Schutz und Versorgung aufkommt. Den Werdegang und die Bestimmung des heranwachsenden Kindes aber überwacht er als derjenige, der die göttliche wie die staatliche Vatermacht nicht nur vertritt, sondern zu *inkorporieren* versucht[226].

Und das Kind? Man wird kaum behaupten können, alle männlichen protestantischen Kinder seien wie Jesusknäblein behandelt worden. Dennoch gibt es Indizien, die auf die Heiligung auch der Position des Kindes hindeuten. Das hängt mit dem aus der protestantischen Religiosität erwachsenden Emotionalismus zusammen. Er hat erheblichen Anteil an dem, was Sozialhistoriker die ›Entdeckung der Kindheit‹ nennen[227]. Damit ist nicht nur die Ausbildung eines stabilen emotionalen Klimas zwischen Eltern und Kindern gemeint, sondern auch die Tatsache, dass man dazu übergeht, Kindern überhaupt so etwas wie eine individuelle Persönlichkeit zuzugestehen. Dies wiederum hat Auswirkungen auf den Charakter der Kindesliebe, die aufhört, ein bloß tierischer Instinkt zu sein – in Gestalt jener »Affenliebe«, die die Pädagogen den Eltern austreiben wollen –, und sich, zumindest der Idee nach, in eine *vernünftige Empfindung* verwandelt. In der neuen Familie, in der Sympathie an die Stelle des Affekts, Neigung an die Stelle triebhaften Verhaltens treten sollen, deren Angehörige sich mit anderen Worten als *Seelenwesen* erkennen und schätzen, wird auch der kindlichen Seele eine bis dahin ungewohnte Aufmerksamkeit zuteil.

Im Prozess der Aufklärung ändert die Kindeserziehung ihren Ton. Sie muss die Kinder nicht mehr auf unbedingten Gehorsam verpflichten und ihnen die Erbsünde austreiben[228], sondern wendet auf die kindlichen Seelen die alte Metapher von der *tabula rasa* an[229]. Im Gegensatz zur augustinischen Lehre wird das Kind zu einem a priori unschuldigen Geschöpf. Infolgedessen kommt alles darauf an, es durch sorgsame Abschirmung vor den Verderblichkeiten der Kultur im Stand seiner natürlichen Unschuld zu belassen. Diese Entwicklung führt einen radikalen Wechsel in der Semantik des Kindlichen herbei. Das kleine Kind passt nun für Attribute, die sich aus der Christus-Rhetorik ableiten lassen: Es ist süß, engelhaft, himmlisch, unschuldsvoll, als überirdisches Wesen von Gott unter die Menschen gesandt.

Das dokumentieren nicht nur die romantischen und nazarenischen Kindergemälde, die sich in vieler Hinsicht die christliche Bildtradition anverwandeln, sondern auch viele Dichtungen aus jener Zeit. Ein aussagekräftiges Beispiel ist eine kurze Erzählung des Theologen Friedrich Schleiermacher mit dem Titel »Die Weihnachtsfeier. Ein Gespräch«, im Jahr 1806 erschienen. In diesem Gespräch werden reihum alle familiären Positionen verklärt und in den Stand der Heiligkeit er-

hoben. Besonders gilt dies für die Kinder. Was nämlich die wahre mütterliche Liebe zu den Kindern betrifft, so geht sie, wie eine der weiblichen Sprecherinnen ausführt,

> auf das Schöne und Göttliche, was wir in ihnen schon glauben, was jede
> Mutter aufsucht in jeder Bewegung, sobald sich nur die Seele des Kindes
> äußert. – Seht! Ihr Lieben [...], mit diesem Sinn ist wieder jede Mutter
> eine Maria. Jede hat ein ewiges göttliches Kind und sucht andächtig darin
> die Bewegungen des höheren Geistes.[230]

Und später heißt es:

> Darum sieht jede Mutter, die es fühlt, dass sie einen Menschen geboren hat
> und die es weiß durch eine himmlische Botschaft, dass der Geist der Kirche,
> der heilige Geist in ihr wohnt, und die deshalb gleich ihr Kind im Herzen
> der Kirche darbringt und dies als ein Recht fordert, eine solche sieht auch
> Christum in ihrem Kinde, und eben dies ist jenes unaussprechliche, alles loh-
> nende Muttergefühl.[231]

Das mögen, streng theologisch genommen, unorthodoxe Aussagen
sein. In ihrer Tendenz stimmen sie aber mit vielen Zeugnissen aus dem
protestantischen Raum überein, die das Streben nach Heiligung der
familiären Welt dokumentieren. Als verkörperte Unschuld, als Allegorie für das kindliche Vertrauen des wahren Christenmenschen in Gott
wird das Kind mit einer »geradezu sakralen Aura« umgeben[232].
   Das ist jedoch nicht das einzige Motiv für eine besondere, religiös
motivierte Zuwendung zu Kindern im Protestantismus. Es gibt einen
zweiten Grund, der sich bis zu Luthers Schriften zurückverfolgen lässt.
Er besteht in einer historisch veränderten Aufmerksamkeit auf die
zukünftige Bestimmung der heranwachsenden Söhne. Von Anfang an
stellt die protestantische Pädagogik dem Erziehungsamt des Vaters das
Schulwesen zur Seite. Luther ermahnt Eltern und Fürsten dazu, dem
Nachwuchs Bildung angedeihen zu lassen. Dahinter steht ein einfaches
institutionspolitisches Kalkül. »Die neue protestantische Kirche«,
schreibt die Sozialhistorikerin Barbara Beuys, »brauchte Menschen –
als Pfarrer, um eine Hierarchie aufzubauen, als staatliche Diener, die
eben dieser Kirche wohlgesonnen waren. Luther hat das nicht ver-

schwiegen, sondern aus der Not eine Tugend gemacht. Er konnte nicht wissen, was er damit tat. Von nun an saß unsichtbar am Familientisch neben dem Vater eine zweite allmächtige Autorität, der sich alle unterwerfen mussten: der Staat. Die Familie war nicht mehr bloß eine Gruppe, in der Menschen ein paar Jahre geborgen aufwachsen konnten. Sie bekam einen höheren Zweck: der Obrigkeit gehorsame Untertanen aufzuziehen. Die Familie als Keimzelle des Staates ist mit dieser protestantischen Ehelehre geboren.«[233]

Anachronistisch formuliert, bahnt Luthers Neuordnung von Kirche, Staat und Familie der Idee der *Karriere*, einer nicht standesmäßigen, sondern durch individuelle Befähigung und Geistesbildung bedingten Berufslaufbahn den Weg. Doch auch diese Zurüstung für das weltliche Avancement hat einen geistlichen Hintergrund. Erstens will Luther ja nicht nur Nachwuchs für das staatliche, sondern ebenso für das kirchliche Regiment rekrutieren. Zweitens sollen die Söhne auf diesem Weg in einer von der regulativen Idee des Vaters dominierten Weltordnung ihren Platz finden: Sie sollen auf einer Stufenleiter der Obrigkeiten aufsteigen, deren Legitimität durch die oberste Instanz des Vaters im Himmel gewährleistet wird.

So erfährt auch die Berufsplanung des Sohnes in der protestantischen Familie eine spirituelle Aufladung. Seine Bestimmung, seine Wünsche und Möglichkeiten sind niemals nur irdischer und egoistischer Natur. Sein Lebensweg ist darauf angelegt, höhere Aufgaben zu erfüllen; vom Elternhaus wird ihm eine narzisstische Ausstattung mitgegeben, die ihn zu einem gewissen Sendungsbewusstsein disponiert. Das gilt nun wieder insbesondere für die Pfarrerssöhne, die, wenn sie nicht dem Vater im Predigeramt gefolgt sind, doch die Gefälle-Energien der Säkularisation literarisch-philosophisch produktiv gemacht haben[234].

Institutionell kommt die protestantische Erziehung einem bestimmten Berufsstand zugute. Sie bietet einerseits einen Nährboden für den Aufstieg des Bildungsbürgertums, andererseits geht von ihr die Tradition einer, man könnte sagen, von Messianismus erfüllten Staatsnähe aus. Beide Tendenzen treffen sich im Typus des deutschen Beamten. Wie Luther gefordert hat, ist es gekommen; die Söhne des Protestantismus sind Rekruten des modernen Staatswesens im preußischen Deutschland geworden. Die beiden Charakteristika des lutheri-

schen Christen: erstens unbedingte Loyalität gegenüber der Obrigkeit
und zweitens die Bewahrung der individuellen Glaubens- und Gewissensfreiheit, wandern in das Berufsprofil des neuzeitlichen Beamten
ein. Das hat diesem Stand zwar seine Autoritätsfixierung, aber auch ein
gewisses Maß an innerer Unabhängigkeit eingebracht.

Wenn es eine ›protestantische Mission‹ gibt, so zeitigt sie überraschende, ganz fernab der kirchlichen Welt liegende Resultate. Die
Reformation bildet eine bedeutende Etappe in einem Langzeitprozess,
an dessen Ende der Gottesbezug der Familie sich in deren *Staatsbezug*
transformiert; die Position des Vaters wird vom Staat jedenfalls mit-
besetzt. Die Jungfrau Maria verwandelt sich in diesem Prozess in
die *natürliche Mutter* der bürgerlichen Familienideologie. Das Kind
schließlich wird seine Bestimmung in eben dem Staatswesen finden,
das bereits ins Kleinuniversum der Familie eingebrochen ist. Anders
gesagt, es wird – seinem Idealtypus nach – Staatsbeamter.

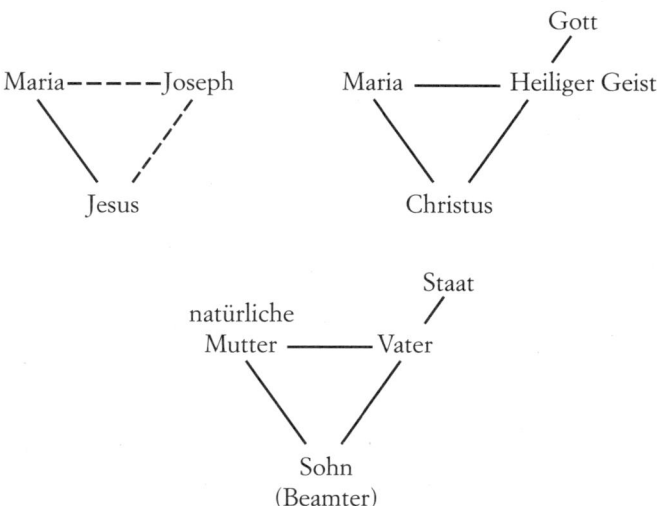

18. Joseph kehrt zurück

Bis ins Mittelalter hinein führt Joseph ein ikonographisches Schatten-
dasein. Er bleibt ein blasser, dimensionsloser Heiliger. Selbst wo die
Figur der Madonna mit Kind um ihn als Begleiter und Nährvater ergänzt wird – das ist fast ausnahmslos nur in den Geburtsdarstellungen
und in den Szenen der Flucht nach Ägypten der Fall –, kann er als
Greis bloß den kleineren Teil der Aufmerksamkeit auf sich lenken.
   Dies ändert sich in eklatanter Weise seit dem 15. Jahrhundert. Trotz
seiner misslichen Ausgangsposition im Narrativ der Heiligen Familie
erfährt Joseph in der Neuzeit eine erhebliche kultische Aufwertung.
Den Anstoß geben Theologen des Spätmittelalters: Bernhard von
Siena, Pierre d'Ailly und vor allem Jean Gerson. Gerson erklärt in
einer Schrift von 1413 Joseph zu einem jungen, kräftigen Mann, der
seine wichtige Rolle im Heilsgeschehen nicht unfreiwillig, sondern
aktiv und willentlich übernommen habe[235]. Er hebt Josephs Würde als
»Haupt und Herr der Mutter des Hauptes und Herrn der ganzen
Welt« hervor[236]. Dem Pariser Kirchenreformer gelingt es, einen eigenständigen Josephskult zu begründen, den später die Gegenreformation
aufnimmt und intensiviert.
   Josephs »wachsende Bedeutung für die Frömmigkeit des 17. und 18.
Jahrhunderts«[237] bringt ihm in Böhmen, Bayern, Österreich und Me-
xiko den Status eines viel verehrten Landesheiligen ein. Er wird den
Gläubigen zumeist als einfacher, in seinem geringen Stand zufriedener,
fleißiger Handwerker vor Augen geführt: ein durch und durch
menschlicher Vater, dem das göttliche Jesuskind gleichwohl den ge-
bührenden Respekt zollt. Insofern stellt Joseph die schlichte Seite der
christlichen Frömmigkeit dar.
   Doch erlaubt es seine keusche Verbindung mit der Jungfrau Maria,
ihn über die häusliche Sphäre hinauszuheben und in das System der
theologischen Allegorese einzubeziehen. Darin tun sich vor allem die
Autoren der Barockzeit hervor. Der Wiener Kanzelredner Abraham a
Santa Clara lässt Joseph den Steuermann der Arche Maria sein, den

Bibliothekar des versiegelten Buches, den Hofmeister der Himmelskönigin, den Hüter des durch ihren verschlossenen Garten wiedergewonnenen Paradieses[238]. Wenn Maria in ihrer Brautschaft mit Christus
die Kirche als Ganze symbolisiert, dann ist Joseph auch in diesem mystischen Zusammenhang ihr von Gott eingesetzter Beschützer. 1870
schließlich erklärt ihn der Papst in einer feierlichen Zeremonie zum
offiziellen Schutzpatron der katholischen Kirche.

Währenddessen nähern sich die Familiendarstellungen, in denen
Joseph den Part des Haushaltsvorstandes und Ersatzvaters spielt, immer eindeutiger der gewöhnlichen Alltagswirklichkeit an. Schon die
Gegenreformation hebt ihn in dieser Rolle empor, um dem protestantischen Hausväterschrifttum eine ebenso bildkräftige Heiligengestalt
mit katholischer Färbung entgegenzusetzen. Im 19. Jahrhundert be-
quemt sich die Figur des ehrbaren Handwerkers Joseph nicht nur
einer biedermeierlich eingefärbten Familienideologie, sondern auch
der kirchlichen Propaganda gegen Industrialisierung und Proletarisie-
rung der Arbeiter an. Genreszenen, zu denen sich die Mitglieder der
Heiligen Familie plakativ-einträchtig zusammenfinden, werden in
Gartenlaubenmanier gegen die Desintegration der Familienwelt durch
außerhäusliche Industriearbeit aufgeboten. Die Verehrung des heiligen Joseph, die Vaterautorität und Familiensinn retten will, erhält in
diesem Zusammenhang einen erklärtermaßen antikommunistischen
Akzent[239]. »Was unsere Zeit braucht«, heißt es in einem der zahlreichen Appelle zu diesem Thema,

> das ist der Mann der Arbeit, der emsigen, ernsten Arbeit; der Mann der
> selbstlosen Pflichterfüllung, der Mann der Unterwürfigkeit gegen Gott und
> jede rechtmäßige Obrigkeit, der Mann der Gottesfurcht und wahren Nächs-
> ten- und Gottesliebe; der Mann, still, schlicht, und wenn auch übersehen
> von der Welt, doch groß vor Gott durch seine Gerechtigkeit. Solch einen
> vorbildlichen Mann [...] besitzen wir in Joseph.[240]

Derartige Vereinnahmungen vermindern den *religiösen* Stellenwert
des Bezugs auf das biblische Geschehen. »Ging es im Barock darum«,
schreibt Hildegard Erlemann, »der Hl. Familie im Sinne einer *imitatio*
nachzueifern, um so das Himmelreich zu erlangen«, suggerieren die
Autoren des ausgehenden 18. und 19. Jahrhunderts, »die Hl. Familie

Johann Carl Loth, Der hl. Joseph mit dem Christkind,
Gottvater in der Glorie und Maria. Venedig, S. Silvestro, 1681

könne von einer christlichen Familie *verkörpert* werden«[241]. In einem
Aufruf von 1893 heißt es:

> Ach, jede *christliche* Familie sollte trachten, eine *heilige* Familie zu werden!
> Und warum sollte sie es nicht können? Was hat die *Arbeiterfamilie von
> Nazareth* vor anderen besonders voraus?[242]

Unter dem Schein von Alltagsfrömmigkeit schwindet die Differenz
zwischen dem Heiligen und dem Profanen. Das sperrige Ausnahmephänomen der Geburtsfamilie Christi wird abgeschliffen und in den
Dienst einer sentimentalen, kirchlich-restaurativen Familienidylle gestellt. Heilige und bürgerliche Familie tauschen gewissermaßen die
Attribute: Während das Bild der Heiligen Familie seine spirituelle
Bedeutung einbüßt und sich zusehends säkularisiert – um den Preis
einer unvermeidlichen Verflachung der Bildmotive –, sind die Genreszenen aus dem Familienalltag in den Glanz einer erborgten Heiligkeit
getaucht[243].

Im Ergebnis erscheinen Jesus, Maria und Joseph als normale, nur
durch ihre besondere Tugend herausragende Personen: Jesus ein
wohlerzogener Musterknabe, Maria ein Beispiel für Liebe und Züch-
tigkeit, während Joseph den Hausvätern als »leuchtendes Vorbild väterlicher Wachsamkeit und Fürsorge« gilt[244]. Auf diesem Weg wird
auch die Anomalie in Josephs Verhältnis zu Mutter und Kind weitgehend getilgt; die Wunde seiner Zeugenschaft ohne Zeugung[245], seiner
kupierten Väterlichkeit scheint endlich ausgeheilt.

Wie kann das geschehen? Wie kann Joseph, diese von Frau und
Kind abgeschnittene, dadurch ihrer Männlichkeit beraubte Gestalt,
nach einem großen historischen Umweg schließlich doch zur Identifi-
kationsfigur (klein)bürgerlicher Familienvorstände werden? Warum
wird dem Nährvater Jesu ein Teil der Vollmachten wiedererstattet, die
ihm durch seine Rollenteilung mit Gott abhanden gekommen sind?

Die prekäre Stellung des Mannes Joseph bietet geradezu den Schlüssel für eine sozialgeschichtliche Funktionsbestimmung der Heiligen
Familie. Weit davon entfernt, eine bloße Bildvorlage zu sein, greift das
Modell der christlichen Urfamilie in elementare Auseinandersetzungen zwischen den sozialen Mächten und Prinzipien Europas ein. Dabei
handelt es sich, wie schon gezeigt worden ist, auf der einen Seite um

den Verwandtschaftsverband mit seiner Zuweisung des sozialen Ortes durch *Samen* und *Blut* (beziehungsweise – im römischen Recht – durch einen entsprechenden juristischen Akt der Anerkennung des Kindes[246]); auf der anderen Seite um die Agenturen einer weiter reichenden, spirituelleren Vergesellschaftung, die auf die Bildung einer von Verwandtschaftsrücksichten unabhängigen Zentralgewalt zielen. Eine dieser Agenturen, und lange Zeit die mächtigste, ist die Kirche gewesen.

Ob ausgesprochen oder nicht, die Familienpolitik der mittelalterlichen Kirche hat ein einfaches Ziel. Es besteht darin, das Geflecht der verwandtschaftlichen Loyalitäten zu beschneiden und an deren Stelle die leichter beherrschbare Sozialform der kleinen Familie zu setzen. In der Verfolgung dieses Ziels macht sich die Kirche das populäre Vorbild der Heiligen Familie zunutze. Alles in allem ist ihre Kampagne erfolgreich, zumal sie in der Neuzeit von weltlichen Machtträgern fortgeführt wird. Auch in dieser veränderten Konstellation dreht sich der Konflikt um die Rivalität zwischen Zentral- und Familiengewalt. Der Machtzuwachs des zentralistischen Staatswesens geht Hand in Hand mit der fortschreitenden Entmachtung des männlichen Familienoberhaupts im alten Sinn. Während der reale Vater an Einfluss verliert, zieht die Zentralgewalt immer umfassendere symbolische Vaterqualitäten an sich.

Erst nachdem der Kampf zwischen absolutistischem Staat und segmentären Verwandtschaftsverbänden zugunsten der politischen Zentralisierung entschieden ist, kann die traditionsreiche Instanz des *pater familias* neue Bedeutung erhalten. Der Entmachtung folgt sozusagen die *Wiedereinsetzung* des Vaters, aber nun in einer veränderten Funktion. Aus dem Widersacher gegen das Vordringen der Zentralgewalt wird nämlich deren *Repräsentant* innerhalb der Familie. Die Reformation entwirft das Modell einer hierarchischen Filiation, die vom Gottvater über den Landesvater zum Hausvater reicht. Die katholische Kirche geht mit einer gewissen Verspätung einen ähnlichen Weg, indem sie sich zur Sachwalterin einer Familie erklärt, die im Innern durch die väterliche Autorität gefestigt ist, nach außen hin jedoch staatskonform agiert. Genau dies spiegelt sich in den erneuerten Bestrebungen, die Josephs-Figur ideologisch zu stärken und bildtechnisch zu rehabilitieren.

Josephs Bedeutung sinkt und steigt, je nachdem, wie sehr die Stellung des Mannes ›vor Ort‹ sich in den Gesamtplan der sozialen Ordnung fügt. Die Gestalt des randständigen Nährvaters Christi demonstriert, dass die Instanz des natürlichen Vaters geschwächt werden musste, damit eine andere, übernatürliche, sowohl spirituell als auch politisch den Bezugskreis des Biologischen transzendierende Macht sich durchzusetzen vermochte. Erst nach Vollzug dieser Operation kann Joseph eine neue Aufgabe übernehmen – nämlich die ins Transzendentale entrückte Autorität mit seinen bescheidenen menschlichen Mitteln zu stützen und weiterzugeben. Dann kann übrigens die Josephs-Frömmigkeit von der zurückweichenden Kirche auch wieder *gegen* den säkularen Allzuständigkeitsanspruch des Staates eingesetzt werden.

Aus all dem muss man jedenfalls folgern, dass die patriarchale Gesellschaft mitnichten auf der Machtherrlichkeit der natürlichen Väter beruht. Im Gegenteil, sie erlegt diesen Vätern erhebliche Verzichtsleistungen auf. Der eigenmächtige Tyrann über die Familie muss historisch abtreten, um einem Typus des ›Vater-Stellvertreters‹ zu weichen, der nur noch kraft einer geliehenen, von einer höheren Gewalt sozusagen auf Abruf erteilten Vollmacht existiert. Paradox formuliert beruht das, was man gemeinhin Patriarchat nennt, geradezu auf der *Schwächung des Patriarchen.*

Vielleicht lässt sich vor diesem Hintergrund einem Begriffspaar Jacques Lacans so etwas wie ein sozialgeschichtliches Fundament unterschieben. Mit Lacan kann man zwischen einer *realen* und einer *symbolischen* Vaterfigur unterscheiden. Der reale Vater ist der Vater als sichtbare, handelnde, individuelle Person. Der symbolische Vater ist die Verkörperung der symbolischen Ordnung, des *Gesetzes*, das jeder Subjektbildung vorausgeht und sie steuert [247]. Beide sind niemals zur Deckung zu bringen, ohne sich doch andererseits ganz voneinander trennen zu lassen. Die Instanz des symbolischen Vaters, heißt es in einem Lacan-Kommentar, »ist zwar eigentlich anonym, apersonal und somit geschlechtsneutral, aber sie kann nach Lacan nur von einer männlichen Gestalt repräsentiert werden. Denn die abendländische symbolische Ordnung ist durch das Patriarchat strukturiert.«[248]

Wenn man – vielleicht etwas kühn – diese Unterscheidung auf die beiden Väter Christi appliziert, dann wäre Gott mit dem symbolischen

Vater gleichzusetzen, in dessen Namen die symbolische Ordnung ergeht, während die Josephs-Figur den schwankenden und wechselvol-
len Part des realen Vaters abbildet. Diese Aufgabenteilung macht es
einerseits plausibel, warum die symbolische Ordnung nicht von der
Person des realen Vaters ablösbar ist: Sie hat ihn ja (re)inthronisiert,
mit der Herrlichkeit eines ›kleinen‹ symbolischen Vaters, eines Gesetz-
gebers, Landesherrn, Predigers und Patrons im Miniaturformat ausge-
stattet. Andererseits wird klar, dass der reale Vater als empirische Person die Stelle des symbolischen Vaters niemals gänzlich ausfüllen, mit
dieser Instanz niemals widerspruchslos verschmelzen kann. Er steht
immer ›neben sich‹, denn er untersteht ja seinerseits der unnahbaren
und letztlich unbegreiflichen Autorität des Gesetzes, er wird in seinen
Identifikationsbemühungen ständig unterlaufen und in die Schranken
gewiesen, psychoanalytisch gesprochen: kastriert.

19. Joseph – Abaelard – St. Preux

Die Liebesehe

Im 18. Jahrhundert verbreitet sich die Sitte der Liebesheirat. Nicht dass es nicht auch schon vorher Liebe, und sogar Liebe zwischen Ehepartnern, gegeben hätte. Aber dieses seinem Wesen nach wechselhafte und vergängliche Gefühl galt als wenig geeignet, um die *Grundlage* für einen so weitreichenden Schritt wie die Eheschließung zu bilden. In vormodernen Zeiten wurden Ehen überwiegend aus wirtschaftlichen oder Konvenienzgründen geschlossen; persönliche Zuneigung spielte eine untergeordnete Rolle. Die ständische Organisation, wie sie bis zum Zeitalter der Industrialisierung vorherrschte, konnte auf individuelle Präferenzen nur in begrenztem Maß Rücksicht nehmen.

Das ändert sich im Prozess der Individualisierung des sozialen Gefüges. Die jungen, heiratswilligen Leute beginnen, sich von den elterlichen Verfügungen zu emanzipieren. Sie setzen schrittweise das Recht auf freie Partnerwahl durch. Maßgebliches Kriterium für die Ehe wird der partnerschaftliche Konsens – nicht das vorausschauende Arrangement der Eltern. Ironischerweise geht damit, wenn auch spät und durch die Reformation unterbrochen, eine alte Forderung der mittelalterlichen Kirche in Erfüllung, die sich immer bemüht hatte, das Recht der Einzelnen gegen die Sippe zu stärken[249]. Die Aufklärer, mehrheitlich antiklerikal eingestellt, machen sich so unwissentlich zu Vollstreckern der alten kirchlichen Ehepolitik.

Was die emotionale Ausfüllung des Konzepts der Liebesehe betrifft, das sich im 18. Jahrhundert auf literaturträchtige Weise durchsetzt, so ist allerdings eher der kulturelle Beitrag des Protestantismus, insbesondere der Verinnerlichungsbewegung des Pietismus, hervorzuheben. Dieses Konzept geht, schematisch verkürzt, mit drei Neuerungen einher. Erstens wird nun die Ehe zu einem intimen, auf Liebe oder doch Neigung gegründeten Verhältnis zweier Personen. Darauf müssen sich die professionellen und poetischen Ratgeber einstellen. Sie haben es nicht mehr in erster Linie mit der Bewältigung von Konflikten zu tun, die durch die naturgegebene Ungleichartigkeit der Eheleute entstehen,

sondern sollen den schwierigen Prozess der Partnerfindung, der vernünftigen freien Wahl, der Entstehung einer dauerhaften wechselseitigen Zuneigung begleiten und gegebenenfalls Entfremdungen ausba-
lancieren. Das führt zu einer bis heute fortgeltenden, tief greifenden
Psychologisierung des ehelichen und familiären Beziehungssystems.

Zweitens wird die Ehe sozial insoweit ›entpflichtet‹[250], als sich die
Bestimmung des Ehezwecks immer mehr auf das Glück der Eheleute
selbst einschränkt; dahinter treten Verwandtschafts- und Staatsräson
alter Prägung zurück. Überdies wird die Ehe nun weniger als Fortführung der Deszendenzlinie verstanden, sondern erhält den Status eines
individuellen Neubeginns zweier Liebender – ein Prozess, den man als
Romantisierung der Ehe dargestellt hat[251].

Drittens schließlich darf eine solche Ehe sich keineswegs allein auf
sexuelle Attraktion stützen. Wie jeder weiß, schwindet diese Art von
Anziehung schnell dahin, wendet sich leicht anderen und mehreren
Personen zu und ist mit lebenslänglicher Monogamie schwer verein-
bar. Deshalb arbeiten die aufklärerischen Ehelehren daran, ein Bezie-
hungsideal in Umlauf zu bringen, das die sexuellen Begierden entmachtet und auf »Liebe« als einer vernünftigen und tugendhaften
Seelenneigung beruht. Sie bringen damit einen Prozess zum Abschluss,
der schon sehr viel früher begann und darin besteht, die eheliche Bindung als solche zu *temperieren* – gegen die Schwankungsbreite heftiger
Leidenschaften immun zu machen. Auch unter diesem Aspekt stehen
die heutigen Partnerfindungsrituale, ob man sich das eingesteht oder
nicht, noch in der Tradition der psychologischen ›Stabilisierung‹ des
Menschen im 18. Jahrhundert.

Im Zusammenhang der aufklärerischen Ehereform kann auch die
Heilige Familie zu neuer Bedeutung gelangen, und zwar nicht mehr
durch ihre sakrale Unvereinbarkeit mit dem menschlichen Paarungsverhalten, sondern als Modellfall für die bürgerliche Familie schlechthin. Das heißt nicht, dass die bürgerlichen Eheleute aufgefordert wären, sexuelle Abstinenz zu praktizieren. Aber es bedeutet, dass sie auf
einen Begriff von Liebe eingeschworen werden, der die bloß geschlechtliche Attraktion übersteigt. Selbst die Geschlechtsliebe kann
sich nun mit Begriffen wie Geist, Vernunft, Tugend oder guter Natur
verbinden. Sie gewinnt ordnungsstiftende Eigenschaften. Der einst-
mals animalische und chaotische Sexus erweist sich als reformierbar;

er lässt sich zu einer alle Menschen umschließenden Sympathie veredeln und wird so zu einem sozialen Bindemittel ersten Ranges, ja zu einer Art staatsbürgerlicher Tugend. Die ideale Republik, wie sie im 18. Jahrhundert entworfen wird, besteht aus *liebenden Individuen*. Nur so lässt sich der enorme propagandistische Aufwand verständlich machen, mit dem die emotionale Aufwärmung der Familie einerseits, deren Reinigung von kruder, unsublimierter Sexualität andererseits betrieben und zu einem gesellschaftspolitischen Leitbild erklärt werden. Wenn man die Zeit um 1800 als Ziellinie ansieht, dann findet die Heilige Familie hier ihre Bestimmung darin, erfolgreich an der *Rationalisierung der Liebe* mitzuwirken.

Alle diese affektiven Transformationen jedoch vollziehen sich nicht einfach und linear. Wie komplex sie sind und in welchen labyrinthischen Verlaufsformen des Begehrens sie sich abspielen, zeigen die Versuche, sie mit poetischen Mitteln zu artikulieren. Der Gründungsprozess der modernen Familie und die damit einhergehende Verwandlung der Liebe haben ein unendliches Schrifttum hervorgebracht; umgekehrt ist die Liebe in jener Zeit mehr denn je zu einer Angelegenheit des Schreibens, der schriftlichen Beredtheit geworden. Der Übergang von der *Passion* – der heftigen Leidenschaft, die erst im Besitz Befriedigung findet – zur sprachlich ausdifferenzierten *Empfindung* wird in Romanen und Briefen vollzogen[252].

Heloisa und Die neue Héloïse

Eine der Schlüsselfiguren in diesem sowohl literarischen als auch affektgeschichtlichen Prozess ist Rousseau. Rousseau hat 1761 einen der für die Epoche der Empfindsamkeit wegweisenden Eheromane veröffentlicht, dessen voller Titel lautet: *Julie oder Die neue Héloïse. Briefe zweier Liebenden aus einer kleinen Stadt am Fuße der Alpen.* Die Haupthandlung des Buches beruht auf einer Dreiecksbeziehung. Julie d'Etanges darf aus gesellschaftlichen Rücksichten ihren bürgerlichen Hauslehrer, dem sie sich hingibt, nicht heiraten. Statt dessen geht sie die Ehe mit dem älteren, von ihrem Vater ausersehenen Monsieur de Wolmar ein. In dieser Konvenienzehe läutert sie sich und bildet sich zu einer mustergültigen Hausfrau und Mutter heran, die in einer von

Tugend, Liebe und Harmonie geprägten ländlichen Welt ihres Amtes waltet. Trotz dieser idealen Kulisse zehrt die frühere Leidenschaft noch untergründig in ihr und trägt zu ihrem vorzeitigen Ende bei. Bei der Rettung ihres ertrinkenden Sohnes zieht Julie sich eine Krankheit zu und stirbt an deren Folgen. Ihr Tod kommt einer Apotheose gleich. Im Sterben bekennt sie St. Preux ihre unverbrüchliche Liebe. Sie hat also die Pflichten des Ehestandes auf vorbildhafte Weise erfüllt und dennoch ihre große Jugendleidenschaft nicht verraten.

Rousseau entführt seine Leser in eine Welt, die den ehepolitischen Dilemmata des Katholizismus denkbar fern liegt. Denn die ›gute Natur‹, als die er Julies Welt sowohl in ästhetischer als auch in sittlicher Hinsicht idealisiert, bildet einen programmatischen Gegenentwurf zu der Natur nach dem Sündenfall, zu der gefallenen Kreatürlichkeit im älteren christlichen Denken. In der Zweideutigkeit der Ehe, wie sie sich in den theologischen Debatten des Frühchristentums und des Mittelalters darstellte, bilden Tugend/Geist/Sittlichkeit einerseits, Natur/Animalität/Triebhaftigkeit andererseits eine mehr oder minder starre Opposition. Rousseau lässt aber seine – gefallene – Heldin Julie die Ehe selbst zum Stand der Tugend und Unschuld erheben. Er schreibt sich damit ins Zentrum des aufklärerischen Diskurses über Liebe und Ehe hinein, ohne allerdings mit diesem Diskurs restlos konform zu gehen.

Herkömmlicherweise führte die christliche Heilige Familie den Gläubigen das Vorbild einer sündenlosen, auf Gott hin geöffneten Ehe vor Augen. Die Menschen, die sich paarten und Nachwuchs hervorbrachten, blieben hinter einem solchen Ideal notwendigerweise zurück. Das war der originäre Zwiespalt, aus dem es nur einen Ausweg gab: die Askese. Schon Luther tat viel dazu, das geregelte eheliche Leben aus diesem Sündendruck zu entlassen. Die Romanciers der Aufklärungszeit schreiten auf diesem Weg fort. Rousseau jedenfalls lässt die Familienwelt von Clarens, wo die Romanhandlung hauptsächlich spielt, selbst als *geheilte*, wiederhergestellte, mit den Anforderungen der Tugend wieder vereinigte Natur erscheinen. Eine zweite, idyllische Natur kommt zum Vorschein, die den Sündenfall überwunden hat, und zwar gerade durch das Institut der prokreativen Ehe und der dazugehörigen Elternschaft.

Man muss sich fragen, welche narrativen Manöver eine solche *Posi-*

tivierung der Ehe möglich machen, die das Herzstück der neuen bürgerlichen Familienideologie bildet. Wie können Geschlechtsverkehr und Unschuld zusammengeführt, ja im Bild der guten Ehe geradezu ununterscheidbar werden? Wie konnte das zölibatäre und asketische Element verschwinden und doch im Begriff der Tugend überdauern? Noch einmal anders gefragt: Welchen Platz weist das bürgerliche Modell der Ehe *Gott* zu, ohne die Ehepartner auf Enthaltsamkeit zu verpflichten?

Einen ersten Hinweis gibt der Titel von Rousseaus Werk. *Julie oder Die neue Héloïse* spielt auf einen Subtext an und transponiert ihn in ein zeitgenössisches Milieu. Dieser Subtext ist die große mittelalterliche Liebesgeschichte zwischen dem späteren Mönch Abaelard und der späteren Nonne Heloisa, überliefert in einem Briefwechsel, der im 18. Jahrhundert eine erneuerte Aufmerksamkeit auf sich zieht.

Durch diesen Titel legt Rousseau eine intertextuelle Spur aus, die seine Hauptfigur Julie auf verquere Weise mit der mittelalterlichen Lebensform der keuschen Ehe in Verbindung bringt. Damals schien die keusche Ehe die einzige Möglichkeit zu sein, dem Vorbild der heiligen Eltern nahe zu kommen. Enthaltsamkeit *in* der Ehe bot eine Kompromissformel zwischen Lebensgemeinschaft und Zölibat. Insofern fügt sich die Praktik ehelicher Keuschheit, wenn auch nur übergangsweise, in die hohe Tradition des frühchristlichen Asketismus ein.

Einer der Begründer dieser asketischen Tradition und zugleich einer der Theoretiker der Heiligen Familie ist der Kirchenvater Origenes, der angeblich so weit ging, sich selbst zu entmannen. Ein anderer, unfreiwilliger Nachzügler ehelicher Keuschheit wird im 12. Jahrhundert der nachmals bedeutende Kirchenlehrer Abaelard, dessen Briefwechsel mit seiner Gemahlin Heloisa zu den großen Zeugnissen der Liebesliteratur im Mittelalter gehört. Abaelard (1079–1142), ein schon in jungen Jahren prominenter Theologe, kommt als Privatlehrer in das Haus Heloisas und knüpft ein leidenschaftliches erotisches Verhältnis mit ihr an. Trotz einer förmlichen Heirat wird er von den Angehörigen Heloisas aus Rache kastriert. Er führt fortan ein Leben als Mönch, sie als Nonne. Erst nach Jahren der Trennung treten beide wieder in Beziehung zueinander[253].

Am Anfang des berühmten Briefwechsels (dessen Authentizität allerdings strittig ist) steht das Aufbegehren Heloisas gegen die Entsagungsanforderungen ihres Standes. Sie will ihrer Sehnsucht nach Abaelard auch nach dessen Verstümmelung nicht abschwören. Der Briefwechsel endet mit Heloisas erfolgreicher geistlicher Einweisung durch Abaelard. Abaelard macht sie, als kirchlicher Beauftragter Christi, noch einmal, nämlich vom Herzen her, zu dessen Braut. Es ist deshalb nicht nur das Modell der keuschen Ehe, das die Geschichte von Abaelard und Heloisa an die Wirkungsgeschichte der Evangelien knüpft. Als Nonne steht Heloisa nach der katholischen Lehre in der unmittelbaren geistlichen Nachfolge Mariens – eine Würde, über die Abaelard sie wieder und wieder belehrt.

»Aber ihr Schwestern«, schreibt er an das Kloster, dem die einstige Geliebte vorsteht,

> seid eingeführt in das Schlafgemach des himmlischen Königs vom Könige selbst, ihr ruht in seinen Armen und seid nur für ihn auf der Welt, da euer Tor immer geschlossen bleibt.[254]

Und in einer Predigt, die Abaelard zum Fest der Verkündigung Mariens an Heloisa und ihre Nonnen richtet, heißt es:

> Merket auf, Jungfrauen, die ihr nicht einen Mann, sondern Gott als Bräutigam erwählt und das Nachbild ihres – Mariens – heiligen Bekenntnisses angenommen habt! Mit einem Menschen – Josef – verlobt, sucht sie nicht für die Öffentlichkeit diesen Menschen, sondern Gott im Stillen. Ihre Augen wandte sie nicht zurück zur Welt, sondern erhob sie zum Himmel. Nicht Hochzeitslieder verlangten ihre Ohren, sondern mit der Speise heiliger Lesung nährte sie ihren Geist.[255]

Auch in seinen persönlichen Schreiben an Heloisa äußert sich Abaelard so; er tritt ganz in die Rolle des geistlichen Beraters und des *Marienknechtes* zurück:

> Das heiße ich einen glücklichen Tausch machen im Ehebündnis! Die vormals die Ehefrau eines schwachen, armseligen Menschen war, die ist jetzt aufgestiegen in die Hochzeitskammer des Königs der Könige, sie geht hoch geehrt nicht bloß dem seitherigen Eheherrn im Range voraus, sondern sogar allen Knechten dieses Königs.[256]

In der Welt wärest du nur eine Frau, jetzt stehst du sogar über den Männern und hast Evas Fluch in Marias Segen gewandelt. Diese heiligen Hände, die jetzt sogar die Bücher der Schrift aufschlagen dürfen, sie müssten in der Welt die niedrigsten Geschäfte einer Ehefrau verrichten.[257]

Wenn Abaelard auf solche Weise seine bürgerliche Gattin Heloisa zur Braut Gottes erklärt – in Übereinstimmung mit dem verwirrenden Umstand, dass ja Gott selbst in zwei männlichen Generationen existiert –, so rückt er implizit in eine Position ein, die im christlichen Familienmythos schon besetzt ist. Das ist die Position Josephs, des rechtlichen und doch durch Gott von der fleischlichen Vereinigung ausgeschlossenen Gatten. Ohne dass Abaelard dies ausdrücklich sagt[258], spiegelt seine Ehe mit der Gott befohlenen Nonne Heloisa die heilige Ehe wider; und das heißt, dass seine erzwungene Keuschheit die Keuschheit Josephs wiederholt. Der berühmte Theologe schlägt aus seinem Unfall einen höheren Sinn. Denn er begreift seine Entmannung als weniger menschlichen denn göttlichen Eingriff und nimmt sie in Bußfertigkeit an.

Ein Glied allein hatte an uns gesündigt: War es nicht gerecht, dass dieses Glied das Strafgericht traf, dass es in seinem Leiden gutmachte, was es in seinen Freuden begangen hatte? Das Messer, das meinen Leib traf, es befreite auch die Seele von dem Schmutz, in den ich geradezu schon versunken war.[259]

Wie Joseph ist Abaelard verheiratet, aber außerstande, die Ehe zu vollziehen; verheiratet mit einer Frau, die sich dem klösterlichen Leben gewidmet und »Evas Fluch in Marias Segen gewandelt« hat; mit einer Frau, die in mystischer Gemeinschaft mit Gott lebt. Wie Joseph fügt er sich in diese Trennung und erkennt ihre Heilsqualität. So kommentiert das Schicksal des Pariser Kirchenlehrers gewissermaßen in buchstäblicher Umsetzung die Rollenbedingungen der Josephsfigur.

Die zwei Körper des Mannes

Der Briefwechsel zwischen Abaelard und Heloisa ist ein wichtiges Bindeglied in dem intertextuellen Gewebe, das die bürgerlichen Ehegeschichten des 18. und 19. Jahrhunderts sei es im Ganzen, sei es in einzelnen Zügen mit der christlichen Familientopik verknüpft. Den entscheidenden Brückentext bildet hierbei Rousseaus Roman *Julie ou la Nouvelle Héloïse*. Zwischen dem mittelalterlichen Prätext und seiner empfindsamen Wiederaufnahme durch Rousseau gibt es eine ganze Reihe von Parallelen.

In beiden Fällen spielt das Medium Brief die entscheidende Rolle. Auch die Ausgangssituation ist in beiden Geschichten die gleiche: ein Hauslehrer verführt seine Schülerin. Im Fall Abaelards entspinnt sich aus dem erotischen Verhältnis eine Ereigniskette aus Flucht, erwirkter Einwilligung der Angehörigen in die Heirat, schließlich heimtückischer Entmannung. Rousseau verteilt die Positionen neu. Der Konflikt spielt sich bei ihm nicht mehr zwischen den Liebenden und Gott als dritter Instanz ab, sondern bewegt sich ausschließlich im familiären Rahmen. Der Hauslehrer St. Preux wird seines Geschlechts nicht beraubt, nur an der Heirat gehindert. Julie, die schon durch den Titelnamen am dichtesten an den mittelalterlichen Referenztext angeschlossen ist, zieht sich statt ins Kloster in die Tugendbastion des Ehestandes zurück. Ihr Bräutigam ist auch nicht Christus, sondern ein älterer, väterlicher Mann. Die Stelle Gottes wird vom legitimen, durch den Vater bestimmten Gatten besetzt, während die Position des entmannten Liebhabers sich in diejenige des fernen Seelenfreundes verwandelt.

Auf diese Weise wird der christliche Asketismus ins Familiale gewendet und intimisiert. Was im Prätext manifest war, rückt bei Rousseau in die Latenz. Kastration mildert sich zur liebenden Entsagung ab. Klösterliche Eingezogenheit und Gottesliebe verschmelzen im Tableau einer vorbildlichen häuslichen Ehe. Die empfindsam Liebenden agieren so, *als ob* eine Kastration stattgefunden hätte, ohne dass sie sich noch handlungstechnisch ereignet.

Wenn man den zur Entsagung verpflichteten Hauslehrer St. Preux via Abaelard auf die Figur des neutestamentlichen Joseph zurückdeuten kann, dann geht das sicherlich nicht ohne Widersprüche ab. Denn Rousseaus ›Joseph‹ hat ja eine leidenschaftliche Affäre mit seiner

›Maria‹, bevor er sie an einen ihm gegenüber höher gestellten väterlichen Mann abtreten muss. Auf dem Weg vom biblischen Urtext über die mittelalterliche Kastrations- und Klostergeschichte bis hin zu Rousseaus sentimentalem Roman kommt es also zu beträchtlichen Abweichungen. Trotzdem sind die *strukturellen* Übereinstimmungen unübersehbar. Auch Julies Schicksal berührt eine religiöse Dimension. Von ihrem Vater zur Verheiratung mit einem ungeliebten Mann geradezu genötigt, offenbart sich ihr im Augenblick der Trauung das *heilige Mysterium der Ehe*.

> Bei der Kirche angekommen, fühlte ich beim Eintritte in dieselbe eine Bewegung, wie ich sie niemals zuvor erfahren hatte. Ich weiß nicht, was für ein Schrecken sich meiner Seele an diesem schlichten und heiligen Ort bemächtigte, welcher ganz von der Majestät dessen erfüllt war, dem man daselbst dient. Ein plötzlicher Schauder ließ mich erbeben. [...] Ich glaubte, in dem Prediger, welcher feierlich die heilige Trauungsformel sprach, das Werkzeug der Vorsehung zu sehen und die Stimme Gottes zu hören. Die Reinheit, die Würde, die Heiligkeit der Ehe, welche in den Worten der Heiligen Schrift so lebhaft dargestellt waren, ihre keuschen und erhabenen Pflichten, die zur Glückseligkeit, zur Ordnung, zum Frieden, zur Fortdauer des menschlichen Geschlechtes so wichtig und an sich selbst so süß zu erfüllen sind; all dies machte einen solchen Eindruck auf mich, dass ich innerlich eine plötzliche Umwälzung zu fühlen glaubte. Eine unbekannte Macht schien auf einmal die Verwirrung meiner Zuneigungen aufzuheben und sie nach dem Gesetze der Pflicht und der Natur wiederherzustellen. Das ewig allsehende Auge, sagte ich bei mir selbst, liest jetzt auf dem Grunde meines Herzens; es vergleicht meinen verborgenen Willen mit der Antwort meines Mundes: Himmel und Erde sind Zeugen der heiligen Verpflichtung, die ich ablege; sie werden es auch noch von meiner Treue sein, mit der ich sie erfülle.[260]

Der Eintritt in die Ehe heißt für Julie, sich dem Gesetz des Vaters, das ein göttliches, soziales und moralisches Gesetz ist, feierlich zu unterwerfen. Im Aussprechen der Trauungsformel wird sie von Gottes Wort heimgesucht. Sie schließt weniger einen Bund mit dem Mann an ihrer Seite als mit Gott ab. Julie durchlebt eine Konversionskrise im vollen religiösen Sinn. Nach der Trauung zieht sie sich zum Gebet zurück und besiegelt ihren Bund mit dem Vater im Himmel. Rousseau legt ihr so etwas wie das Glaubensbekenntnis der bürgerlichen Ehefrau in den Mund:

In diesem Augenblick warf ich mich, durchdrungen von einer lebhaften Empfindung der Gefahr, von der ich befreit worden war, und des Zustandes der Ehre und Sicherheit, in den ich mich erneut versetzt fühlte, zu Boden; ich hob meine Hände flehend gen Himmel; ich rief das Wesen an, dessen Thron er ist, und welches durch unsere eigenen Kräfte, die Freiheit, die es uns gibt, nach seinem Belieben unterstützt oder zerstört. Ich will, sagte ich zu ihm, das Gute, das du willst, und dessen Quelle du allein bist. Ich will den Gemahl lieben, den du mir gegeben hast. Ich will treu sein, weil dies die erste Pflicht ist, welche die Familie und die ganze Gesellschaft zusammenhält. Ich will keusch sein, weil dies die erste Tugend ist, die alle anderen nährt. Ich will alles, was mit der Ordnung der Natur in Einklang steht, die du errichtet hast, und mit den Regeln der Vernunft, die ich von dir habe. Ich befehle mein Herz deinem Schutze und lege meine Wünsche in deine Hand.[261]

Gegen den Verbund väterlicher Autoritäten – der für Julie bestimmte väterliche Gemahl, Monsieur de Wolmar, Julies Vater selbst und schließlich Gott, der sich ihr bei ihrer Hochzeit offenbart in einer Weise, die motivisch durchaus an die Verkündigung Mariä erinnert – kommt der Jugendgeliebte St. Preux nicht an. Für Julie, die sich nun geradezu einem Tugendrausch hingibt, schrumpft die Affäre mit dem Hauslehrer zu dem »Irrtum eines einzigen Augenblickes«[262] zusammen. Rousseau ist zwar als Schriftsteller so genau und großartig, dass er auch die dem Tugendentschluss widerstrebenden Momente sorgsam aufzeichnet. Das ändert aber nichts daran, dass der Roman in seinem manifesten Handlungsverlauf ein *Disziplinarmodell* bietet und als solches rezipiert und nachgeahmt werden kann. Die Lehre, die er erteilt, lässt sich ungefähr so wiedergeben: Eine wahrhaft von Tugend erfüllte Ehe muss jeden Rest von Leidenschaft hinter sich lassen; die Liebesneigung, die das Eheleben harmonisch und geradezu paradiesisch macht, gründet sich vielmehr auf *Vernunft*; und diese Vernunft steht mit den patriarchalen Autoritäten im Bunde.

Rousseaus Roman changiert, er wechselt sozusagen die Farbe, je nachdem wie man ihn ansieht. Er lässt sich, mit Blick auf die Trennung der Jugendgeliebten, als Geschichte einer unerfüllten und zur Entsagung, ja zur Tragik gezwungenen Liebe verstehen. Aber in einem solchen Verständnis spiegelt sich, auch was die Äußerungen und den Werdegang der Protagonisten angeht, nur ein ›unreifer‹, noch nicht zur Einsicht gelangter Blick auf die Dinge. Auf dem Niveau einer höheren Einsicht führt Rousseau das Glück einer Partnerschaft vor, die Neigung und Vernunft zur Deckung bringt. Rousseaus Roman arbeitet auf das gleiche Ziel hin, das die Eheratgeber der Aufklärungszeit predigen: Entsagung und Glück, Askese und Liebeserfüllung *ununterscheidbar* zu machen.

Auch in ihrem Modellanspruch für weibliche Moralität stimmt Rousseaus Adaption mit der mittelalterlichen Liebesgeschichte überein. Beide Briefwechsel sind Anleitungen zum höheren Verständnis weiblicher Tugend. Ein entscheidender Unterschied liegt darin, dass die zivilisatorische Initiative in dem empfindsamen Roman auf die Frau übergeht. Abaelard entwarf für Heloisa die erste weibliche Klosterregel mit einer Fülle von Verhaltensvorschriften; die neue Héloïse macht sich selbst zum Muster der häuslich eingeschlossenen Frau und liebenden Mutter, während die Männer der Ausgangskonstellation in beiden Fällen Vaganten, Grenzraumbewohner, in ihre Schranken verwiesene Angreifer sind.

Vordergründig sieht es so aus, als würden in Rousseaus Dreiecksgeschichte Einschluss und Ausschluss, Potenz und Entzug einfach auf zwei voneinander unabhängige männliche Rollen innerhalb beziehungsweise außerhalb der Ehe verteilt. Die *Nouvelle Heloïse* würde dann von der viel beklagten Nichtübereinstimmung von Liebe und Ehe erzählen: Julie heiratet nicht St. Preux, den sie liebt, sondern Wolmar, den zu lieben ihre Pflicht ist und der kraft väterlicher und göttlicher Fügung in den Besitz der ehelichen Privilegien gelangt. Man kann in diesem Dreieck aber auch – und das führt viel weiter – eine Ausfaltung des Dilemmas der ehelichen Liebespartnerschaft sehen, wie sie im 18. Jahrhundert zum vorrangigen Thema und Problem wird. Unter dieser Perspektive wäre die romanhafte Doppelgeschichte von einer Leidenschaft, die sich nicht durchsetzen darf, und einer Pflichtneigung, die Julie als mustergültige Gattin erscheinen lässt, nichts als eine komplexe Beschreibung der bürgerlichen Ehedramaturgie. Sie steht nicht im Widerspruch zum Konzept der Liebesehe, sondern erzählt davon, welcher Preis bezahlt werden muss, um dieses Konzept sowohl praktikabel als auch moralisch tragbar zu machen.

Die Frau hat es im Rahmen einer solchen Ehedramaturgie nicht mit verschiedenen männlichen Charakteren, sondern mit einer *diskursiv gespaltenen Männlichkeit* zu tun: Einerseits mit dem Mann als Garanten der patriarchalen Ordnung und andererseits mit dem Mann als begehrendem Wesen, das einen Schwellenzoll entrichten muss, um in diese Ordnung eintreten und sich mit ihr identifizieren zu können. Wolmar wäre der Name für die eine, St. Preux der Name für die andere Seite einer sozusagen mit verteilten Rollen spielenden Männlichkeit. Um eine Ehe im Sinn des bürgerlichen Moralismus zu führen, muss die Frau den Geliebten der Anbahnungsphase in den väterlichen, durch Gott beglaubigten, in seiner Weisheit und Allwissenheit die Gottesstelle besetzenden Gatten umwandeln. Sie muss ihre Ehe als Ausfluss göttlicher Vernunft verstehen und gestalten. Und vor allem: Sie muss lernen, *ihren Gatten zu vergöttlichen*. Das schließt eine gewisse Wehmut beim Rückblick auf die Begegnung mit jener anderen, leidenschaftlichen Männlichkeit, die auf dem Weg in die Ehe zurückgelassen werden muss, nicht unbedingt aus.

Man wird sich den Joseph der Maria nicht als leidenschaftlichen, vorehelichen Liebhaber vorstellen können. Aber er ist ein Mann aus Fleisch und Blut, der einer höheren paternalen Instanz weichen muss. Insofern bestehen allerdings Parallelen zwischen der Ehe der heiligen Eltern und dem bürgerlichen Modell der Neigungspartnerschaft. Denn auch bei diesem Modell geht es um die Ablösung der fleischlichen durch die geistige Liebe. In den zahllosen Programmschriften der bürgerlichen Partnerschaftsehe tauchen alle Positionen der Heiligen Familie in leicht verhüllter Gestalt wieder auf. Die Mutter widmet sich keusch und tugendhaft dem Kind, das sie von einem Mann empfangen hat, der höher gestellt ist und höher in den Himmel des Patriarchats hineinreicht als sie. Der die Vaterrolle bekleidende Mann verschwindet als menschliches Individuum in dem Instanzenzug all der Vaterschaftsmächte, die über das kleinfamiliale Niveau hinausgreifen. Und schließlich gibt es noch die nichttranszendente Seite der Männlichkeit, die von Figuren besetzt wird, deren wichtigste Aufgabe im geordneten Rückzug besteht: von Josephsfiguren.

20. Heilige Familie, bürgerliche Familie

Unter der *Motivgeschichte* der Heiligen Familie, die sich in Serien von theologischen, bildnerischen und literarischen Anverwandlungen äußert, zeichnet sich eine *Strukturgeschichte* ab, in der zwei Weisen der Vergesellschaftung miteinander konkurrieren. Die eine gehorcht der Ordnung der Prokreation, der Abstammung und Verwandtschaftsbindung; die andere adressiert das Kollektiv als eine spirituelle, die Kette der sichtbaren Einzelkörper übersteigende Größe und treibt es damit, auf welchen verschlungenen historischen Wegen auch immer, zur Bildung eines großen, abstrakten und einheitlichen Machtaggregats an: erst der Kirche, später des Staates.

Im Modell der Heiligen Familie – als aufgebrochener, fragmentarischer, *transzendenzhöriger* Kleinfamilie – findet der Staat so etwas wie einen ideologischen Bündnispartner. Insofern kann er an die geistliche ›Vorarbeit‹ der Kirche anknüpfen. Das betrifft die jahrhundertelangen Bestrebungen, über die rechtlich-sittliche Reglementierung der Ehe Kontrolle über das Zentrum der biologischen Reproduktion der Gesellschaft zu gewinnen; und es betrifft all jene sozio- und psychogenetischen Prozesse, die aus der niederen, wilden, animalischen *Sexualität* die soziale Ordnungsmacht der *Liebe* erwachsen lassen. Liebe wird als *höheres* Gefühl und als Gefühl *zum Höheren hin* rekonzeptualisiert – ein Gefühl, dessen hohe Schule im Abendland die christliche Religion war.

Wenn man vor einem so skizzierten Hintergrund ein Verlaufsdiagramm für die ›Anwendung‹ der Heiligen Familie zu zeichnen versucht, so ergibt sich eine fortschreitende *Naturalisierung* dieses Modells. Während anfangs Heiligkeit und Familie als klarer Gegensatz aufgefasst wurden, wandern seit der Erklärung der Ehe zum Sakrament im Hochmittelalter und spätestens dann seit der Reformation immer mehr Merkmale des Heiligen in die menschliche Normalfamilie selbst ein. Niedere und höhere Liebe, sexuelles und Gottesbegehren gehen psychodynamische Legierungen ein. Genauer gefasst, durch-

dringt der ursprünglich religiöse Impuls der Erhebung und Ver-
geistigung immer größere Bereiche der ›niederen‹ Alltagswirklichkeit:
Selbst die Geschlechtsliebe kann zu guter Letzt, wie das Beispiel der
verschiedenen Ehereformbewegungen zeigt, tugendhaft und ›gott-
förmig‹ werden.

Das Christentum entwirft sein Glaubensbekenntnis in einer meta-
physisch zweigeteilten Welt. Es arbeitet diese Zweiteilung auf theologischer wie auf affektdynamischer Ebene durch. Aber es zielt darauf –
beispielhaft ist dies durch die Einheit der Person Christi selbst immer
schon vorgegeben –, beide Teile wieder zusammenzuführen.

›Geist‹ und ›Fleisch‹ sind dann nicht mehr zwei ganz und gar
fremde Sphären; die Alternative zu jener unteilbaren Einheit von
Fleischlichkeit, Lust und Tod, als die das frühchristliche Schrifttum die
Ehe aufgefasst hatte, ist nicht mehr der Verzicht auf die Ehe. Statt dessen verschränken sich Enthaltsamkeit und Ehe, rücken ineinander,
stützen sich gegenseitig. Im Prozess der inneren Kolonisierung des
Menschen senkt sich der ›Geist‹ immer tiefer in die kreatürlichen Leiber und ihre Reproduktionsweisen ein. Dadurch scheint das alte Dilemma der christlichen Theologie der Ehe überwunden. Aber diese
Desambiguisierung wird mit neuen Komplikationen erkauft. Denn jetzt
stellt sich erst recht und mit voller Last das Problem, wie ein *heiliges
Geschlechterverhältnis* aussehen soll. Umfangreiche Semantiken werden benötigt, um das Modell der Heiligen Familie in den Bereich der
menschlichen Familie übersetzbar zu machen.

Semantiken der Heiligung

Die Möglichkeiten einer narrativen ›Heiligung‹ der Familie sortieren
sich nach der Dreizahl der klassischen Kernfamilie: Vater, Mutter,
Kind.

Was die männliche Position angeht, so ist ›Heiligung‹ nur um den
Preis einer Spaltung zu haben, die sich in der Heiligen Familie selbst
bereits präformiert findet. Diese Spaltung kann literarisch auf verschiedene Art durchgespielt werden. Erstens in Form von Dreiecks-
geschichten: Durch Spaltung zwischen leiblich-sexueller Männlichkeit
hier und höherer, väterlich-göttlicher Männlichkeit dort, zwischen

dem Gatten als Instanz der bürgerlichen Ordnung und dem Mann als körperlich begehrtem Geschlechtswesen, das aus dem Spiel gedrängt werden muss – mittels symbolischer oder realer Kastration.

Zweitens in Form eines subtilen Zwiespalts zwischen der oft wenig beeindruckenden empirischen Erscheinung des Mannes auf der einen, seiner ihm durch die Rolle zukommenden Gottesstellvertreterschaft und Gottähnlichkeit auf der anderen Seite. – Drittens schließlich durch Positionstausch mehrerer beteiligter Männer, durch die unklare Zurechenbarkeit von Kindern, durch Vaterschaft per Adoption. Hier geht es um den Topos der verschobenen, *nichtprokreativen Vaterschaft,* der in vielen Erzählungen der Zeit um 1800 vorkommt. Immer wieder hat man es in den literarischen Phantasien mit Kindern zu tun, die auf unerklärliche Weise zur Welt geraten sind, deren Herkunft dunkel bleibt, die gegen ein leibliches Kind vertauscht wurden und folglich nicht selbst leibliche Kinder sind – zur Familie gehörig und doch dem blutsverwandtschaftlichen Zusammenhang entrissen.

Was die Frau betrifft, so hat die christliche Kultur deren ›Heiligung‹ mit besonders großem Aufwand betrieben. Der Schlüssel dazu war traditionell die Jungfräulichkeit. Durch diese Eigenschaft ist die Frau nicht nur den Begierden der Männer entzogen, sondern bietet ihren unversehrten Leib Gott als ein heiliges Gefäß dar. Ihre sexuelle Verschlossenheit bildet nur die Ausgangsbedingung für das Andere, Hauptsächliche, nämlich die Öffnung nach der Seite der Transzendenz. Der unversehrte weibliche Leib dient als symbolischer Schauplatz für den Übergang von dieser in die andere Welt. Als »Brücke«, wie die Mariologen sagen.

Nun sind bürgerliche Ehefrauen und Mütter keine Jungfrauen im Sinn des altkirchlichen Asketismus. Insofern haben sie das Paradox der Maria, der es gelang, beides zu sein, am eigenen Leib auszutragen, nur eben mit natürlichen Mitteln. Das geschieht mithilfe einer Semantik, die den Begriff der Jungfräulichkeit in den der Tugend, und noch weiter gehend: der weiblichen *Unschuld,* übersetzt. Im Lauf des 18. Jahrhunderts wird Weiblichkeit auf fundamentale Weise umdefiniert – grob gesprochen durch Umstellung vom barocken auf den empfindsamen Frauentyp. Die barocke Frau, als Topos verstanden, hatte noch viel von der kreatürlichen Verfallenheit an die Leidenschaften; sie war wild, ungezügelt, heidnisch-hetärisch. Die empfindsame Frau lässt

diese Art von dramatischer Leiblichkeit hinter sich; ihr Leib ist ephe-
benhafte Hülle ihres psychischen Wesens, und ihre Tugend dient ihr
nicht mehr nur als ein äußerer Panzer gegen die Anfechtungen durch
das andere Geschlecht, sondern hat sich in ihren tiefsten Seelengrund
eingesenkt. Diese *Jungfräulichkeit der Seele* lässt sich durchaus mit
biologischer Mutterschaft vereinbaren – vorausgesetzt, dass die Frau
sich *innerlich* von allen sexuellen Verunreinigungen frei hält.

Wenn die bürgerliche Frau als Mutter den Ehrentitel der Unschuld
bewahren soll, dann geht das nur durch seelische Jungfräulichkeit, in
ferner Anlehnung an mittelalterliche Vorstellungen von der idealerweise leidenschaftslosen Erfüllung der fleischlichen Ehepflichten. Was
aber im Mittelalter die Ausnahme einer heiligmäßigen Lebensführung
blieb, wird im mittelständischen Ehediskurs zur Alltagsnorm erklärt.
Die Frau muss zwar die Aufgaben ihres Geschlechts erfüllen – anders
kann sie ja nicht zum weiblichen Ideal der Mutterschaft gelangen –,
aber sie darf in ihrem innersten Wesen nicht daran beteiligt sein. Idea-
liter wohnt sie dem Akt des Vollzugs nicht bei – weder aktiv (sexuelle
Initiative ist der Frau ausdrücklich untersagt) noch bewusst (das
würde die Unbeflecktheit ihrer Seele trüben).

Die Geschlechteranthropologie und -moralistik der Aufklärungszeit
hat verschiedene Lösungsansätze für diese paradoxale Anforderung an
die sittsame Frau und Mutter gefunden. Auf medizinischem Niveau:
Während in den Jahrhunderten zuvor ein Beischlaf ohne weiblichen
Orgasmus als unfruchtbar gegolten hatte, was dem Vergnügen der
Frau eine gewisse Rechtfertigung gab, gelangt die Medizin der empfindsamen Epoche zu dem gegenteiligen Befund, der auch noch für das
19. Jahrhundert maßgeblich bleiben wird. Die Frau bedarf keiner Er-
regung mehr, um schwanger zu werden; sie vermag ein Kind zu empfangen, ohne mit ihrem Körperempfinden daran beteiligt zu sein. Dieses Postulat verwandelt sich während der viktorianischen Ära in eine
empirische Tatsache. Tonangebende britische Ärzte um die Mitte des
19. Jahrhunderts glauben sogar, dass Frauen konstitutionell orgasmus-
unfähig seien[263].

Dazu passt auf psychoökonomischem Niveau eine Kulturtechnik,
die im bürgerlichen Zeitalter geradezu zum Ausweis weiblicher Sitt-
samkeit wird. Unschuld heißt, wie die Aufklärungsmoralisten nicht
müde werden zu versichern, nicht bloß die Vermeidung unziemlicher

Taten, sondern mehr noch *Unwissenheit*, Unkenntnis der Sünde. Die bürgerliche Unschuldsideologie unterscheidet sich in diesem Punkt vom älteren, höfisch geprägten Tugendbegriff, der als *wehrhaft* konzipiert war und insofern ein Erfahrungswissen um die Möglichkeiten der Versuchung mit einschloss. Wie kann nun die bürgerliche Frau einerseits ihrer biologischen Aufgabe nachkommen und andererseits in einem sittlichen Verständnis ›unwissend‹ bleiben? Um diesen performativen Widerspruch zu lösen, bietet sich eine Handlungsoption, von der nicht nur die Romanheldinnen des 18. und 19. Jahrhunderts ausgiebig Gebrauch machen. Sie begeben sich, sobald die Umstände das erfordern, in einen Zustand mentaler Abwesenheit, und zwar im wörtlichen Sinn: Sie fallen in Ohnmacht. Wo Maria ein Engel erschien, lassen die bürgerlichen Frauen, sofern sie den ihnen auferlegten Unschuldsvorschriften gehorchen, ihren Geist aus dem Körper entweichen. Der Bösewicht der Sittenromane à la Richardson ebenso wie der Bräutigam eines durch und durch reinen Mädchens umarmt eine dem Ideal nach geistesabwesende, ohnmächtige Frau[264].

Dieses physiologische Regulativ lässt sich durch erzählerische Maßnahmen ergänzen. Auf dem Niveau der Narration stellt sich ja das Problem, wie aus der reinen *Braut* die reine *Mutter* wird, ohne dass in der uncodierten Spanne *zwischen* den beiden Erscheinungsweisen des weiblichen Ideals die Sexualität der Frau als aktive, bedrohliche Macht durchbrechen kann. Man kann dies das Erzählproblem der Hochzeitsnacht nennen. Die gewöhnliche Lösung besteht darin, das prekäre Intervall zwischen Heirat und Mutterschaft durch Kapitelsprung oder andere literarische Schnitttechniken unwahrnehmbar zu machen. Derartige literarische Verschweigungsmanöver bilden ein Analogon zur weiblichen Ohnmacht als Psychotechnik der Unbewusstheit.

Heilige Mütter empfangen heilige Kinder. In gewisser Weise sind alle bürgerlichen Kinder, jedenfalls die männlichen, Jesus-Nachfolger – von einer zarten Gloriole umgeben, in der das Geheimnis ihrer Herkunft nachleuchtet, Gegenstand eines überirdischen Mutterglücks. In den intimisierten Kleinfamilien der Empfindsamkeit und Romantik kommt dem Kind die Rolle eines Heilsbringers zu. Waren die Kinder in den Erziehungslehren des 17. Jahrhunderts und in der patriarchalen Familientyrannei bis in die mittlere Aufklärung hinein noch kleine Teufel gewesen, denen man die Erbsünde durch Stockschläge austreiben musste, so gehen nun Kinder und Engel eine ikonographische Liaison ein. Einer der entscheidenden Autoren bei dieser Wende ist Rousseau. Der Makel der Erbsünde scheint getilgt; die Aufklärungspädagogen erfreuen sich an der Unbeschriebenheit der Kinderseele, von der sie glauben, dass sie ganz nach ihren Maßgaben alphabetisierbar ist.

Gespaltene Vaterschaften; unschuldig-geschlechtslose Mütter; Heilskinder rätselhafter Herkunft: Wenn man diese drei Bestimmungen als partielle, oft verfremdete, von anderen Kontexten mitbesetzte Postfigurationen der christlichen Familientypologie ansehen kann, dann bringt die Verbürgerlichung der Familie geradezu eine Proliferation religiöser Motive mit sich. Das führt seit der zweiten Hälfte des 18. Jahrhunderts zu einem merkwürdig widersprüchlichen Bild. Während die offizielle mittelständische Tugendpropaganda die neue Norm der vollständigen, liebevoll-glücklichen Kleinfamilie entwickelt – als Rückzugsort des berufsgeplagten Familienvaters und als Sozialisationsraum der Kinder auf dem Weg zu einem gänzlich neuen Lebensziel, nämlich der Entfaltung der eigenen *Individualität* –, hat es die Literatur fast durchweg mit fragmentarischen, von fremden Mächten durchkreuzten, in den einzelnen Positionen mehrfach und widersprüchlich codierten Familien zu tun. Beide, das offizielle Schrifttum und die poetischen Narrationen, stellen christliche Topoi in ihren Dienst; aber sie tun es offenbar mit gegensätzlicher Tendenz. Wieder ist die Heilige Familie Bildspenderin sowohl von Normen als auch, scheint es, von normwidrigen Konstellationen. Wieder ist es jedoch mit einem bloßen Widerspruch nicht getan. Man muss nach der Funktionsteilung zwischen Normalität und Abweichung fragen.

Philosophie der Geschlechter. Kleist und Krug

Der Dichter Heinrich von Kleist (1777–1811) hat zwar niemals geheiratet, aber er war – das verbindet ihn mit Kafka – vorübergehend verlobt. Seine Verlobte hieß Wilhelmine von Zenge, und eine weitere Parallele zu Kafka besteht darin, dass ein umfangreicher Briefwechsel zwischen den Verlobten erhalten blieb. Anders als Kafka jedoch ging Kleist zielstrebig daran, die Frau, die er sich ausersehen hatte, nach seinen Vorstellungen zu erziehen. Das war damals die übliche Praxis der

Hochzeitsvorbereitung. Kleist wählte dazu ein probates und noch heute verbreitetes Mittel: den Besinnungsaufsatz. Kleist spielt also den Lehrer, der die Themen ausgibt, Wilhelmine figuriert als seine folgsame Schülerin, die sich ihre Arbeiten brieflich erörtern und korrigieren lassen muss.

Einmal stellt Kleist die Denkaufgabe, »welcher von zwei Eheleuten, deren jeder seine Pflichten gegen den andern erfüllt, am meisten bei dem früheren Tode des andern verliert«[265], und liefert Wilhelmine gleich auch die Lösung mit. Antwort: Der Mann verliert mehr als die Frau. Warum? Weil das Verhältnis der Geschlechter untereinander und zum Staat nicht symmetrisch, sondern ungleichgewichtig ist. Kleist befindet,

dass der Mann nicht bloß der Mann seiner Frau, sondern auch noch ein Bürger des Staates, die Frau hingegen nichts als die Frau ihres Mannes ist; dass der Mann nicht bloß Verpflichtungen gegen seine Frau, sondern auch Verpflichtungen gegen sein Vaterland, die Frau hingegen keine andern Verpflichtungen hat, als Verpflichtungen gegen ihren Mann; dass folglich das Glück des Weibes zwar ein wichtiger und unerlasslicher, aber nicht der *einzige* Gegenstand des Mannes, das Glück des Mannes hingegen der *alleinige* Gegenstand der Frau ist; [...] dass zuletzt der Mann nicht immer glücklich ist, wenn es die Frau ist, die Frau hingegen immer glücklich ist, wenn der Mann glücklich ist, und dass also das Glück des Mannes eigentlich der Hauptgegenstand des Bestrebens beider Eheleute ist. Aus der Vergleichung dieser Sätze bestimmt nun die Urteilskraft, dass der Mann bei weitem, ja unendlich mehr von seiner Frau empfängt, als die Frau von ihrem Manne.[266]

Das Wesen der Frau ist die Liebe. Der Mann, der sich ihr notwendigerweise entziehen muss, weil er überdies vaterländische Aufgaben zu erfüllen hat, ist ihr einziger Lebensinhalt. Kleist steht mit dieser Auffassung nicht allein; man kann sie als *Common Sense* der Geschlechterphilosophie um 1800 ansehen. Die Rollenasymmetrie zwischen Männern und Frauen hängt eng mit deren ungleichem Verhältnis zur jeweiligen sexuellen Konstitution zusammen. Denn die Frau ist nicht nur ganz Liebe, sondern auch ganz Geschlecht. Der Mann *hat* ein Geschlecht; die Frau *ist* es. Der Mann kann unabhängig von seinem Geschlecht gedacht werden; die Frau nicht, denn ohne Geschlecht würde sie ihre ganze Bestimmung verfehlen.

Eine pädagogische Preisschrift von 1791 verlautbart zu diesem Thema:

> Die durch den Affekt der Geilheit [...] erregten Bewegungen äußern sich bey dem männlichen Geschlechte vornemlich und beynahe ausschließlich in Theilen, die, ihrer Lage und Beschaffenheit nach, zum Leben nicht wesentlich und unentbehrlich sind. Sie deuten also auch nicht auf ein wesentliches, zum Leben unentbehrliches Bedürfniß, und sind folglich nicht so dringend, als jenes, das durch nichts, als durch unmittelbare Erlangung des begehrten Objekts abgewiesen werden kann.

> Das Geschlecht, das bey dem Manne etwas zufälliges ist, muss allerdings bey dem Weibe als etwas wesentliches betrachtet werden – Das Geschlecht – bemerkt, wenn ich mich recht erinnere, *Rousseau* – ist nicht um des Weibes, sondern das Weib um des Geschlechts willen, da.[267]

Kurz gesagt: Einem Mann kann man sein Geschlecht amputieren, einer Frau nicht. Bei einem Mann bleibt etwas übrig – nämlich die Staatsbürgerschaft. Die Frau würde durch einen solchen Eingriff anatomisch und ihrem Geschlechtswesen nach ausgelöscht. Deshalb kann der Mann sexuell begehren, ohne sich selbst aufs Spiel zu setzen; sein Dasein umfasst mehr als bloß seine sexuelle Begierde. Die Frau aber darf nicht begehrlich sein, denn sie würde sich von ihrer Triebhaftigkeit verschlingen lassen. Der Mann kann sich spalten, er existiert in zwei Dimensionen. Die Frau ist mit sich eins und gerade deshalb in der Gefahr, sich jederzeit ohne Rest zu verlieren.

Was Wilhelmine von Zenge in ihrem Innersten über Kleists Aufsatzthemen und seine Lösungsvorschläge gedacht hat, ist nicht überliefert. Jedenfalls wird die Verlobung nach zwei Jahren gelöst. Wilhelmine heiratet später einen gewissen Wilhelm Traugott Krug, Philosophieprofessor und Kant-Nachfolger in Königsberg. Kleist soll daraufhin, eifersüchtig und enttäuscht, ein Lustspiel verfasst haben: *Der zerbrochene Krug*. (So will es ein hartnäckiger Kleist-Forschungs-Witz.) In Sachen bürgerlicher Sicherheit wird Wilhelmine mit Wilhelm Krug mehr Glück gehabt haben als mit ihrem vormaligen Verlobten. Was allerdings die Ansichten über Liebe und Ehe betrifft, ist sie mit ihrem neuen Gefährten sozusagen vom Regen in die Traufe geraten.

Krug zeichnet nämlich verantwortlich für ein Werk mit dem Titel: *Philosophie der Ehe*, das 1800, also im gleichen Jahr, in dem Kleist seine

Aufsatzaufgabe stellt, ohne Nennung des Verfassers erscheint. Darin heißt es unter anderem:

> Ursprünglich sucht der Mann bloß seinen Genuß, und das Weib ist ursprünglich der ihm zum Genusse sich hingebende Theil, folglich Mittel des Genusses für den Mann. Wenn aber nachher der Trieb des Mannes durch Liebe veredelt wird, so macht er auch das Glück der Geliebten zu seinem Zwecke. [...] Bey dem Weibe ist es gerade umgekehrt. Sie sucht ursprünglich nur den Wunsch des Mannes zu befriedigen; die Natur aber belohnt sie für dieses Hingeben, für diese freywillige Aufopferung, wodurch sie ihre Würde als Vernunftwesen behauptet, ebenfalls mit einem Genusse, der ihr also nicht Zweck ist, sondern bloß eine natürliche Folge ihres Hingebens. Nur in und durch diese Reflexion, von der aber eigentlich das (reine und unschuldige) Weiberherz Nichts weiß, höchstens nur Etwas in dunkeln Gefühlen ahnet, wird der Mann dem Weibe ein Mittel des sinnlichen Genusses, da er außer und ohne jene Reflexion ihr bloß ein Gegenstand des Wohlgefallens und der innigsten Zuneigung ist.[268]

Die Frau begehrt nicht, und sie genießt nicht *sui generis*. Wenn sie genießt, so genießt sie das Genießen des Mannes. Und wenn ihr dieses Genießen des Genießens Lust bereitet, so weiß das »reine und unschuldige« Weiberherz doch nicht, was das ist. Über eine Ahnung »in dunkeln Gefühlen« kommt sie rechtens nicht hinaus. Ihre unbewusste Empfängnis gleicht einer *conceptio immaculata*.

Man steht hier genau an der Schwelle, an der sich die religiöse Vorstellung der Gottesempfängnis sozusagen ins Viktorianische wendet – wo die dem Überirdischen zugewandte Jungfräulichkeit einem Nichtwissen, einer Unbewusstheit aus Anstand weicht, oder, psychoanalytisch gesprochen (und die Psychoanalyse selbst gehört ihrem innersten Wesen nach zur Epoche des Viktorianismus): aus Verdrängung.

Kleists »Marquise von O ...«

In Kleists Texten finden sich viele Anspielungen an den Motivkomplex der Heiligen Familie. Im »Erdbeben in Chili«, einer Erzählung, die in ihrem Mittelteil geradezu gemäldeartig das künstlerische Sujet der ›Ruhe auf der Flucht‹ nachstellt, liegt das offen vor Augen. Weniger di-

rekt sind solche Allusionen in der Erzählung »Der Findling«, wo es,
wie häufiger bei Kleist, um die Ersetzung des natürlichen durch ein
Adoptivkind geht – um das Verhältnis der nichtbiologischen Elternschaft. Auch die Dramen, jedenfalls die Komplementärdramen *Käth-
chen von Heilbronn* und *Penthesilea*, kreisen um die Komplexe des
weiblichen Unbewussten und des weiblichen Gottesbegehrens und
entfalten eine religiöse Dimension. Auf die Spitze getrieben hat Kleist
das Thema jedoch in einer Novelle, die – schon vom Titel her und von
dem aus Montaignes Werk entliehenen Sujet [269] – im Kern eine Zote
ist: die Geschichte von der Schwängerung der Marquise von O ...
durch den Grafen F ...

Kleist selbst liefert zu diesem Text einen merkwürdigen, zwar iro-
nisch gebrochenen, aber wie oft in Fällen der Ironie nicht klar auf den
Ja- oder Nein-Modus der Aussage festzulegenden Kommentar. In
einem Epigramm, das er in die gemeinsam mit Adam Müller herausge-
gebene Zeitschrift *Phöbus* einrückt, heißt es:

DIE MARQUISE VON O ...

DIESER Roman ist nicht für dich, meine Tochter. In Ohnmacht!
Schamlose Posse! Sie hielt, weiß ich, die Augen bloß zu. [270]

Die Novelle, deren möglichen obszönen Hintersinn Kleist selbst herausstellt, beginnt ganz im Sinn der klassischen Gattungsdefinition mit
einer *novella*, einer Zeitungsneuigkeit.

In M ..., einer bedeutenden Stadt im oberen Italien, ließ die verwitwete
Marquise von O ..., eine Dame von vortrefflichem Ruf, und Mutter von
mehreren wohlerzogenen Kindern, durch die Zeitungen bekannt machen:
Dass sie, ohne ihr Wissen, in andre Umstände gekommen sei, dass der Vater
zu dem Kinde, das sie gebären würde, sich melden solle; und dass sie, aus
Familienrücksichten, entschlossen wäre, ihn zu heiraten. [271]

Der ganze Text kreist um diesen, wie es heißt, »so sonderbaren, den
Spott der Welt reizenden Schritt«. Er ähnelt einer Kriminalgeschichte,
die einen Fall aufzuklären hat (und über die Vieldeutigkeit des Wortes
»Fall« in diesem speziellen Zusammenhang ist viel geschrieben wor-

den). In einer Art Rückblende wird nachgetragen, was die Titelheldin zu ihrem Schritt bewegt hat; erst gegen Ende kommt die Erzählung wieder in der Zeit an, in der die Annonce aufgegeben wurde. Tatsächlich meldet sich der Vater, und das Rätsel um die unwissentliche Empfängnis findet eine realistische Auflösung. Eine knappe Seite genügt dem Erzähler schließlich, um von dem Ausgang dieser merkwürdigen Liaison zu berichten, die durch einen nachträglichen Eheschluss besiegelt wird.

Der Vater, in dessen Haus die verwitwete Marquise seit dem Tod ihres Mannes lebt, ist Kommandant. Dieser Umstand zieht seine Familie in die Kriegswirren hinein. Der Vater hat eine Festung zu verteidigen, die von russischen Truppen berannt und schließlich eingenommen wird. Dabei kommt es zu einem Zwischenfall, der dem Ehrenkodex des damals noch nach alten Standesregeln geführten Krieges widerspricht. Die Marquise fällt mit ihren Kindern (die dann aber merkwürdigerweise von der Szene verschwinden) einem »Trupp feindlicher Scharfschützen« in die Arme,

der, bei ihrem Anblick, plötzlich still ward, die Gewehre über die Schultern hing, und sie, unter abscheulichen Gebärden, mit sich fortführte. [...] Man schleppte sie in den hinteren Schlosshof, wo sie eben, unter den schändlichsten Misshandlungen, zu Boden sinken wollte, als, von dem Zetergeschrei der Dame herbeigerufen, ein russischer Offizier erschien, und die Hunde, die nach solchem Raub lüstern waren, mit wütenden Hieben zerstreute. Der Marquise schien er ein Engel des Himmels zu sein. Er stieß noch dem letzten viehischen Mordknecht, der ihren schlanken Leib umfasst hielt, mit dem Griff des Degens ins Gesicht, dass er, mit aus dem Mund vorquellendem Blut, zurücktaumelte; bot dann der Dame, unter einer verbindlichen, französischen Anrede den Arm, und führte sie, die von allen solchen Auftritten sprachlos war, in den anderen, von der Flamme noch nicht ergriffenen, Flügel des Palastes, wo sie auch völlig bewusstlos niedersank. Hier – traf er, da bald darauf ihre erschrockenen Frauen erschienen, Anstalten, einen Arzt zu rufen; versicherte, indem er sich den Hut aufsetzte, dass sie sich bald erholen würde; und kehrte in den Kampf zurück.

»Hier – traf er«: Man übertreibt wohl nicht, mit Bezug auf diese kleine, kaum merkliche Erzählpause von dem berühmtesten Gedankenstrich der Weltliteratur zu sprechen. In der stummen Dehnung des sonst atemlosen Satztempos liegt der Erzählgrund der Novelle verborgen. Die gesamte Handlung wird aus dieser einen Lücke entfaltet. Denn es ist eben der Graf F ..., der am dritten Tag nach Veröffentlichung der Zeitungsannonce bei der Marquise erscheint und sich als Vergewaltiger offenbart.

Bis es soweit kommt, entspinnt aber Kleists Text eine filigrane Hermeneutik der körperlichen Anzeichen, ihrer Deutung und ihres Missverstehens, und er spart keine der auf diesem Feld möglichen Nuancen und Mehrdeutigkeiten aus. Immerhin handelt es sich um *die* klassische Frage der bürgerlichen Sexualmoral, nämlich die Frage nach der Beweisbarkeit der Unschuld der Frau.

Der Graf F ... belagert die Familie auch weiterhin, nicht im militärischen, sondern sozialen Sinn: Er will die Marquise schnellstmöglich heiraten und geht dabei mit einer Heftigkeit vor, die alle Konvenienzregeln durchbricht. »Alle kamen darin überein, dass sein Betragen sehr sonderbar sei, und dass er Damenherzen durch Anlauf, wie Festungen, zu erobern gewohnt scheine.« Die Marquise ihrerseits empfindet bald untrügliche Zeichen einer Schwangerschaft. Sie konsultiert einen Arzt, der ihren Verdacht bestätigt. Um ganz sicher zu gehen, lässt sie noch eine Hebamme kommen. Kleist gestaltet die Szene mit der ihm eigenen Komik aus:

> Die Marquise lag noch, mit unruhig sich hebender Brust, in den Armen ihrer Mutter, als diese Frau erschien, und die Obristin ihr, an welcher seltsamen Vorstellung ihre Tochter krank liege, eröffnete. Die Frau Marquise schwöre, dass sie sich tugendhaft verhalten habe, und gleichwohl halte sie, von einer unbegreiflichen Empfindung getäuscht, für nötig, dass eine sachverständige Frau ihren Zustand untersuche. Die Hebamme, während sie sich von demselben unterrichtete, sprach von jungem Blut und der Arglist der Welt; äußerte, als sie ihr Geschäft vollendet hatte, dergleichen Fälle wären ihr schon vorgekommen; die jungen Witwen, die in ihre Lage kämen, meinten alle auf wüsten Inseln gelebt zu haben; beruhigte inzwischen die Frau Marquise, und versicherte sie, dass sich der muntere Korsar, der zur Nachtzeit gelandet, schon finden würde. Bei diesen Worten fiel die Marquise in Ohnmacht. [...]
>
> Die Marquise, der das Tageslicht von neuem schwinden wollte, zog die Geburtshelferin vor sich nieder, und legte ihr Haupt heftig zitternd an ihre Brust. Sie fragte, mit gebrochener Stimme, wie denn die Natur auf ihren We-

gen walte? Und ob die Möglichkeit einer unwissentlichen Empfängnis sei? –
Die Hebamme lächelte, machte ihr das Tuch los, und sagte, das würde ja
doch der Frau Marquise Fall nicht sein. Nein, nein, antwortete die Marquise, sie habe wissentlich empfangen, sie wolle nur im Allgemeinen wissen,
ob diese Erscheinung im Reiche der Natur sei? Die Hebamme versetzte,
dass dies, außer der heiligen Jungfrau, noch keinem Weibe auf Erden zuge-
stoßen wäre.

Dieser Befund hat zur Folge, dass die Marquise, obwohl sie doch ihre
Ahnungslosigkeit beteuert, von ihren Eltern verstoßen wird. Sie richtet
sich auf einem Landsitz ein und verfällt auf die Idee, die besagte Annonce aufzugeben. Ihre Verlassenheit stärkt sie. Während der Ver-
gleich ihres Schicksals mit demjenigen der Jungfrau Maria aus dem
Mund der Hebamme eher Züge einer ingrimmigen Parodie besaß,
häufen sich nun diejenigen Markierungen im Text, die ihre rätselhafte
Empfängnis mit sakralen Konnotationen versehen. Rückblickend wird
klar, dass die Erzählung von Anfang an leitmotivisch von derartigen
Konnotationen durchwebt ist. Das betrifft den Grafen, der auf der
Festung der in Ohnmacht sinkenden Marquise wie »ein Engel des
Himmels« erscheint, der später »wie ein junger Gott« vollkommen un-
verhofft, weil totgeglaubt, in die Familie eintritt und als »Geist«, der
»aus dem Grabe [...] erstanden« ist, tituliert wird. Es betrifft aber
auch die Marquise, von der der Graf bei einer Fieberkrankheit als
einem reinen, weißen, jede Besudelung immer wieder abwaschenden
Schwan träumt und die auch sonst beständig mit Metaphern der Reinheit in Verbindung gebracht wird. Und es gilt für das erwartete Kind
(ein Junge, wie sich am Ende herausstellt). »Nur der Gedanke war ihr
unerträglich«, heißt es von der Marquise,

> dass dem jungen Wesen, das sie in der größten Unschuld und Reinheit emp-
> fangen hatte, und dessen Ursprung, eben weil er geheimnisvoller war, auch
> göttlicher zu sein schien, als der anderer Menschen, ein Schandfleck in der
> Gesellschaft ankleben sollte.

Donadeo, Gottesgeschenk, hießen die Findelkinder in Italien, die vor
dem Kirchenportal ausgesetzt wurden. Genealogisch unmarkiert und
damit einem außergesellschaftlichen Herkunftsbereich zugehörig, leg-

ten sie eine Spur zu ihrem übermenschlichen Erzeuger. Auch Kleists
Novelle umspielt die Verwandtschaft des Unbekannten mit dem Heiligen. So verwandelt sich die Geschichte einer Vergewaltigung in eine
andere Geschichte, in der es um die Gründung einer heiligen Familie
geht. Die Achse, entlang derer die Übersetzung zwischen beiden Narrationen gelingen kann, ist das Nichtwissen der Frau. Der Titelheldin
erscheint ein Engel, sie sinkt in Ohnmacht und erwacht als künftige
Mutter – das bietet Stoff für einen kleinen, doppeldeutigen Sittenro-
man, wie er sich auf dem Grund der »Marquise von O…« ablesen ließe;
Stoff aber auch für eine transfigurierende Lesart, die der Text durch
eine Vielzahl von Indizien stützt. Alles hängt am Unbewusstsein der
Frau. Aber dieses Unbewusstsein, das die Frau *rein* macht, ist seinerseits von der Doppeldeutigkeit gezeichnet, die Kleists Text durchzieht.
Das Unbewusstsein, das die Marquise für sich in Anspruch nimmt, ent-
kommt nicht der Paradoxie, dass es *weiß*, dass es *nicht wissen darf.*

Kleist hat dazu die klassische Szene schlechthin komponiert. Graf
F… verschafft sich Zutritt zum Landsitz der zurückgezogen lebenden
Marquise, und zwar wiederum auf eine Art, die erotische Konnotationen wachruft: »durch eine Pforte, die er offen fand«, heißt es erst, und
wenig später mit merkwürdiger (man könnte fast sagen: perverser) Genauigkeit: »durch eine hintere Pforte, die ich offen fand«. Er bedrängt
die Marquise, gibt sich von ihrer »Unschuld völlig überzeugt« – »So
überzeugt, Julietta, als ob ich allwissend wäre, als ob meine Seele in
deiner Brust wohnte«. Alles drängt auf Aufklärung hin, aber dann folgt
der Satz: »Ich *will nichts* wissen, versetzte die Marquise, stieß ihn hef-
tig vor die Brust zurück, eilte auf die Rampe, und verschwand.«

Gleichwohl setzt die Marquise, die »nichts wissen« will, ihren Aufruf in die Zeitung. Als zum festgelegten Termin der Graf F… erscheint, ist sie außer sich; sie beschimpft ihn als »Teufel«. Ihre Angehörigen haben Mühe, sie zu überreden, sich an ihr Heiratsversprechen
zu halten. Die Trauung geht kalt und förmlich vor sich. »Die Marquise
sah, während der Feierlichkeit, starr auf das Altarbild; nicht ein
flüchtiger Blick ward dem Manne zuteil, mit welchem sie die Ringe
wechselte.« Zur Taufe darf der Graf wieder erscheinen und hinterlässt
ein Testament und eine Schenkungsurkunde auf seinen Sohn. »Von
diesem Tage an«, heißt es, »ward er […] öfter eingeladen«. Endlich
wird eine symbolische zweite Trauung anberaumt:

Er fing, da sein Gefühl ihm sagte, dass ihm von allen Seiten, um der gebrechlichen Einrichtung der Welt willen, verziehen sei, seine Bewerbung um die Gräfin, seine Gemahlin, von neuem an, erhielt, nach Verlauf eines Jahres, ein zweites Jawort von ihr, und auch eine zweite Hochzeit ward gefeiert, froher, als die erste […]. Eine ganze Reihe von jungen Russen folgte jetzt noch dem ersten; und da der Graf, in einer glücklichen Stunde, seine Frau einst fragte, warum sie, an jenem fürchterlichen Dritten, da sie auf jeden Lasterhaften gefasst schien, vor ihm, gleich einem Teufel, geflohen wäre, antwortete sie, indem sie ihm um den Hals fiel: Er würde ihr damals nicht wie ein Teufel erschienen sein, wenn er ihr nicht, bei seiner ersten Erscheinung, wie ein Engel vorgekommen wäre.

Die Novelle hat also zwei Enden. Sie enthält zwei Geschichten. Die eine formt sozusagen einen inneren, die andere einen äußeren Ring. Der innere Ring besteht aus sexueller Gewalttat, förmlicher Heirat, Regelung der Rechtsansprüche und Erbschaftsangelegenheiten. Diese Binnengeschichte ist jedoch eingefasst von einer ganz anders gearteten Narration: dass eine Familie, die in vielen Zügen die Heilige Familie postfiguriert, zu guter Letzt in Liebe zusammenfindet. Der innere Ring führt den Mann als Vergewaltiger und »Teufel« vor; die männliche Liebe entbirgt den Kern eines gewalttätigen und brutalen Begehrens. Im äußeren Ring indessen begegnet der Mann als »Engel«, das heißt als Bote Gottes, dem »Gottesbegehren« der Frau [272]. Die ›Binnenerzählung‹ führt einen Kreislauf von Gewalt und Besitz vor; die ›Rahmenerzählung‹ stellt diesen Gewaltzusammenhang in die Transzendenz einer höheren und über den kruden Realismus der Texthandlung hinausreichenden Liebe dar. Die Brücke zwischen beiden schlägt die Ohnmacht, das heißt die Unschuld, das heißt die (innere) weibliche Jungfräulichkeit. Wieder kommt hier die Brückenfunktion der *virginitas*, über die schon die Kirchenväter meditierten, zum Tragen.

Wenn man das alles zusammennimmt, dann wird Kleists Novelle schlicht als fiktionale Fassung des bürgerlichen Ehephantasmas entzifferbar. Dass Liebe ein Eroberungszug ist, dass die Frau einer Festung gleicht oder in der Festung der Herkunftsfamilie vom Vater verteidigt wird und dass der Bräutigam in diese Festung eindringt, sind altbekannte rhetorische Topoi. Im Liebesschrifttum des 18. Jahrhunderts wird man nicht nur die Festungsmetaphorik wiederfinden, sondern auch den Mann, einmal in diese Festung eingelassen, als mehr oder

minder gewalttätigen Usurpator beschrieben sehen. Die höfische Literatur empfahl sogar, einen erwünschten erotischen ›Angriff‹ als Vergewaltigung zu simulieren. »Wir«, schreibt etwa Ninon de l'Enclos über
ihr Geschlecht, »wollen uns ja nur verhehlen, dass wir uns gern lieben
lassen. Man muss die Frauen dahin bringen, dass sie sich einreden können, sie seien vergewaltigt oder überrumpelt worden.«[273]

    Anders die bürgerliche Sexualmoral. Die Ohnmacht (Kleists signifi-
kanter Gedankenstrich) und das nachträglich jeder Probe standhal-
tende Unschuldsbewusstsein der Überwältigten sind genaue Chiffren
für die Paradoxie, dass die tugendhafte Frau nicht wissen darf, wie ihr
geschieht. Die Vergewaltigung ohne mentales Beisein der Frau stellt
die initiale Gewalttat der Ehe dar; sie wird durch juristische Trans-
aktionen, durch Vermögensüberschreibung und Erbeinsetzung, abge-
golten. Damit wäre die Definition erfüllt, die Kant von der Ehe als
rechtlichem Besitzverhältnis gegeben hat.

    Besitz, Gewalt und Recht umschreiben aber nur den inneren Kreis
des Ehephantasmas. Der äußere, alles umschließende Ring ist die
Liebe: Und in der Liebe zeigt sich der Ehemann nicht als Vergewaltiger, sondern als Gott. Im *Amphitryon* spielt Kleist in Form eines dra-
matischen Verwirrspiels eben diese Doppelrolle des Gatten durch. Die
Liebe der Frau darf sich dabei nicht auf den Körper des Vergewal-
tigers, sondern nur auf diese das Geschlecht übersteigende Göttlichkeit des Mannes beziehen; die Liebe des Mannes, ganz der Motivik der
»Marquise von O ...« entsprechend, nur auf die Heiligkeit – Marien-
ähnlichkeit – der Frau. Jenseits der Sphäre der sexuellen Besitznahme
läuft jede bürgerliche Familiengründung auf die Gründung einer Heiligen Familie hinaus. – Eine solche *Gründungsgeschichte*, und zwar gerade in ihrer *Abgründigkeit*, führt Kleist vor.

21. Christus und Ödipus. Freuds Coup

Wiedereinsetzung des Fleisches

Während die Aufklärung in Deutschland im Allgemeinen dahin tendiert, der Religion ihr Recht zu belassen, soweit und solange sie sich mit den Leitgedanken einer vernunftgemäßen Weltordnung vereinbaren lässt, ist das 19. Jahrhundert von Marx über David Friedrich Strauß und Nietzsche bis hin zu Freud *die* Epoche der Religionskritik, der materialistisch-psychologischen Entschleierung religiöser Illusionen. Der Philosoph Ludwig Feuerbach stimmt den Ton an, wenn er in seiner Schrift *Das Wesen des Christentums* zu der bekannten Pointe gelangt, dass nicht Gott den Menschen, sondern der Mensch Gott nach seinem Bilde geschaffen habe[274]. Nach Maßgabe dieser Umkehrfigur geht es fort: Marx dechiffriert Religion als Ideologie zu Herrschaftszwecken; Nietzsche erklärt Gott für tot, weil ihn die Menschen, die ihn schufen, ermordet hätten; noch Freud, der Begründer der Lehre vom Unbewussten, bewegt sich ganz auf dem Boden des Szientizismus seiner Zeit, wenn er den psychologischen Begriff der Projektion einsetzt – der (fehlerhaften) Auslagerung subjektiver Seeleninhalte in eine davon (eigentlich) unberührte objektive Realität –, um Effekte des Religiösen zu erklären.

Doch der Anti-Spiritualismus des 19. Jahrhunderts zeigt sich nicht nur von dieser kritischen Seite. Die Religionskritik im Namen einer vorurteilslosen, auf das Positive gerichteten wissenschaftlichen Erkenntnis geht mit einem Anliegen einher, für das ein deutscher Autor des Vormärz, nämlich Theodor Mundt, die Formel gefunden hat: »Wiedereinsetzung des Fleisches«[275].

Schon die breite neoklassizistische Strömung um 1800 wertet das Christentum weltanschaulich und ästhetisch ab. Sie rückt es in ein ungünstiges Licht, indem sie es einer idealisierten hellenischen Kultur gegenüberstellt. Der christlichen Kultur wird ihr Verhaftetsein in den Kategorien von Schuld und Sünde vorgeworfen, während sich auf der Seite der Klassizität Attribute wie Sinnenfreude, Schönheits- und Kunstsinn versammeln. Mythologisch ausgedrückt, gewinnt Venus gegenüber Maria an Boden. Diese mythologische ›Aufholbewegung‹ grundiert die erotischen Dispositionen der Folgezeit. Den *sinnlichen Menschen* zu emanzipieren, wird zu einer der revolutionären Losungen vor 1848. Vor allem Heinrich Heine ist in diesem Zusammenhang zu nennen. Das Heidnische, sei es in klassisch-antiker oder in germanischnationalistischer Färbung, erhält neuen kulturellen Kredit. Nietzsche, dessen Verdikt über den christlichen Leidenskult mit besonderer Radikalität ergeht, erhebt Dionysos zum Gegengott einer entgrenzten, zerstörerischen, zivilisatorisch nicht zu bändigenden Lust.

Aufs Ganze gesehen bleibt die affektive und moralische Ordnung im viktorianischen Zeitalter von starken sexuellen Schuldimperativen beherrscht, die aus der Erbmasse des christlichen Denkens stammen. Zur gleichen Zeit kündigt sich jedoch eine grundlegende Wende an, wie sie noch den heutigen Sexualkonsumismus bestimmt: Askese, spirituelles Streben, Suche nach Transzendenz verlieren ihre Tragfähigkeit; Werte und Lebensmotive schränken sich auf diesseitige Ziele ein; ein *Common Sense* bildet sich aus, der alle höheren Regungen im religiösen Verständnis auf rein körperlich-materielle Bezugsgrößen herunterrechnet. Die fortbestehende Forderung nach Triebverzicht überlagert sich mit dieser Tendenz zur Entsublimierung in widersprüchlichen und fatalen Synergien.

Für einen Motivkomplex wie die Heilige Familie scheint das auf den ersten Blick keine gedeihlichen Voraussetzungen zu bieten. Was soll eine Epoche mit dem Sakralen anfangen, wenn die Bestrebungen vielmehr dahin gehen, all die kirchlichen Märtyrer und Heiligenfiguren in Menschen aus Fleisch und Blut, mehr noch: in Menschen mit abnormer psychischer Disposition (Wahnsinnige, Hysterikerinnen) zurückzuverwandeln? Zwar kommt es im 19. Jahrhundert zu einer unvorhergesehenen Wiederkehr christlich-katholischer Andachtsformen[276]. Madonnenvisionen häufen sich, die Marienverehrung gelangt zu einer späten, doch intensiven Blüte. Im Zeichen verschärfter kirchenpolitischer Auseinandersetzungen – in Deutschland unter dem Stichwort ›Kulturkampf‹ – stellt die Kirche ihr Menschen- und insbesondere Frauenbild der neuen Allianz zwischen Biologismus und säkularem Staatswesen[277] entgegen. Dennoch ist für das Gesamtbild des 19. Jahrhunderts der Prozess der *Dechristianisierung* dominant.

Das Erstaunliche ist nun, dass die Heilige Familie als *cultural pattern* auch diese weitgehende ›Entchristlichung‹ mühelos übersteht. Ihr Bild findet sogar dort intensive Verwendung, wo die Emanzipation von der Religion mit programmatischem Nachdruck betrieben wird. Dass der romantische Mutterkult sich aus christlichen Quellen speist, ist offensichtlich. Doch auch die fortschrittsorientierten Autoren des Vormärz lassen dort, wo sie erotische und familiäre Beziehungen schildern, häufig das Wasserzeichen einer christlichen Motivik in ihren Texten durchschimmern. Und selbst eine erklärtermaßen der neuen Wissenschaftsreligion verschriebene literarische Strömung wie der Naturalismus bleibt in ihrer Bildwahl ganz in der christlich-okzidentalen Tradition beheimatet. Man muss nur die frühen Familiendramen Gerhart Hauptmanns lesen, um sich davon zu überzeugen, wie tief die naturalistische Milieutreue in religiösen Mustern verhaftet ist, deren Zentrum fast durchweg Fragmente oder – da die Dramen immer einen katastrophalen Ausgang nehmen – *kontrastive Erinnerungsspuren* der Heiligen Familie bilden.

Dafür lassen sich unterschiedliche Gründe angeben. Das Bildinventar der Heiligen Familie kommt dem kleinfamilialen Zuschnitt des bürgerlichen Lebens im 19. Jahrhundert entgegen. Überhaupt wird ja in dieser Zeit die Familie zu einem von Liebe erfüllten Andachtsraum hochstilisiert – wie die Geschichte des Weihnachtsfestes zeigt[278], das sich von einer geselligen Feier zum innerfamiliären Schlüsselritual des Kirchenjahres fortentwickelt. Kinderglück am Weihnachtsabend ist seither ein beliebtes rührseliges Hintergrundstereotyp, vor dem sich die Kälte der tatsächlichen zwischenmenschlichen Beziehungen umso unbarmherziger abzeichnet.

Doch der Rückbezug auf die christliche Heilige Familie hat nicht nur diesen biedermeierlich-nostalgischen Unterton. Denn auch feindselige Regungen gegen die Familie lassen sich mit einem biblischen Index versehen. Sie können das Vorbild Jesu als Familienrebell, als Sohn mit missionarischem Erneuerungsanspruch, als Zerstörer der Tradition in Anspruch nehmen und aktualisieren. Diese Spur des Evangelienberichts fügt sich gut in die seit dem 18. Jahrhundert vordringende Individualitäts- und Innovationssemantik ein.

In der sozialen Ordnung Alteuropas bestand die Rolle des Sohnes darin, die Linie der Väter *weiterzuführen*. Im Ebenbild des Sohnes sollte der Vater in verjüngter Form wiedererstehen. Der Sohn war in

einem gewissen Sinn die Reinkarnation der väterlichen Autorität. Die
Generationenfolge bestand in einer Kette von *Verähnlichungsrelatio-
nen*, deren Stetigkeit alle zeitlichen Wechselfälle überwölbte und
unwesentlich machte. Mit dem Wachstum der Kluft zwischen Neuem
und Altem, mit dem Entstehen eines genuin historischen Bewusstseins
in der Neuzeit erhält dieser genealogische Traditionalismus immer tie-
fere Risse. Er kann die Bruchstellen im Generationenwechsel, die
zunehmende Unvereinbarkeit der Altersperspektiven nicht mehr ver-
decken.

Aufstand der Söhne

Man hat den Sturm und Drang als erste Jugendbewegung der
Literaturgeschichte bezeichnet. Daran ist richtig, dass um 1770 ein Vo-
kabular der Andersartigkeit der Jungen, ihrer gemeinschaftlichen Abweichung von der Normenwelt der Eltern entworfen wird, das sich als
modellbildend für spätere Selbstbeschreibungen der ›Jugend‹ erweist
– vom ›Jungen Deutschland‹ vor 1848 bis hin zum Jugendstil. Je mehr
die Lebenswelt von der Dynamik historischer *Beschleunigung* erfasst
wird, desto größer werden die weltanschaulichen und individuellen
Polarisierungen zwischen denen, die das Herkommen verkörpern, und
denen, die für die Zukunft und damit für den Bruch mit dem Herkommen stehen. Während das Herkommen die Heiligkeit dessen, was seit
jeher gilt, für sich geltend macht, kann sich der Entwurf der ›Zukunft‹
auf die messianische Heiligkeit dessen, was kommen wird, gründen.

Ín der Literatur der Moderne um 1900 radikalisiert sich dieser Gene-
rationenkonflikt. Er wird in den Texten (und wohl auch in der sozialen
Realität) im Wesentlichen unter Männern ausgetragen; mit anderen
Worten, er bleibt eine *homosoziale* Angelegenheit.

Die Rivalität zwischen Vätern und Söhnen beschränkt sich nicht auf
den Bezirk der Familie. Sie artikuliert einen Traditions- und Zeiten-
bruch von allgemeiner Bedeutung, eine *Entscheidungskrise* zwischen
Vergangenheit und Zukunft, die in den Avantgarden und im Ersten
Weltkrieg kulminiert. In diesem Rahmen tritt der Vater als Archetyp
einer hinfällig gewordenen, aber in ihrem Niedergang umso repres-
siveren Ordnung auf. Ihm stellt sich der Sohn als der zerbrochen-

verzagende oder schwärmerisch-visionäre Anhänger des Neuen, Nie-Dagewesenen entgegen. Im Bild des Sohnes und seines Leidens an der feindseligen Väterwelt versammeln sich messianische Züge. Auf diesem Weg kommen immer wieder Bruchstücke der christlichen Familiengeschichte ins Spiel. Was deren Motivwelt auch in dem schon weitgehend nachchristlichen Textmilieu der Jahrhundertwende ein erstaunliches Beharrungsvermögen verleiht, ist die Tatsache, dass sie als Präfiguration des Generationenkampfes unter Männern gelesen werden kann.

Und die Mutter? Sie wird immer mehr zum ›Einsatz‹ im Kampf zwischen den Männern beider Generationen. In den Dichtungen des 19. Jahrhunderts herrschen zwei sich berührende Mutterbilder vor. Zum einen die liebende Mutter romantischer Prägung, die das Kind umfängt, stillt, lehrt, alphabetisiert[279] – eine Hüterin jener intimen häuslichen Zone, die sich im Prozess der Verbürgerlichung der Familie herausgebildet hat. Diese Mutter geistert durch die Dichtungen als versunkenes, aber lebensbestimmendes Urbild einer frühen und sehnsuchterweckenden Bindung.

Zum anderen die Figur der herabgestiegenen, für das Leben in dieser Welt zurückgewonnenen Madonna. Die Dichter phantasieren Maria als Geliebte und als Objekt eines erklärtermaßen erotischen Besitzwunsches. Theodor Mundts Losung von der »Wiedereinsetzung des Fleisches« ist Bestandteil einer »Madonna« betitelten Reiseerzählung von 1835, die einen handfesten literatur- und zensurpolitischen Skandal provoziert[280]. Mundts journalistisch-politische Chronik mixt Marienheiligkeit, Frauenemanzipation und körperliche Erotik so lange ineinander, bis daraus eine von den Zeitgenossen als zutiefst anstößig empfundene Liebesgeschichte entsteht. Oft wird allerdings in derartigen Textphantasien – etwa in Heines »Reise von München nach Genua« – Maria als Geliebte durch Tod oder höhere Fügung dem Begehren des Mannes entzogen.

Zwar ahmt das Mutterbegehren, Marienbegehren der literarischen Werke eine katholische Glaubensfigur nach: Der Gläubige sucht durch Vermittlung der Jungfrau Zugang zur Transzendenz, zur Liebe Gottes; aber die Dichtungen im Anbruch der Moderne *pervertieren* diese Figur. Sie entkleiden die Marienverehrung ihres spirituellen Charakters und verschieben sie in ein Feld diesseitiger Begehrensansprüche. Und dieses erotische Verlangen weist nicht mehr den Weg zu Gottes Erhabenheit, sondern findet seinen Ort im Rahmen einer erklärten Vater-Sohn-Konkurrenz. Es läuft darauf hinaus, die Frau an Gottes Seite zu *entwenden* und dem Sohn (im generationellen wie theologischen Sinn: dem Jüngeren, dem Menschen) zu übereignen.

Die Zeit nach 1900 ist eine Epoche des Vatermords. Der männliche Generationendissens hat sich auf eine Weise verschärft, die zu gewalttätigen Lösungen drängt. Den Gewalteruptionen der expressionistischen Vatermord-Dichtungen (bei Hasenclever, Werfel, Bronnen, um nur die bekanntesten zu nennen) geht literarhistorisch jedoch ein langes Martyrium, eine *Passion* der Söhne voraus.

Die naturalistischen Familiendramen von August Strindberg bis Gerhart Hauptmann führen eine Welt vor, in der die Väter kranke, gebeugte, zwangsneurotisch-vereinsamte Figuren sind. Ihre Tyrannei trägt das paradoxe Antlitz autoritärer Hilflosigkeit. Diese Paradoxie pflanzt sich auf die Söhne fort, deren Befreiungswunsch von einer merkwürdigen Sehnsucht nach Wiederherstellung der Vaterautorität konterkariert wird. Es sind schwache Gestalten, deren Aufbegehren von dem Wunsch zu scheitern durchkreuzt und ins Ausweglose geführt wird.

Eine solche Figur, die an ihrem eigenen Widerspruch zugrunde geht, wird in Gerhart Hauptmanns Künstlerdrama *Michael Kramer* aus dem Jahr 1900 vorgestellt. Arnold Kramer, Sohn des Titelhelden, kann dem Erfolgsdruck nicht standhalten, unter den ihn das herrische Vorbild des Vaters setzt, der seit Jahren insgeheim an einem Meisterwerk arbeitet: einem »Christusbild«[281]. Arnold ist hässlich, verwachsen, linkisch, unaufrichtig, vermag dem Vater nicht Rede und Antwort zu stehen und wird von ihm machtvoll verdammt. Seine charakterliche Schwäche lässt ihn in Verwicklungen geraten, die ihn schließlich das Leben kosten. Doch genau in diesem Moment ändert der Vater sein Verhalten. Er trägt ihm nun die Zärtlichkeit und Hochachtung nach, die er ihm zu Lebzeiten vorenthielt. Genauer gesagt, er vergöttert den toten Sohn.

Die Schlussszene des Dramas ist ein Akt der Kommunion. Im Hintergrund liegt, wie auf einem Altar, der Tote aufgebahrt. Der Vater führt das Wort; aber seine Redemacht ist gebrochen. »Trinken« will er, »opfern« im Angesicht der »großen Majestät«.

Das ganze Leben war ich sein Schulmeister. Ich habe den Jungen malträtiert, und nun ist er mir so ins Erhabne gewachsen. [...] ich bin zusammengeschrumpft. Ich bin ganz erbärmlich vor ihm geworden. Ich sehe zu diesem Jungen hinauf, als wenn es mein ältester Ahnherr wäre![282]

In dieser Schlussszene ist Arnold Kramer mit dem künstlerischen Sujet seines Vaters identisch geworden: eine Messiasgestalt. Sein Passionsweg ist vollendet. Er hat sich dem Vater geopfert, der dadurch in seiner gottgleichen Autorität bestätigt zu werden scheint. Aber Hauptmanns Dramenheld kehrt von sich aus das Machtverhältnis um; er macht sich klein vor dem Messias der nächsten Generation. Der Messianismus der Jungen ist also nicht deren eigene ›Errungenschaft‹, sondern wird ihnen von den Alten geradezu aufgenötigt. Das klassische Patriarchat ist aus den Fugen geraten. Während die Söhne die Väter dabei unterstützen, ihr Herrschaftsgebaren aufrechtzuerhalten, münzen die Väter das Leiden ihrer eigenen Söhne in religiös grundierte Heilsvorstellungen um.

Wenig mehr als ein Jahrzehnt später verkehrt sich das Opferverhältnis ins Gegenteil. Walter Hasenclevers expressionistisches Drama *Der Sohn* zeigt das schon in der typologisch umbesetzten Titelrolle. Es bebt von dem pathetischen Wunsch, der morbiden und an ihr Ende gelangten Tyrannei der Väter den Todesstoß zu versetzen. Und dies in einem ganz handgreiflichen Sinn (auch wenn redaktionelle Rücksichten aus dem ursprünglich vorgesehenen Mord einen tödlichen Herzanfall des Vaters machen). Auch bei Hasenclever wird der Sohn zur messianischen Figur erhoben. Doch scheinen die Ambivalenz gegenüber der väterlichen Autorität und die daraus hervorgehende Selbstlähmung nun überwunden. Die revoltierenden Söhne fügen sich nicht mehr in ein Opferdispositiv, sondern geben offen ihren Vatermord-Gelüsten nach. Hasenclevers Stück inszeniert den Vatermord als ausdrückliche *Umkehrung* der Passion Christi: »Du brauchst keinen Christus am Kreuz«, sagt dort der Freund, der die Fäden der Revolte zieht. »Töte, was dich getötet hat!«[283] Zu dem Mordvorhaben gesellt sich erotische Unbotmäßigkeit; der Sohn macht seine Erzieherin, die ihm die Mutterstelle vertritt, zur Geliebten – mit dem expliziten Vorsatz, den väterlichen Herrschaftsbereich zu »schänden«[284].

Es ist unübersehbar, dass sich in den dichterischen Generationenkämpfen das Gewicht zugunsten der Söhne verschiebt. Auch die Rolle der phantasierten Mutterfigur wandelt sich: Sie ergreift nun politisch und sexuell Partei für den jüngeren der beiden Rivalen. Auf diese Weise wird die immer wieder in Anspruch genommene Christus-Nachfolge von ödipalen Begehrensstrukturen durchsetzt. Anders aber als Ödipus, der nach seinem doppelten Verbrechen aus dem Gemeinwesen ausgeschlossen und verbannt wird, ist der Vatermord der expressionistischen Messias-Gestalten eine *kollektivierende* Tat. Sie stiftet ein neues, fraternales Regime: durch Machtergreifung der Söhne. So der phantasmatische Ablaufplan, den Psychoanalyse und Poesie fast zeitgleich und teilweise unabhängig voneinander entwerfen.

Im Antagonismus zwischen Vätern und Söhnen werden nicht nur Dichotomien vom Typ Tradition versus Revolution oder Gesetz versus Mission mitverhandelt. Es stehen auch zwei Formen männlicher Herrschaft auf dem Spiel: das Patriarchat alten Typs auf der einen, der vaterlose[285], von politischen Heilserwartungen beseelte Brüderbund auf der anderen Seite. Gerade diese letzte Entgegensetzung macht es möglich, dass sich die Wirkungsgeschichte christologischer Motive mit Pathosformeln des heraufziehenden Nationalsozialismus verbindet. In Joseph Goebbels' Erweckungsroman *Michael* ist Christus *die* zentrale Figur – antisemitisch vereinnahmt als Allegorie für die von den Juden geknechteten, ihrer Auferstehung harrenden Deutschen[286].

Von der christlichen Passion zur ödipalen Rivalität

Mit Freud hat man gelernt, den Zyklus, den Jesus durchläuft – vom Kind in der Krippe, auf das der liebende Blick der Mutter fällt, zum Leichnam in ihren Armen, wie ihn die Pietà-Darstellungen zeigen, und schließlich zur himmlischen Brautschaft zwischen beiden – als Ausdruck einer inzestuösen Bindung zu lesen. In der Tat gewinnt die Heilige Familie seit dem Aufkommen der *mater-dolorosa*-Motivik und der Brautmystik im 13. Jahrhundert eine Färbung, die sie für eine solche Lesart geeignet macht. Es hat nicht an entsprechenden Versuchen gefehlt, dem Mythos der Heiligen Familie den von Freud wieder entdeckten Ödipus-Mythos unterzulegen.

Zwischen beiden gibt es aber massive und unauflösliche Diskrepanzen. Die augenfälligste besteht darin, dass im Neuen Testament nicht der Vater, sondern der Sohn zu Tode kommt. Und dieser ›Sohnesmord‹ lässt sich nicht einfach, wie Freud das in seiner Schrift über den *Mann Moses* versucht, als symmetrische Strafe für ein urzeitliches Tötungsverlangen gegenüber dem Vater und für den Besitzanspruch gegenüber der Mutter interpretieren. Wenn man das Verhängnis des Ödipus durch die Passion Christi hindurch fortgelten lässt, dann bleibt deren theologischer Kern, die Botschaft der Sühne und der Versöhnung, ohne Bedeutung.

Die Evangelien enthalten nicht das geringste Anzeichen eines regressiven Wunsches Jesu nach Vereinigung mit der Mutter; im Gegenteil. Derartige Phantasien kommen in der christlichen Ikonographie erst sehr viel später zum Zuge. Die Zusammenkunft von Mutter und Sohn ist chronologisch und bildgeschichtlich nicht Ursache, sondern *Folge* der Sohnestötung. Maria beugt sich liebend-symbiotisch über ihren toten und durch den Tod entmännlichten Sohn. Die Nähe zu ihrem wiedergewonnenen Kind wird überhaupt erst durch das Sohnesopfer gestiftet. So groß Marias Schmerz ist, so wenig begehrt sie gegen den Erlösertod, den Gott verfügt hat, auf; dazu ist ihre Einsicht in den Erlösungsplan Gottes, oder, anders formuliert, ihre Komplizenschaft mit dem Vater zu groß. Sie gibt keinem gewissermaßen posthumen Begehren des Sohnes nach, sondern handelt in einem leidenswilligen Einverständnis mit dem unsichtbaren, aber die Geschicke lenkenden Großen Dritten der Trauerdyade.

Jesu Leben hinterlässt den Malern und Dichtern der christlichen Ära ein doppeltes Vermächtnis. Das ist zum einen die Geschichte der *Ablösung* von der Familie und ihrer Ersetzung durch die Gottessohnschaft und den Jüngerkreis. Und es ist zum anderen die Geschichte der Passion, verknüpft mit Bildern der *Heimholung* des Körpers des Sohnes. Diese Geschichte entfaltet als narratives Muster für männliche Biographien eine jahrhundertelange Wirksamkeit. Sohn-Sein ist in der europäischen Kultur ohne diesen christologischen Subtext nicht hinreichend erfassbar. Es trägt die Spannung zwischen zwei Zielvorgaben aus: substantielle Einheit mit dem Vater im Himmel, Verherrlichung, Beteiligung am göttlichen Regiment; aber als Bedingung dafür der Leidensweg, die Verlassenheit und der Tod – allerdings unter der trostlos-tröstlichen Anteilnahme der Mutter.

Gnadenthron. Louvain, St. Pierre, 1450

Wenn die Psychoanalyse diesem Muster der duldenden Passion das Muster einer aggressiven ödipalen Konkurrenz mit dem Vater unterschiebt, dann akzentuiert sie nicht nur die innere Dramaturgie der christlichen Modellfamilie um. Sie nimmt darüber hinaus an dem Schaltplan, der den Reproduktionsmechanismus von patriarchaler Macht überhaupt steuert, gravierende Änderungen vor. Die patrilineare Machtfolge regelt sich nach psychoanalytischer Lesart nicht mehr durch *Eingehen in die Identität mit dem Vater* um den Preis der Selbstopferung als Sohn, sondern durch die phantasmatische *Tötung und Ersetzung des Vaters*; nicht durch Affiliation, sondern durch Substitution. In beiden Ablaufplänen sind Vater und Sohn letztlich wesensgleich. Mit dem entscheidenden Unterschied, dass das christologische Modell die Souveränität des Vaters unangefochten lässt und ihm den Sohn gleichsam als Juniorpartner beigesellt, während die Generationenfolge im ödipalen Schema eine Serie *feindlicher*, kämpferischer Identifizierungen mit der jeweiligen Vaterfigur ist.

Der Gegensatz zwischen christlicher Passion und ödipaler Rivalität bildet eine langfristige soziohistorische Umgewichtung im Machtverhältnis zwischen den Generationen ab. Statt die Heilige Familie rückwirkend mit Freudschen Kategorien zu beschreiben, wäre es deshalb sinnvoller, umgekehrt den historischen Ort der Psychoanalyse näher zu bestimmen: Im späten 19. Jahrhundert, zu einem Zeitpunkt, an dem die kulturelle Hegemonie des Christentums endgültig zerbricht. Freuds Grundlagenarbeiten zum Thema Religion erscheinen in einer Epoche, in der politische, religiöse und literarische Vatermordphantasien grassieren. *Totem und Tabu* bietet nur eine Spielart davon. In all diesen Phantasien geht die *Gewalt* vom Vater auf den Sohn über – eine genuin moderne Einstellung, die im Denkraum der christlichen Theologie nicht unterzubringen ist. Das Prinzip der Ahnenreihe, das dem Sohn seinen Platz am Ende einer langen Folge väterlicher Autoritäten zuwies, gilt nun als überlebt und wird aufgehoben. An seine Stelle tritt ein Ethos des Neubeginns *jenseits der Autorität* – eines Neubeginns um der Zukunft, der Jugend, der Söhne willen. Die Psychoanalyse hat es aus unmittelbarer Zeitgenossenschaft mit den *double binds* und Hasslieben zu tun, die sich aus einer solchen Situation des Aufbruchs aus dem väterlich konnotierten Autoritätensystem älterer Prägung ergeben.

Freuds Coup besteht darin, die christliche Tradition in drei neuralgischen Punkten zu ›kippen‹. Erstens macht er deren fundamentale Unterscheidung zwischen sinnlicher (Eros) und übersinnlicher Liebe (Agape) rückgängig. Dadurch entzieht er dem Gebäude christlicher Sublimierungsleistungen den Boden. Zweitens gelingt es der psychoanalytischen Theorie, die kulturelle Imagination vollständig umzupolen, indem sie das Bild des leidenden Erlöser-Sohnes hinter dem spektakulären Sujet eines seit je herbeigesehnten Vatermordes, das Bild der trauernden Mutter hinter demjenigen der begehrten Frau des Vaters verblassen lässt. Diese Umpolung ist so pertinent und so *unwiderstehlich*, dass man Mühe hat, sich an die ältere Semantik des gottgegebenen Martyriums überhaupt nur zu erinnern. *Rückwirkend* scheint es, als wäre die Generationenfolge immer schon von ödipalen Ambivalenzen und Ersetzungshandlungen skandiert worden. Es handelt sich hier um einen der wahrscheinlich raren Momente, in denen eine Theorie nachhaltig in die narrative Grundlegung des kulturellen Gedächtnisses einzugreifen vermochte.

Dies verbindet sich drittens damit, dass Freud die christliche Erzählung (Jesus) durch einen aus der griechischen Tragödie, das heißt aus heidnischen Quellen, abgeleiteten Mythos (Ödipus) überschreibt. Die gesamte abendländische Tradition ist ihrer Struktur nach bilingual. Sie hat zwei Ursprungsorte: Jerusalem und Athen. Die jüdisch-christliche Linie formte sich von Anfang an in Spannung zu der polymorphen Bild- und Denkwelt griechisch-römischer Prägung aus. Der monotheistische Gott, der Gott des Bilderverbots, lag mit den bildfreundlichen heidnischen Gottheiten im Streit. In ständig wechselnden Herrschafts-, Ausschluss- und Austauschbeziehungen existierten beide Imaginationswelten nebeneinander.

In dieser Auseinandersetzung kommt der Passionsgeschichte als sinnfälliger *Markierung der Differenz* ein besonderes Gewicht zu – bot sie doch einen unerschöpflichen Fundus für die dem Christentum eigene Andachtskultur, und zwar sowohl in den Pathosformeln des Schmerzes als auch im Eingedenken der Erlösung. Überdies artikulierte sie am entschiedensten die Grenzziehung zwischen christlichem und jüdischem Glauben. Von der Passion sind Juden auf doppelte Weise ausgeschlossen. Zum einen besiegeln Kreuzigung und Marienklage den Wechsel der Vaterposition und damit die Herauslösung Jesu aus seiner jüdischen Genealogie. Zum anderen sollen es ja die Juden gewesen sein, die ihren Messias verstießen und Jesu Tod forderten. In die Leidensdarstellungen ist der *strukturelle Antijudaismus der christlichen Religion* mit eingeschrieben, und entsprechend konnten sie nach Bedarf antisemitisch ausgemünzt werden.

Es hat deshalb eine eigene Pointe, dass die Umstellung des Codes der männlichen Sozialisation von Christus auf Ödipus, von der christlichen ›Erstsprache‹ des Abendlandes auf die heidnisch-antike ›Zweitsprache‹, das Werk eines jüdischen Diskursstifters ist. Freud, der zu den gebildeten jüdischen ›Philhellenen‹ der Krisenzeit der Moderne zählt, trägt jedenfalls das Seine dazu bei, die Normativierungen der christlichen Bildsprache zu entkräften. Es mag sein, dass spezifisch jüdische Erfahrungen in diesen Codewechsel eingehen – weniger aus individualpsychologischen Gründen als bedingt durch Konflikte der Assimilation, des innerjüdischen Abfalls vom Glauben der Väter. Doch spiegeln solche Konflikte generell das Übergangsdilemma einer Gesellschaft, die sich von religiösen Verpflichtungen freimachen will und sich so an den Geboten eines Gottes verschuldet, der noch mächtig ist, obwohl sie nicht mehr an ihn glaubt. In dieser *Desertion* aus religiösen Rücksichten steht Freud nicht allein, sondern führt das Werk anderer Kritiker der christlichen Religion weiter, allen voran des Pfarrerssohnes Friedrich Nietzsche. Die Kulturtheorie um 1900 widerruft den historischen Sieg des Christentums.

22. Restfamilien im Wohlfahrtsstaat

Die Ordnung der Familie ist im Rückzug begriffen. In den entwickelten Industrienationen verlieren verwandtschaftliche Beziehungen, die ihrer Natur nach nicht frei wählbar sind, zusehends an Gewicht. Zudem lässt der generelle Rückgang der Kinderzahl die Verwandtschaftsbäume schlanker werden; sie erstrecken sich fast ausschließlich in der Vertikale und bringen keine Seitentriebe mehr hervor. Die Rechtsprechung tendiert dahin, familiäre und nichtfamiliäre Lebensgemeinschaften gleichzustellen. In den urbanen Mittelschichten sind feste Familien inzwischen die Ausnahme, nicht die Norm. Die Ehe reduziert sich auf eine Bindung auf Zeit[287]. Viele Kinder wachsen in mütterlichen Kleinhaushalten mit wechselnden männlichen Bezugspersonen auf. Während die Mutter-Kind-Achse eine gewisse Stabilität bewahrt – wobei, jedenfalls in Deutschland, das Leitbild häuslicher Mutterschaft sich in ein nicht weniger perfektionistisches Anforderungsprofil der allein erziehenden Mutter transformiert[288] –, wird allenthalben die Krise der Vaterschaft ausgerufen. Oft mit nostalgischem Unterton, nachdem der antiautoritäre und familienkritische Reformeifer der siebziger Jahre verflogen ist.

Familienhistoriker beschreiben diesen Prozess neutraler als fortschreitende Funktions*entlastung* der Familie. Sie betrifft in der Langzeitperspektive stärker den Mann als die Frau. Sukzessive verliert er seine Vorrangstellung bei der Ausübung häuslicher Kult-, Schutz-, Gerichts-, Erziehungs- und Nährfunktionen[289]. Während die tägliche Erziehung und emotionale Fürsorge für das Kind im 18. Jahrhundert an die Mütter delegiert wurde – ein Sachverhalt, der noch für das heutige Scheidungsrecht grundlegend ist –, gehen die anderen patriarchalen Rechte und Pflichten weitestgehend an staatliche Stellen von der Schule über das Jugendamt bis hin zum Militär über. Lediglich aus seinen alimentatorischen Pflichten wird der leibliche Vater nicht entlassen; er teilt sie sich mit dem Wohlfahrtsstaat.

Die Bilder ähneln sich. Die Mutter-Kind-Dyade bleibt bestehen; sie hat sich im bürgerlichen Zeitalter sogar noch erheblich vertieft und gilt als unersetzbar. Der Vater ›vor Ort‹ dagegen führt eine Art Josephs-Existenz in verweltlichter Form. Er koexistiert auf prekäre und widersprüchliche Weise mit der modernen transzendentalen Vaterinstanz: dem Staat. Er hat die meisten seiner Attribute an den Staat abgetreten und verharrt am Rand der Bildszene, vielleicht an der Schwelle des Verschwindens[290]; doch muss er als ›Nährvater‹ einen Rest an Verantwortung tragen.

Eine eigentümliche Dialektik verbindet die Reduzierung patriarchaler Machtherrlichkeit und das Vordringen des Staates miteinander. In dieser Dialektik verfangen sich selbst aktuelle frauenpolitische Anliegen wie der Kampf gegen häusliche Gewalttätigkeit. So berechtigt solche Anliegen sind, in ihrem Legalismus arbeiten sie objektiv einer noch größeren Infiltrationstiefe der staatlichen Kontrolle über den einst der Familie vorbehaltenen Bereich zu. Ironischerweise verschieben sie – im Namen der Rechte der Frau – nur das Gewicht von einer vaterschaftlichen Instanz auf die andere. »Die Familie, zunächst als ›Satellit des Staates‹ vom Staat geformt und instrumentalisiert, fällt später der expansiven Kolonialisierung durch den Staat zum Opfer.«[291]

Doch der Staat ist nicht die einzige Agentur, die auf die Auflösung der Ordnung der Familie hinwirkt. Man muss ihn durch zwei weitere Mächte des Leben-Gebens ergänzen: die Medien und die Labors. Was die Neuen Medien betrifft, so stellen sie in vieler Hinsicht die technische Implementierung dessen dar, was in religiösen Termini als ein *Jenseits der Sinne* erschien. Im Mittelalter hieß Medientheorie: Engelskunde, Angelologie (was deren schwarze Seite, die Dämonologie, mit einschloss). Engel waren die Gesandten zwischen den Sphären, Überbringer von Botschaften, gleich ob mündlicher oder brieflicher Art. Dieser Nachrichtenverkehr, der jeden Einzelnen mit allen anderen Einzelnen zu einer großen Gemeinde zusammenschließt, der das beschränkte Individualwissen mit dem Allwissen in Beziehung setzt, der das, was man sieht, mit dem verbindet, was niemand sehen kann, ist heute, am Ausgang der Schriftkultur, auf andere Datenträger und informationelle Abläufe übergegangen.

Kaum weniger als zu Zeiten der Verkündigung an Maria brechen solche Sendungen in den häuslichen Interaktionsraum ein und *exzentrieren* ihn. Und kaum weniger als zu Zeiten der *ecclesia* werden kommunitäre Aggregate gestiftet, die gleichermaßen der Integration und Indoktrination der Gemeindemitglieder dienen. Aggregate einer medialen Vergesellschaftung, die das körperliche Beziehungsgefüge zwischen den Individuen unterbrechen und sie auf eine unzugängliche, ihrem Wesen nach unumfassbare und gerade darum Begehren erweckende Totalität ausrichten.

Das inflationäre Reden über die Neuen Medien, das sich seit Jahren ausbreitet, hat analytisch nicht viel eingetragen. Es bezeugt aber ein vitales Bedürfnis, die Sprache des Heiligen in eine Rhetorik der Virtualität umzugießen. Das Internet ist vielleicht nicht weniger ein mystischer Ort, als es die Kirche war. Es schafft einen Bereich der Konnektivität zwischen allem und jedem, der Ent- und Restrukturierung aller sinnlich vorfindbaren Gegebenheiten, und zwar auf ähnliche Weise, wie ihn seinerzeit die großen theologischen Schriftarchive hervorgebracht haben.

Währenddessen setzen die Bio-Laboratorien den lang gehegten Wunsch nach Abschaffung des auf fleischliche Weise gezeugten und biologisch begrenzten, mit einem Wort des kreatürlichen Menschen in die Tat um. Auch hier scheint es, als würden die modernen Produktionsagenturen von alten, ihnen unbewussten theologischen Programmen gesteuert. Die christliche Theologie wirkt rückblickend wie eine Konzept-Avantgarde für *die* große abendländische Transformationsbewegung: von der natürlichen zu der aus dem Geist (wieder) erschaffenen Existenz, vom Kreatursein über die Versuche, den Menschen zu spiritualisieren, zu dem sich heute abzeichnenden technischen Posthumanismus.

Labors sind Wunschmaschinen. Ihr Wissen-Wollen agiert Wünsche aus, die in den Versuchsanordnungen unsichtbar bleiben. Man könnte, um Freud zu belehren, von einer ›archaischen Erbschaft‹ der technischen Verfahren sprechen. Einer dieser archaischen Wünsche zielt auf die Überwindung der fleischlichen Reproduktion. Er muss nun nicht mehr eine ganze Semantik der Keuschheit, der sittlichen Selbstüberwindung des Fleisches aus sich hervortreiben. Er geht vielmehr den Weg über *Jungfrauenmaschinen*, artikuliert sich *technisch* statt theologisch[292], und zwar nicht allein durch die instrumentell geschaffenen Fakten als solche – Samenbank, künstliche Zeugung, ungeschlechtliche genetische Replikation –, sondern auch durch das diffuse Zustimmungsmilieu, das solche Entwicklungen begünstigt und, trotz allen hier und dort geäußerten Unbehagens, unaufhaltsam zu machen scheint.

Der Körper der christlichen Jungfrau war für die Gläubigen Beweisstück eines *Gegenentwurfs* gegen den sexuellen Prokreationismus der Welt. Aus dieser Perspektive rückt Marias Empfängnis des Heiligen Geistes in den Ausgangspunkt all jener nichtsexuellen Produktionsweisen und zölibatären Maschinen, die in erklärtem Wettstreit mit der geschlechtlichen Fortzeugung stehen und die von den kulturellen statt natürlichen Schöpfungsmächten Zeugnis ablegen. Die abendländische Überlieferung ist voll von solchen Versuchsanordnungen künstlicher Produktion, seien sie übernatürlicher oder technischer Art. Das Technische und das Übernatürliche bilden in diesem Zusammenhang keinen Gegensatz. Sie sind durch die gemeinsame Opposition zur Welt des Geschlechts miteinander verbunden und gehen zahllose narrative Legierungen ein. Sie erzählen von dem immer neuen Zusammenschluss zwischen ›Geist‹ und ›Matrix‹, von den wunderbaren Hervorbringungen dieser Union und vom Zurückbleiben des bloß natürlichen Menschen.

Die Gedächtnistheorie nennt die Verliese, in denen das Verschwiegene und Verdrängte zu Hause ist und von denen aus es sein gespenstisches Unwesen treibt, »Krypten«[293]. Wenn die gentechnischen Labors eine Krypta haben, so findet sich eine wieder erkennbare Figurengruppe darin. Und wenn sie zu ihrer eigenen Zwecksetzung Geschichten erfinden – realwissenschaftliche Sciencefiction, die mit den literarisch-filmischen Fiktionen des Neuen Menschen engen Austausch unterhält –, dann sind es Geschichten von der *Erlösung aus der Gefangenschaft des Fleisches*, deren Grundmuster aus einer fernen Zeit stammt.

Es hätte auch ganz anders kommen können, vom Jahr eins aus gesehen. Wahrscheinlich hätte es Myriaden von Möglichkeiten gegeben. Eine Serie von Zufällen hat dazu geführt, dass man *in der Retrospektive* die zurückliegenden zweitausend Jahre als Nachgeschichte der Heiligen Familie erzählen kann.

Anmerkungen

1 Hans Maier, *Die christliche Zeitrechnung*, Freiburg u. a. 1991, S. 42

2 Unter anderem: Joachim Gnilka, *Jesus von Nazareth*, Freiburg 1990. – Klaus Berger, *Wer war Jesus wirklich?*, Stuttgart 1995

3 Marina Warner, *Maria. Geburt, Triumph, Niedergang – Rückkehr eines Mythos?*, München 1982. – Ida Magli, *Die Madonna. Die Entstehung eines weiblichen Idols aus der männlichen Phantasie*, München Zürich 1990. – Klaus Schreiner, *Maria. Jungfrau, Mutter, Herrscherin*, 2. Aufl. München 1996

4 Adolf Holl, *Die linke Hand Gottes. Biographie des Heiligen Geistes*, München 1997

5 Luther Link, *Der Teufel. Eine Maske ohne Gesicht*, München 1997

6 Jean-Louis Flandrin, *Familles. Parenté, maison, sexualité dans l'ancienne société*, Paris 1976, S. 10 ff.

7 Bibelzitate hier und im Folgenden nach der Luther-Bibel, Ausgabe Stuttgart 1968.

8 »Damit ist alles gesagt, was der Engel zu sagen hat. Das entspricht wiederum einer alten hebräischen Tradition, der gemäß der Bote (Engel) und die Botschaft identisch sind. Deshalb kann auch nach talmudischer Auffassung ein Engel jeweils nur *eine* Botschaft ausrichten, *eine* Sendung vollziehen. Der Bote ist die Botschaft, auch und gerade in diesem Fall, denn offenbar wird Maria schon durch die Verkündigung selbst schwanger vom Heiligen Geist.« (Schalom Ben-Chorin, *Mutter Mirjam. Maria in jüdischer Sicht*, 8. Aufl. München 1994, S. 41)

9 Caroline Walker Bynum, *Jesus as Mother. Studies in the Spirituality of the High Middle Ages*, Berkeley u. a. 1982

10 Vgl. Elisabeth Gössmann, »Reflexionen zur mariologischen Dogmengeschichte«. In: Hedwig Röckelein u. a. (Hg.), *Maria – Abbild oder Vorbild? Zur Sozialgeschichte mittelalterlicher Marienverehrung*, Tübingen 1990, S. 19–36. Dort S. 23

11 Gabriela Signori, »Die verlorene Ehre des heiligen Joseph oder Männlichkeit im Spannungsfeld spätmittelalterlicher Alterssterotypen. Zur Genese von Urs Grafs ›Heiliger Familie‹ (1521)«. In: Klaus Schreiner und Gerd Schwerhoff (Hg.), *Verletzte Ehre. Ehrkonflikte in Gesellschaften des Mittelalters und der Frühen Neuzeit*, Köln Weimar Wien 1995, S. 183–213. Dort S. 213

12 Edgar Hennecke und Wilhelm Schneemelcher (Hg.), *Neutestamentliche Apokryphen in deutscher Übersetzung*, Bd. 1: *Evangelien*, 4. Aufl. Tübingen 1968, S. 283

13 ebd.

14 Vgl. H.-M. Guindon, »L'Angoisse de Saint Joseph«. In: *Cahiers de Josépho-logie* XXIV, No 2, Montreal 1976, S. 187 ff.

15 Vgl. Christoph Burger, *Jesus als Davidssohn*, Göttingen 1970, S. 91 ff.

16 Vgl. *Jüdisches Lexikon. Ein enzyklopädisches Handbuch des jüdischen Wissens in vier Bänden*, Nachdruck der ersten Auflage Berlin 1927, Frankfurt / M. 1987, Bd. 1, Art. ›Adoption‹, Sp. 108. – Dazu und mit weiteren Literaturhinweisen: Uta Ranke-Heinemann, *Nein und Amen. Anleitung zum Glaubenszweifel*, Hamburg 1992, S. 82 ff.

17 Ida Magli, *Die Madonna* (Anm. 3), S. 100

18 vgl. Schreiner, *Maria* (Anm. 3), 423 ff.

19 zit. n. Joseph Seitz, *Die Verehrung des hl. Joseph in ihrer geschichtlichen Entwicklung bis zum Konzil von Trient dargestellt*, Freiburg 1908. S. 46. – »[...] *Epiphanius* führt diesen Gedanken weiter aus, wenn er sagt: ›Die Jungfrau wurde dem Joseph übergeben ... zum Zeugnis für die kommenden Dinge, damit offenbar würde, dass die von Gott angenommene menschliche Natur nicht aus einem Ehebruch stamme, sondern in Wahrheit erwiesen werde als entstanden ohne den Samen eines Mannes, allein durch die Kraft und Wirksamkeit des Heiligen Geistes.‹« (ebd., 47)

20 »The God of early medieval writing and art is a judge and king, to whom propitiation is offered by the hordes of monks presenting correct and beautiful prayers before countless altars; Christ is a prince, reigning from the throne of the cross after defeating humankind's captor, and Mary is his queen. The fundamental dramas of religion are cosmic – wars between Christ and the devil, saints or angels and demons. [...] In contrast, eleventh- and twelfth-century writers begin to stress Christ's humanity, both in affective and sentimentalized responses to the gospel story [...] and in a new compulsion to build into the Christian life a literal imitation of the details of Jesus' ministry. The fundamental religious drama is now located within the self, and it is less a battle than a journey – a journey toward God.« (Bynum, *Jesus as Mother* (Anm. 9), 16 f.) Zur Vermenschlichung des Christusbildes in der Renaissancemalerei vgl. Leo Steinberg, *The Sexuality of Christ in Renaissance Art and in Modern Oblivion*, 2. Aufl. Chicago London 1996.

21 Dies allerdings in Anwendung einer auf anderem Grund entstandenen, nämlich psychoanalytischen Terminologie. So fasst Luisa Accati feministische Forschungen dahingehend zusammen, »that the archetypal model of the possessive mother appears to be the Madonna. All those figures of

Virgin and child hold their sons with expressions of pride, fulfilment and self-satisfaction. The Madonnas thus sing an eulogy to the mother-woman who finds happiness and self-fulfilment outside the father.« (Luisa Accati, »The larceny of desire: The Madonna in seventeenth-century Catholic Europe«. In: Jim Obelkevich u. a. (Hg.), *Disciplines of Faith. Studies in Religion, Politics and Patriarchy*, London u. a. 1987, S. 73–86. Dort S. 75)

22 »Ihre Apotheose erreicht die Einordnung der mütterlichen Libido im Umkreis des Todesmotivs. Die *Mater dolorosa* kennt keinen anderen männlichen Körper als den ihres toten Sohns, und ihr einziges Pathos (das sich von der sanften und etwas abwesenden Heiterkeit der stillenden Madonnen abhebt) ist das der Tränen über einen Leichnam.« (Julia Kristeva, *Geschichten von der Liebe*, Frankfurt/M. 1989, S. 243)

23 Dies in Abweichung von Elisabeth Bronfen, *Nur über ihre Leiche. Tod, Weiblichkeit und Ästhetik*, München 1994

24 Zum nationalsozialistischen Mutterkult: Claudia Koonz, *Mütter im Vaterland*, Freiburg 1991

25 Vgl. Viktoria Schmidt-Linsenhoff, »Kohl und Kollwitz. Staats- und Weiblichkeitsdiskurse in der Neuen Wache 1993«. In: Annette Graczyk (Hg.), *Das Volk. Abbild, Konstruktion, Phantasma*. Berlin 1996, S. 185–203

26 Theologisch ist das unter anderem entfaltet bei Aurelius Augustinus, *Heilige Jungfräulichkeit*, übers. I. M. Dietz, Würzburg 1952

27 Vgl. Peter Brown, *Die Keuschheit der Engel. Sexuelle Entsagung, Askese und Körperlichkeit im frühen Christentum*, München 1994, S. 271ff. – Susanna Elm, ›*Virgins of God‹. The Making of Asceticism in Late Antiquity*, Oxford 1994

28 »Die christliche Jungfrau ist tatsächlich mit Christus vermählt [...]. Der heilige Hieronymus behandelt die Mutter einer Geweihten als ›Schwiegermutter Gottes‹ und wendet die Gesetze, die die Ehe zwischen Mann und Frau regeln, auch auf die Ehe einer Jungfrau mit Christus an. Die Strafen, welche die dem wirklichen Ehemann untreu gewordenen Frauen treffen, sind auch den Jungfrauen auferlegt, die gegen ihr abgelegtes Gelübde verstoßen: Man behandelt sie entweder als Bigamistinnen oder Ehebrecherinnen und bestraft sie dementsprechend. Diese Ehewirklichkeit hat absonderliche Formen angenommen, die jedoch umso bezeichnender sind, wenn in den verschiedenen Zeremonien symbolisch eine Art ›erster Nacht‹ zwischen dem Bischof und der Neugeweihten dargestellt wird, indem symbolisch ein Hochzeitsgemach hergerichtet wird und der Bischof sich mit großem Pomp für eine Nacht ins Kloster begibt, begleitet von einer Prozession, in der das gut verhüllte und festlich geschmückte Bett gezeigt wird, in dem er schlafen würde. Doch das augenfälligste Zeugnis für die Übergabe der eigenen Frauen an Gott durch die Männer ist die

klösterliche Klausur und das Abschneiden der Haare. Es handelt sich hierbei um die beiden aussagekräftigsten Zeichen für den Verlust der Jungfräulichkeit in der Ehe und die Besitzergreifung durch den Mann.« (Magli,
Madonna, (Anm. 3), 31f.)

29 Dante, *Divina Commedia, Paradiso*, Anfang des 33. Gesangs
30 Vgl. Helga Sciurie, »Maria-Ecclesia als Mitherrscherin Christi. Zur Funktion des Sponsus-Sponsa-Modells in der Bildkunst des 13. Jahrhunderts«.
In: Röckelein, *Maria, Abbild oder Vorbild?* (Anm. 10), S. 110–146, dort bes.
123 ff. – Helga Möbius, »Mutter-Bilder. Die Gottesmutter und ihr Sohn«.
In: Renate Möhrmann (Hg.), *Verklärt, verkitscht, vergessen. Die Mutter als
ästhetische Figur*, Stuttgart Weimar 1996, S. 21–38. Dort S. 34
31 Ernst H. Kantorowicz, *Die zwei Körper des Königs. Eine Studie zur politischen Theologie des Mittelalters*, München 1990, S. 223
32 Warner, *Maria* (Anm. 3), 139
33 Vgl. Kantorowicz, *Die zwei Körper* (Anm. 31). – Zum ikonographischen
Streit zwischen Kirche und Königtum: Sciurie (Anm. 30), 129
34 Warner, *Maria* (Anm. 3), 128. – Zum theologischen Hintergrund: Gössmann, »Reflexionen zur mariologischen Dogmengeschichte« (Anm. 10), 32
35 Vgl. Hugo Koch, *Adhuc virgo. Mariens Jungfrauschaft und Ehe in der altkirchlichen Ueberlieferung bis zum Ende des 4. Jahrhunderts*, Tübingen 1929
36 Vgl. Warner, *Maria* (Anm. 3), 286. »Die jungfräuliche Geburt Christi wirkte
allmählich auf alle Vorfahren Marias unbegrenzt zurück.« (ebd.)
37 vgl. Warner, *Maria*, 96 ff.
38 vgl. Gössmann (Anm. 10), 30
39 Warner, *Maria* (Anm. 3), 292 f.
40 Zur Vielgesichtigkeit der Maria: Schreiner, *Maria. Jungfrau, Mutter, Herrscherin* (Anm. 3). – Zur Ausdifferenzierung des christlichen Marienbildes in
der Antike: Hans Belting, *Bild und Kult. Eine Geschichte des Bildes vor dem
Zeitalter der Kunst*, München 1990, S. 44 ff.
41 Vgl. hierzu und zum Folgenden die knappe, informative Darstellung des
Artikels »Virgin Goddess« in der *Encyclopedia of Religion*, hg. Mircea
Eliade, 16 Bde., New York London 1987, Bd. 15, S. 276 ff.
42 Warner, *Maria* (Anm. 3), 73f.
43 *Encyclopedia of Religions*, Art. »Virgin Goddess« (Anm. 41)
44 ebd., 276 (eigene Übersetzung)
45 vgl. Schreiner, *Maria* (Anm. 3), 197 ff.
46 ebd., 57 ff. – Warner, *Maria* (Anm. 3), 324 ff.
47 »She is essentially one-in-herself. She is not merely the counterpart of a
male god.« (M. Esther Harding, *Women's Mysteries* (1955), S. 125, zit. n.
Encyclopedia of Religions, Art. »Virgin Goddess« (Anm. 41), 278)
48 *Encyclopedia of Religions*, ebd.

49 vgl. Magli, *Madonna* (Anm. 3), 99 ff.

50 Bernhard Lang, *Heiliges Spiel. Eine Geschichte des christlichen Gottesdienstes*, München 1998, S. 461

51 ebd., 464 f. – Zur semiologischen Dimension dieses Glaubensverständnisses: Jochen Hörisch, *Brot und Wein. Die Poesie des Abendmahls*, Frankfurt / M. 1992

52 Lang, *Heiliges Spiel* (Anm. 50), 473 f.

53 vgl. Bynum, *Jesus as Mother* (Anm. 9), 162

54 Lang, *Heiliges Spiel* (Anm. 50), 475

55 Das ist der Gegenstand von Bynums erwähntem Buch. Sie fragt sich, »why the use of explicit and elaborate maternal imagery to describe God and Christ, who are usually described as male, is so popular with twelfth-century Cistercian monks« (Bynum (Anm. 9), 112). – Mit der ›Verweiblichung‹ der Theologie geht eine Reform der kirchlichen Herrschaft einher: »Cistercian abbots were in fact increasingly called upon to respond with qualities that medieval men considered feminine. Anxious, even guilty about ruling, these religious leaders tried to create a new image of authority (both their own and God's) that would temper that authority with compassion and ›mothering‹.« (S. 157 f.)

56 Peter Brown, *Macht und Rhetorik in der Spätantike. Der Weg zu einem »christlichen Imperium«*, München 1995, S. 198

57 ebd., 199 f.

58 ebd., 198

59 Mit dem etwas grobschlächtig gehandhabten Instrumentarium der klassischen Psychoanalyse behandelt Ernest Jones dieses Thema: Ernest Jones, »Eine psychoanalytische Studie über den Heiligen Geist«. In: E. J., *Zur Psychoanalyse der christlichen Religion*, Leipzig u. a. 1928, S. 116–129. »In der christlichen Mythologie begegnen wir einer überraschenden Tatsache. Es ist die einzige Mythologie, in der die ursprünglichen Figuren nicht fortbestehen, in welcher die zu verehrende Dreieinigkeit nicht mehr in Vater-Mutter-Sohn besteht. Vater und Sohn erscheinen zwar noch immer, aber die Mutter, die Ursache des ganzen Konfliktes, ist durch die rätselhafte Gestalt des Heiligen Geistes ersetzt worden.« (S. 117)
»Obzwar in der christlichen Dreieinigkeit selbst der Heilige Geist die einzige Gestalt ist, welche die Urmutter ersetzt, so erscheint doch in der christlichen Theologie eine weibliche Figur, die Jungfrau Maria, die eine wichtige Rolle spielt. Es wäre somit richtiger zu sagen, dass die ursprüngliche Göttin ›zerlegt‹ worden ist – um einen mythologischen Terminus zu gebrauchen – in zwei Gestalten, deren eine der Heilige Geist wird und deren andere die Madonna ist.« (S. 126)

60 Der Zusammenhang zwischen feudaler Primogenitur, der Stärkung der

Monogamie einerseits und des Zölibats andererseits sowie dem Aufschwung des Marienkults ist häufig untersucht worden. Vgl. Georges Duby, *Ritter, Frau und Priester. Die Ehe im feudalen Frankreich*, 2. Aufl. Frankfurt/M. 1986, bes. S. 205 ff. – David Herlihy, »The Making of the Medieval Family: Symmetry, Structure, and Sentiment«. In: *Journal of Family History*, Summer 1983, S. 116–130

61 Ich zitiere die *Sermones* des Isaac von Stella nach der verfügbaren französischen Übersetzung: »Pour moi je déclare, je suis à présent un étranger et un pélerin ici-bas, c'est-à-dire dans le monde entier, comme si j'en étais nullement originaire; je ne suis pas fils de l'homme, mais fils de Dieu caché sous l'apparence et la ressemblance de l'homme; désormais, je ne suis plus le fils de mon père et de ma mère, ni le frère de mes frères, même s'ils disent, affirment et jurent faussement que je suis de leurs. [...] Ensemble nous sommes tous pupilles et orphelins; nous n'avons pas de père sur la terre car notre père est dans les cieux et notre mère est vierge. C'est de là que nous sommes originaires [...].« (Isaac de l'Etoile, *Sermons*, hg. A. Horte und G. Galet, 3 Bde., Paris 1967/74/87, Bd 2. = Sources chrétiennes 207. Sermon 29, S. 173)

62 *Des heiligen Ambrosius von Mailand Lukaskommentar mit Ausschluss der Leidensgeschichte*, übers. J. E. Niederhuber. = Bibliothek der Kirchenväter Bd. 21. Kempten München o. J. III. Buch, Kap. 2, S. 116 f.

63 Vgl. Cynthia Hahn, »›Joseph Will Perfect, Mary Enlighten and Jesus Save Thee‹: The Holy Family as Marriage Model in the Mérode Triptych«. In: *The Art Bulletin*, vol. LXVIII, No. 1, March 1986, S. 54–66. – »Joseph as Ambrose's ›Artisan of the Soul‹ in the Holy Family in Egypt by Albrecht Dürer«. In: *Zf. f. Kunstgeschichte* 47 (1984), S. 515–522

64 Marcel Lalonde hat verstreute Äußerungen der Kirchenväter zu diesem Thema gesammelt. »La conclusion générale qui se dégage de notre exposé sur l'évolution historique d'une typologie déterminée peut donc se formuler de la façon suivante: parce que le mariage des parents de Jésus symbolise les noces virginales du Christ et de l'Eglise, saint Joseph est la figure des prêtres, des évêques et même du Pape qui sont les époux *visibles* de l'Eglise, et surtout il est la figure du Christ lui-même, l'époux *invisible* de l'Eglise.« (Marcel Lalonde, »La signification mystique du mariage de Joseph et de Marie«. In: *Cahiers de Josephologie* XIX (1971), S. 548–563. Dort S. 562 f.)

65 Franz Courth, *Mariologie*. = Texte zur Theologie. Hg. W. Beinert u. a. Dogmatik 6, Graz Wien Köln 1991, S. 75 f. – Die Schreibweise des Textes wurde durch Weglassung von Klammern und editorischen Sonderzeichen vereinfacht.

66 ebd., 77

67 Origenes, *Gegen Kelsos*, bearbeitet von Karl Pichler. = Schriften der Kirchenväter, hg. Norbert Brox, Bd. 6, München 1986, 1. Buch, 17. Kap., S. 37

68 Jan Assmann, *Moses der Ägypter. Entzifferung einer Gedächtnisspur*, München Wien 1998, S. 76

69 ebd.

70 ebd., 77

71 Marie-Odile Métral, *Die Ehe. Analyse einer Institution*, Frankfurt / M. 1981, S. 319

72 ebd., 70

73 Gregor von Nyssa, *Über die Jungfräulichkeit*, übers. W. Blum. = Bibliothek der griechischen Literatur, hg. P. Wirth und W. Gessel, Bd. 7, Stuttgart 1977, Kap. II, S. 85

74 ebd., 85 f.

75 »Wenn du, Herrin, seine Mutter bist«, heißt es bei Anselm von Canterbury in einer an Maria gerichteten Gebetsmeditation, »sind dann nicht deine übrigen Söhne seine Brüder? Wer sind diese Brüder und wessen sind sie? Reden will ich, wovon mein Herz voll ist. Oder soll ich lieber schweigen, damit meine Lippen sich nicht hochmütig rühmen? Doch warum soll ich nicht jubelnd verkünden, was ich liebend glaube? [...] Unser Richter ist also zugleich unser Bruder; der Retter der Welt ist unser Bruder; unser Gott ist durch Maria unser Bruder geworden!« (In: Courth, *Mariologie* (Anm. 65), 174 f.)

76 So Bonaventura im 13. Jahrhundert. In: Courth, *Mariologie*, 185

77 Vgl. Kurt Ruh, *Geschichte der abendländischen Mystik*. Zweiter Band: *Frauenmystik und franziskanische Mystik der Frühzeit*, München 1993, S. 245 ff.

78 Vgl. Oskar Panizza, *Das Liebeskonzil. Eine Himmels-Tragödie in fünf Aufzügen*, hg. M. Bauer, Darmstadt 1988. – *Das Schwein in poetischer, mitologischer und sittengeschichtlicher Beziehung*, hg. R. Düsterberg, München 1994

79 Knut Boeser (Hg.), *Der Fall Oskar Panizza. Ein deutscher Dichter im Gefängnis. Eine Dokumentation*, Berlin 1989, S. 173

80 Juan Eduardo Tesone, »Psychoanalytische Bemerkungen zum Inzest: Das aufgelöste Dreieck?« In: *Psyche* 50 (1996), Heft 9 / 10, S. 836–849. Dort S. 842

81 Pierre Legendre, *L'inestimable objet de la transmission*, Paris 1985

82 Jacobus de Voragine, *Legenda aurea*. Deutsch von Richard Benz. Volksausgabe Jena 1925, Spalte 277–285. Dort Sp. 278. Alle folgenden Zitate: Sp. 279–281

83 Sigmund Freud, *Der Mann Moses und die monotheistische Religion. Schriften über die Religion*, Frankfurt / M. 1994, S. 67

84 ebd., S. 68

85 ebd., S. 54

86 vgl. Yosef Hayim Yerushalmi, *Freuds Moses. Endliches und unendliches Judentum*, Berlin 1991, S. 124

87 Assmann, *Moses der Ägypter* (Anm. 68), 213 ff.

88 Freud, *Der Mann Moses* (Anm. 83), 75

89 ebd., S. 87

90 Sigmund Freud, *Totem und Tabu. Einige Übereinstimmungen im Seelenleben der Wilden und der Neurotiker*, Frankfurt / M. 1991, S. 196

91 Freud, *Der Mann Moses* (Anm. 83), 89

92 Freud, *Totem und Tabu* (Anm. 90), 198

93 Freud, *Der Mann Moses* (Anm. 83), 91

94 ebd.

95 ebd., 112 ff., 131 f.

96 ebd., 92 f.

97 ebd., 96

98 ebd., 133

99 Herbert Marcuse, *Triebstruktur und Gesellschaft. Ein philosophischer Beitrag zu Sigmund Freud*, Frankfurt / M. 1982, S. 72

100 ebd.

101 Freud, *Der Mann Moses* (Anm. 83), 94

102 In *Totem und Tabu* kommt sie noch vor, aber nur reminiszenzenhaft und als Gegenstand einer definitiven Abtretung: »So bekennt sich denn in der christlichen Lehre die Menschheit am unverhülltesten zu der schuldvollen Tat der Urzeit, weil sie nun im Opfertod des einen Sohnes die ausgiebigste Sühne für sie gefunden hat. Die Versöhnung mit dem Vater ist umso gründlicher, weil gleichzeitig mit diesem Opfer der volle Verzicht auf das Weib erfolgt, um dessentwillen man sich gegen den Vater empört hatte.« (Freud, *Totem und Tabu* (Anm. 90), 209)

103 Frankfurt / M. 1992, zuerst München 1979

104 Yerushalmi, *Freuds Moses* (Anm. 86), 121

105 ebd., 134. Alle folgenden Zitate ebd., 134–138

106 vgl. Magli, *Madonna* (Anm. 3), 21

107 René Girard, *Das Heilige und die Gewalt*, Frankfurt / M. 1994, S. 18

108 ebd., S. 200

109 René Girard, *Der Sündenbock*, Zürich 1988, S. 149 ff. – *Das Ende der Gewalt. Analyse des Menschheitsverhängnisses*, Freiburg 1983

110 Girard, *Das Ende der Gewalt* (Anm. 109), 227–9

111 Brown, *Keuschheit der Engel* (Anm. 27), 19 ff., 98 ff.

112 Gregor von Nyssa, *Über die Jungfräulichkeit* (Anm. 73), 83

113 ebd., Kap. XIV, S. 120 f.

114 ebd., Kap. III, S. 93

115 alle Angaben nach: Brown, *Keuschheit der Engel* (Anm. 27), 19 ff.

116 vgl. Elm, ›Virgins of God‹ (Anm. 27)

117 Max Weber, *Die drei reinen Typen legitimer Herrschaft*. In: M.W., *Schriften zur Soziologie*, hg. Michael Sukale, Stuttgart 1995, S. 311

118 Max Weber, *Wirtschaft und Gesellschaft* [Urfassung], in: ebd., 273 f.

119 ebd., 274 f.

120 ebd., 282

121 im gleichen Band, 413–17

122 Max Weber, *Wirtschaft und Gesellschaft* (Anm. 118), 275

123 John G. Gager, *Kingdom and Community. The Social World of Early Christianity*, Englewood Cliffs (New Jersey) 1975, S. 20 ff.

124 Weber, *Wirtschaft und Gesellschaft* (Anm. 118), 281 ff.

125 ebd., 287 f.

126 Robin Fox, *The Red Lamp of Incest*, New York 1980. – *Kinship and Marriage*, Cambridge 1983. – *Reproduction and Succession. Studys in Anthropology, Law and Society*, New Brunswick 1993

127 Robin Fox, »The Virgin and the Godfather: Kinship versus the State in Greek Tragedy and After«. In: Paul Benson (Hg.), *Anthropology and Literature*, Urbana/Chicago 1993, S. 107–150

128 ebd., 144. – Ich zitiere Fox hier und im Folgenden in eigener Übersetzung.

129 ebd., 109

130 ebd., 110

131 ebd.

132 Gager, *Kingdom and Community* (Anm. 123), 114 ff.

133 ebd., 130

134 Brown, *Macht und Rhetorik in der Spätantike* (Anm. 56), 28 ff.

135 ebd., 31

136 ebd., 108 ff., 122

137 ebd., 123 f.

138 S. 125

139 S. 195

140 Vgl. Antonie Wsolok, »Vater und Vatervorstellungen in der römischen Kultur«. In: Hubertus Tellenbach (Hg.), *Das Vaterbild im Abendland I. Rom, Frühes Christentum, Mittelalter, Neuzeit, Gegenwart*, Stuttgart u. a. 1978, S. 18–54. Dort S. 23

141 Brown, *Macht und Rhetorik in der Spätantike* (Anm. 56), 197

142 Claude Lévi-Strauss, *Die elementaren Strukturen der Verwandtschaft*, Frankfurt/M. 1993 [zuerst 1949/67]

143 Jack Goody, *Die Entwicklung von Ehe und Familie in Europa*, Frankfurt/M. 1989, S. 45

144 ebd.

145 ebd., 49, 63 f. und passim

146 vgl. Flandrin, *Familles* (Anm. 6), 28 f.
147 André Burguière u. a. (Hg.), *Geschichte der Familie*, 4 Bde., Frankfurt / M.
     1996 – 98, Bd. 2, S. 142
148 ebd.
149 Goody, *Ehe und Familie* (Anm. 143), 152
150 ebd., 54 ff.
151 S. 89
152 S. 90
153 S. 86 ff.
154 S. 89
155 S. 57
156 S. 112
157 S. 59
158 S. 110
159 Der theologische Universalismus der Kirche bereitete der aus dem Mittel-
     meerraum nach Norden vordringenden christlichen Mission erhebliche
     Probleme. »Zunächst einmal führte die Dekomposition der Alten Welt zu
     einer gewissen Lähmung des Missionseifers. Denn das durch die Umset-
     zung des Missionsbefehls Christi geschichtswirksam gewordene Konzept
     der christlichen Universalität sah sich plötzlich dem Gentilismus der ger-
     manischen Stämme gegenüber, die mit der Idee des Monogenismus nichts
     anzufangen wussten. Für die Christen war Adam der eine Stammvater al-
     ler Menschen, durch den die Sünde in die Welt gekommen war, und Chris-
     tus derjenige, durch den alle erlöst werden konnten. Die Heiden kannten
     ein solches Zusammengehörigkeitsgefühl nicht, für sie begann jenseits der
     eigenen Welt die Fremde, die sie nicht interessierte. Wenn sich das Chris-
     tentum weiterhin als die Religion der Ökumene verstehen wollte, war des-
     halb mit dem Zusammenbruch der bisherigen geordneten Verhältnisse für
     sie die Bewährungsprobe gekommen. Sie musste den Gentilismus über-
     winden, ein Unterfangen, auf das sie sich erst allmählich einzustellen ver-
     mochte.« (Lutz E. von Padberg, *Die Christianisierung Europas im Mittel-
     alter*, Stuttgart 1998, S. 31 f.)
160 Goody, *Ehe und Familie* (Anm. 143), 136
161 ebd. S. 114
162 S. 162 ff.
163 S. 169
164 S. 170
165 S. 92
166 August Franzen, *Zölibat und Priesterehe in der Auseinandersetzung der
     Reformationszeit und der katholischen Reform des 16. Jahrhunderts*, Müns-
     ter 1969, S. 10 ff.

167 *Codex Justinianus* 1,3,47. Hg. G. Härtel und F.-M. Kaufmann, Leipzig 1991, S. 36

168 Jo Ann McNamara, »Chaste Marriage and Clerical Celibacy«. In: Vern L. Bullough / James Brundage (Hg.), *Sexual Practices & the Medieval Church*, Buffalo New York 1982, S. 22–33. Dort S. 23

169 vgl. ebd., 28

170 ebd., 30

171 Georges Duby, *Ritter, Frau und Priester* (Anm. 60), S. 134

172 Goody, *Ehe und Familie* (Anm. 143), 93

173 Fox, »Virgin and Godfather« (Anm. 127), 143

174 ebd., 144f

175 Duby, *Ritter, Frau und Priester* (Anm. 60), 214 f.

176 Georges Duby, *Die Frau ohne Stimme. Liebe und Ehe im Mittelalter*, Frankfurt / M. 1993, S. 23 f.

177 Duby, *Ritter, Frau und Priester* (Anm. 60), 206

178 zit. n. Warner, *Maria* (Anm. 3), 219

179 Cynthia Hahn, »Holy Family as Marriage Model« (Anm. 63), 63. »Despite its apparent unsuitability as a model for normal matrimony, the virginal marriage of Mary and Joseph was so prized as an image of perfection that it emerged as a vision of holy marriage in the liturgical celebration of matrimony.« (ebd.)

180 Duby, *Frau ohne Stimme* (Anm. 176), 40–42

181 ebd., 43

182 Lyndal Roper, *The Holy Household. Women and Morals, in Reformation Augsburg*, Oxford 1989, S. 206 ff. Zitat S. 232 (eigene Übersetzung)

183 Franzen, *Zölibat und Priesterehe* (Anm. 166), 9

184 ebd., 65

185 Heiko A. Oberman, *Luther. Mensch zwischen Gott und Teufel*, Berlin 1982, S. 292 f.

186 Martin Luther, *Ein Traubüchlein für die einfältigen Pfarrherr* (1529). In: *Luthers Werke. Kritische Gesamtausgabe*, 30. Band, Dritte Abteilung, Weimar 1910, S. 74–80. Dort S. 74

187 Vgl. Klaus Suppan, *Die Ehelehre Martin Luthers. Theologische und rechtshistorische Aspekte des reformatorischen Eheverständnisses*, Salzburg München 1971, S. 36 ff. – Joel F. Harrington, *Reordering Marriage and Society in Reformation Germany*, Cambridge u. a. 1995, S. 101 ff., 273 ff.

188 Über die unmittelbaren Auswirkungen der Reformation und der von ihr angestrebten Ehereform gehen die Meinungen auseinander. Das neueste Buch zu diesem Thema, Harringtons *Reordering Marriage and Society in Reformation Germany* (Anm. 187), ist in diesem Punkt eher skeptisch. Die Lage in Deutschland sei zu kompliziert und regional zu unübersichtlich,

das Ordnungsinteresse der Reformer zu groß und letztlich zu konservativ, der Einfluss der Kirche bleibt auch bei den Protestanten zu stark, um eine Aufteilung der Konfessionen nach dem Schema: jenseits- und kirchenorientierter Katholizismus versus säkular orientierter Protestantismus, in dieser groben Form zu erlauben.

189 »Worum es geht, mag durch die beiden Begriffe *Verweltlichung* und *Vergeistlichung* bezeichnet werden. Die beiden Worte signalisieren eine gewisse Dialektik, und genau darum geht es: Luther hat einerseits die Welt alles heiligen Zaubers entkleidet, der sich in katholischer Religiosität und Kirchenpraxis angesammelt hatte [...]. Das ist die eine Seite: *Verweltlichung.*
Die Kehrseite heißt *Vergeistlichung*, mit den Worten Luthers: ›Möchte darum die ganze Welt voll Gottesdienstes sein. Nicht allein in der Kirche, sondern auch im Haus, in der Küche, im Keller, in der Werkstatt, auf dem Feld, bei Bürgern und Bauern.‹
[...] Man hat diese religiöse Beseelung der Welt mit einem guten Begriff als *Weltfrömmigkeit* bezeichnet (Helmuth Plessner). Dadurch, dass irdische Geschäfte als Felder für die Bewährung christlichen Glaubens gelten, erfahren sie eine ungeheure Intensivierung. Der evangelische Christ ist sozusagen immer im Gottesdienst, gerade weil es keinen abgetrennten Raum der Frömmigkeit mehr gibt. Worauf es ankommt, ist die Heiligung des gesamten Lebens.« (Martin Greiffenhagen, »Einleitung« zu: M. G. (Hg.), *Das evangelische Pfarrhaus. Eine Kultur- und Sozialgeschichte*, Stuttgart 1984, S. 7 f.)

190 Wilhelm Baur, *Das deutsche evangelische Pfarrhaus. Seine Gründung, seine Entfaltung und sein Bestand*, 3. Aufl. Bremen 1884, S. 73

191 Vgl. Julius Hoffmann, *Die »Hausväterliteratur« und die »Predigten über den christlichen Hausstand«. Lehre vom Hause und Bildung für das häusliche Leben im 16., 17. und 18. Jahrhundert*, Weinheim Berlin 1959

192 ebd., 45

193 André Burguière u. a. (Hg.), *Geschichte der Familie* (Anm. 147), Bd. 3: *Neuzeit*, S. 132

194 Lawrence Stone, *The Family, Sex and Marriage in England 1500–1800*, London 1977, S. 140 (eigene Übersetzung)

195 ebd., 141 f.

196 Vgl. etwa Paul Rebhun, *Haußfried. Was für ursachen den Christlichen Eheleuten zubedencken / den lieben Haußfriede in der Ehe zu erhalten*, Nürnberg 1605, S. [23]

197 ebd., [12] ff.

198 *Oeconomia Christiana. Von Christlicher Haußhaltung durch Iustum Moenium* [= Justus Menius], Nürnberg 1606, Kap. VII (unpaginiert)

199   Vgl. Albrecht Schöne, *Säkularisation als sprachbildende Kraft. Studien zur Dichtung deutscher Pfarrerssöhne*, Göttingen ²1968

200   Baur, *Das deutsche evangelische Pfarrhaus* (Anm. 190), 74

201   zit. n. Harrington, *Reordering Marriage* (Anm. 187), 42

202   Hoffmann, »*Hausväterliteratur*« (Anm. 191), 45, mit Bezug auf Menius' *Oeconomia Christiana* von 1529.

203   Vgl. Barbara Vinken, »Alle Menschen werden Brüder. Republik, Rhetorik, Differenz der Geschlechter«. In: lendemains 18 (1993), Heft 71/72, S. 112–123

204   vgl. Harrington, *Reordering Marriage* (Anm. 187), 39 ff.

205   Martin Luther, *Deudsch Catechismus (Der Große Katechismus, 1529)*, in: *Werke. Kritische Gesamtausgabe*, 30. Bd., Erste Abteilung, Weimar 1910, S. 152

206   ebd., 152 f.

207   Stone, *Family, Sex and Marriage* (Anm. 194), 139

208   vgl. Stone, ebd., 134 und passim

209   Vgl. insbesondere Martin Luther, *Von der babylonischen Gefangenschaft der Kirche* (1520). In: *Luthers Werke für das christliche Haus*, 8 Bde., 2. Bd.: *Reformatorische Schriften*, Braunschweig 1890, S. 375–511. Dort das Kapitel ›Von der Ehe‹, 469 ff.

210   *Code Napoléon. Avec les changemens qui y ont été faits par la loi du 3 septembre 1807. Gesetzbuch Napoleons*, übers. von Daniels, Franz.-dt., Köln 1807, Erstes Buch, Art. 163. – *Allgemeines Landrecht für die preußischen Staaten*, 3 Bde., Berlin ²1794, Dritter Theil, Erster Titel, § 7 f.

211   Die Abscheu gegen den *Inzest* als solchen ist weitestgehend durch eine verstärkte gesellschaftliche Empfindlichkeit gegenüber *sexuellem Missbrauch*, insbesondere an Kindern, absorbiert worden.

212   »Als der einzigen eigenrechtlichen oder gewaltfreien Person innerhalb des Familienverbandes oblag dem *pater familias* der gesamte Rechts- und Geschäftsverkehr mit der Außenwelt einschließlich der Götter. […] Das Besondere und für modernes Empfinden Unerhörte ist nun aber, dass seine Gewalt das Straf- und Tötungsrecht einschloss. Er besaß die Macht über Leben und Tod aller Hausangehörigen, die *vitae necisque potestas*. Dadurch war er auch der Richter der Familie und nahm in dieser eine Stellung ein, die der eines absoluten Monarchen gleichkommt.« (Wsolok, »Vater und Vatervorstellungen in der römischen Kultur« (Anm. 140), 21) Dieses formale Recht wurde allerdings durch das *mos maiorum*, »die von der Sitte geschaffenen Bindungen«, eingeschränkt (Wlosok, 23). – Wsoloks Darstellung ist in einem Punkt zu korrigieren: In einem strengen Sinn gehörte der römische *pater familias* der Familie, der er vorstand, gar nicht an. Er ist keine »Person innerhalb des Familienverbandes«, sondern steht

über ihm. Vgl. Herlihy, »The Making of the Medieval Family« (Anm. 60), 118

213 Harrington, *Reordering Marriage* (Anm. 187), 39 ff.

214 »Die Reformation leistet [...] einen Beitrag zur Verlagerung väterlicher Funktionen auf – neben den Müttern – den Staat. Elternhaus und Staat werden wechselseitig aufeinander bezogen. [...] Ob Luther das so intendierte oder nicht, ist vergleichsweise bedeutungslos. Fakt ist, dass hier eine Entwicklung vorbereitet wird, die in der Zeit des Absolutismus nicht mehr nur zu einer Verlagerung, sondern geradezu zu einer Vervielfältigung jener Funktionsträger führt, die die den Vätern abgenommenen Aufgaben an sich ziehen.« (Dieter Lenzen, »Kulturgeschichte der Vaterschaft«. In: Walter Erhart und Britta Herrmann (Hg.), *Wann ist der Mann ein Mann? Zur Geschichte der Männlichkeit*, Stuttgart Weimar 1997, S. 87–113. Dort S. 105)

215 Stone, *Family* (Anm. 194), 202 (eigene Übersetzung)

216 ebd.

217 Das ist seit Marianne Weber ein Topos der feministischen Forschung. »Denn als Folge der Schließung der Klöster und Bekinenhäuser mussten [...] die *ledigen* Frauen innerhalb des Protestantismus zunächst entsprechend an sozialen Chancen einbüßen, da ihnen so die Möglichkeit genommen war, sich, eben aufgrund ihrer Jungfräulichkeit, durch den Eintritt ins Kloster die Geltung eines Wesens höherer Ordnung zu schaffen. Sie alle waren nun, – bis sich ihnen, erst zu Ende des vorigen Jahrhunderts, allmählich die Selbständigkeit und Würde der außerhäuslichen Berufstätigkeit zu eröffnen begann, – gleichermaßen dazu verurteilt, als ›alte Jungfern‹ eine abhängige Familienexistenz zu führen und also schon äußerlich, dem gesellschaftlichen Range nach, hinter der verheirateten Frau zurückzustehen. Der verheirateten Frau andrerseits entzog die Reformation die Zuflucht zum Beichtvater, welcher, so zweifelhaft seine Unterstützung bei Rohheiten des Mannes auch sein mochte, ihr immerhin einen außerhalb des ehemännlichen Herrschaftsbereichs liegenden seelischen Rückhalt gegeben hatte. Der Gedanke, die Konsequenzen daraus für die Frau zu ziehen, das heißt also: Ihre sittliche Autonomie und Selbstverantwortlichkeit auch *gegenüber* dem Mann anzuerkennen und zu schützen, lag dem damaligen – wie leider oft noch dem heutigen – Protestantismus sehr fern. Der Mann war den Reformatoren der geborene Hauspriester für Weib, Kinder und Gesinde, und erst das Täufertum schützte wenigstens die Gewissensfreiheit auch innerhalb des Hauses.« (Marianne Weber, *Ehefrau und Mutter in der Rechtsentwicklung.* Tübingen 1907, S. 283) Ähnlich argumentiert Roper, *Holy Household* (Anm. 182), S. 2: »Far from endorsing independent spiritual lives for women, the institutionalized Re-

formation was most successful when it most insisted on an vision of women's incorporation within the household under the leadership of their husbands.«

218 Harrington, *Reordering Marriage* (Anm. 187), 78 f.

219 vgl. Accati, »The larceny of desire: The Madonna in seventeenth-century Catholic Europe« (Anm. 21), 79 f.

220 Wolfgang Kemp, *Rembrandt ›Die Heilige Familie‹ oder die Kunst, einen Vorhang zu lüften*, Frankfurt 1986, S. 17

221 ebd., 57

222 Vgl. Andreas Gestrich, »Erziehung im Pfarrhaus. Die sozialgeschichtlichen Grundlagen«. In: Greiffenhagen, *Das evangelische Pfarrhaus* (Anm. 189), S. 63–82. Dort S. 66 f.

223 Vgl. meine Studie »Inseminationen. Empfängnislehre, Rhetorik und christliche Verkündigung«, in: Christian Begemann / David Wellbery (Hg.), *Kunst – Zeugung – Geburt. Theorien und Metaphern ästhetischer Produktion in der Neuzeit* (erscheint voraussichtlich 2001)

224 Vgl. zu diesem Komplex: Barbara Vinken, *Die deutsche Mutter. Zum Stand der Aufklärung im postmodernen Europa*, München 2000

225 Vgl. Stephan Buchholz, *Recht, Religion und Ehe. Orientierungswandel und gelehrte Kontroversen im Übergang vom 17. zum 18. Jahrhundert*, Frankfurt / M. 1988, S. 417 ff. – Clausdieter Schott, Vorwort zu: August Wilhelm Hupel, *Vom Zweck der Ehen. Ein Versuch, die Heirat der Kastraten und die Trennung unglücklicher Ehen zu verteidigen*, Riga 1771, Reprint Frankfurt / M. 1985

226 So gliedern sich Josephsrolle und väterliches Gottesstellvertretertum in zwei Phasen der Kindeserziehung auf. Der Vater behält sich die vernünftige Unterweisung der Kinder (Söhne) vor, die dem Mutterbezirk der ersten Kinderstube entwachsen.

227 Vgl. Philippe Ariès, *Geschichte der Kindheit*, München 1978

228 vgl. Hoffmann, »*Hausväterliteratur*« (Anm. 191), 151 f.

229 vgl. Stone, *Family, Sex and Marriage* (Anm. 194), 264

230 Friedrich Schleiermacher, *Die Weihnachtsfeier. Ein Gespräch*, Zürich 1989, S. 35

231 ebd., 81

232 Gestrich, »Erziehung im Pfarrhaus« (Anm. 222), 67

233 Barbara Beuys, *Familienleben in Deutschland. Neue Bilder aus der deutschen Vergangenheit*, Reinbek 1984, S. 234

234 Einschlägig dazu ist die große Untersuchung von Albrecht Schöne, *Säkularisation als sprachbildende Kraft* (Anm. 199).

235 Jean Gerson, *Considérations sur saint Joseph*. In: *Œuvres complètes*, hg. Mgr. Glorieux, Bd. 7, Paris u. a. 1966, S. 63–99. – Vgl. Pal[émon] Glo-

rieux, »Saint Joseph dans l'œuvre de Gerson«. In: Cahiers de Josephologie XIX (1971), S. 414–428, sowie XXIII (1975), S. 5–22

236 »Vees doncques quele dignité c'est icy de Joseph que il soit chief et
seigneur de la mere du chief et du seigneur de tout le monde.« (Gerson,
Considérations, 66)

237 Hildegard Erlemann, *Die Heilige Familie. Ein Tugendvorbild der Gegenreformation im Wandel der Zeit. Kult und Ideologie*, Münster 1993, S. 131. –
Das Folgende stützt sich auf diese Untersuchung.

238 vgl. Erlemann, 133 ff.

239 ebd., 172 ff.

240 Meschler, *Das katholische Kirchenjahr*, Bd. 1, S. 231, zit. n. Ludwig Soen-
gen, *Der heilige Joseph, der erhabene Beschützer der Kirche; in seiner Größe
und Verehrungswürdigkeit dem christlichen Volke dargestellt*, Regensburg
1910, S. 118

241 Erlemann, *Heilige Familie* (Anm. 237), 170

242 *Die heilige Familie. Monatsschrift für die christliche Familie* 1 (1893), S. 108.
Zit. n. Erlemann, 170

243 Erlemann, *Heilige Familie* (Anm. 237), 172

244 So in einem katholischen ›Handbüchlein‹ von 1892. Zit. n. Erlemann, 175

245 »Er ist der Zeuge, der nicht zeugen darf. Diese paradoxe Konstruktion hat
Folgen.« (Stephan Krass, »Der Spätberufene. Anmerkungen zur historischen Josephsfigur«. In: Neue Zürcher Zeitung, 14./15.12. 1996, S. 67)

246 Vgl. Philippe Julien, »Die drei Dimensionen der Vaterschaft in der Psychoanalyse«. In: Edith Seifert (Hg.), *Perversionen der Philosophie. Lacan
und das unmögliche Erbe des Vaters*, Berlin 1992, S. 163–178. Dort S. 163–5

247 »Im *Namen des Vaters* müssen wir die Grundlage der Symbolfunktion erkennen, die seit Anbruch der historischen Zeit seine Person mit der Figur
des Gesetzes identifiziert.« (Jacques Lacan, *Funktion und Feld des Spre-
chens und der Sprache in der Psychoanalyse*. In: *Schriften I*, hg. Norbert
Haas, 2. Aufl. Weinheim Berlin 1986, S. 71–169. Dort S. 119) – Vgl. Lacans
Äußerungen zum christlichen Vatergott in *Encore. Das Seminar XX*,
2. Aufl. Weinheim Berlin 1991

248 Lena Lindhoff, *Einführung in die feministische Literaturtheorie*, Stuttgart
Weimar 1995, S. 81

249 Goody, *Entwicklung von Ehe und Familie* (Anm. 143), 169 ff.

250 vgl. Buchholz, *Recht, Religion und Ehe* (Anm. 225), 407 und passim

251 vgl. Niklas Luhmann, *Liebe als Passion. Zur Codierung von Intimität*,
5. Aufl. Frankfurt/M. 1984, S. 183 ff.

252 Vgl. dazu: Albrecht Koschorke, *Körperströme und Schriftverkehr. Medio-
logie des 18. Jahrhunderts*, München 1999

253 Vgl. die eingehende Darstellung von Etienne Gilson, *Heloise und Abälard*.

Zugleich ein Beitrag zum Problem von Mittelalter und Humanismus, Freiburg 1955

254 Abaelard, *Die Leidensgeschichte und der Briefwechsel mit Heloisa,* hg. E. Brost, 2. Aufl, München 1992, S. 124

255 Zit. n. Adalbert Podlech, *Abaelard und Heloisa oder die Theologie der Liebe,* München Zürich 1990, S. 224

256 ebd., 118

257 ebd., 136

258 Das 12. Jahrhundert gilt in der Geschichte der Josephologie als wenig fruchtbare Periode. Abaelard hat über Joseph explizit wenig gesagt und nichts, was über die patristische Lehre hinausginge. Vgl. Aimé Trottier, »Deux maîtres français du 12e siècle: Abélard et Pièrre Comestor«. In: *Cahiers de Josephologie* XIX (1971), S. 280–295

259 zit. n. Podlech, *Abaelard und Heloisa* (Anm. 255), 133

260 Jean-Jacques Rousseau, *Julie oder die neue Héloïse. Briefe zweier Liebenden aus einer kleinen Stadt am Fuße der Alpen,* München 1988, Dritter Teil, 18. Brief, S. 368 f.

261 ebd., 371 f.

262 ebd., 372

263 Vgl. Thomas Laqueur, »Orgasm, Generation, and the Politics of Reproductive Biology«. In: *Representations* 14 (1986), S. 1–41

264 vgl. Koschorke, *Körperströme und Schriftverkehr,* 15 ff., 437 ff.

265 Kleist, Brief an Wilhelmine von Zenge, 30. Mai 1800. In: Heinrich von Kleist, *Sämtliche Werke und Briefe,* hg. H. Semdner, 2 Bde., 7. Aufl. München 1987, 2. Bd., S. 506

266 ebd., 506 f.

267 Karl Gottfried Bauer, *Über die Mittel dem Geschlechtstriebe eine unschädliche Richtung zu geben,* Leipzig 1791, S. 75 und 87

268 Wilhelm Traugott Krug, *Philosophie der Ehe. Ein Beytrag zur Philosophie des Lebens für beide Geschlechter,* Leipzig 1800, S. 102

269 vgl. Kleist, *Sämtliche Werke* (Anm. 265), II, 899 f.

270 ebd., I, 22

271 Heinrich von Kleist, *Die Marquise von O …* In: *Sämtliche Werke,* II, S. 104–143. Dort S. 104. – Alle folgenden Textzitate nach dieser Ausgabe.

272 Vgl. Barbara Vinken und Anselm Haverkamp, »Die zurechtgelegte Frau: Gottesbegehren und transzendentale Familie in Kleists *Marquise von O …*«. In: Gerhard Neumann (Hg.), *Heinrich von Kleist. Kriegsfall, Rechtsfall, Sündenfall,* Freiburg 1994, S. 127–147

273 *Briefe der Ninon de l'Enclos,* Frankfurt/M. 1989, 27. Brief, S. 97

274 Ludwig Feuerbach, *Das Wesen des Christentums.* In: Helmut Reichelt (Hg.), *Texte zur materialistischen Geschichtsauffassung von Ludwig Feuer-*

bach, Karl Marx, Friedrich Engels, Frankfurt / M. u. a. 1975, S. 141–228. Dort S. 153

275 Thedor Mundt, *Madonna. Unterhaltung mit einer Heiligen* (1835), Reprint Frankfurt / M. 1973, S. 261 ff.

276 Vgl. David Blackbourne, *Volksfrömmigkeit und Fortschrittsglaube im Kulturkampf*, Stuttgart 1988

277 vgl. Vinken, *Die deutsche Mutter* (Anm. 224)

278 Zu diesem Thema wird in nächster Zeit eine Monographie von Thomas Macho erscheinen.

279 Vgl. Friedrich Kittler, *Dichter – Mutter – Kind*, München 1991, S. 103 ff. – *Aufschreibesysteme 1800 / 1900*, München 1985

280 So ist in den Reisebriefen von der »frivolen Mystik« der katholischen Prager Mädchen die Rede, »eine ferne simonistische Zukunft« und das »Glück der freien Liebe« werden beschworen (Mundt, *Madonna* (Anm. 275), 297 und 325).

281 Gerhart Hauptmann, *Michael Kramer*, Stuttgart 1994, S. 59

282 ebd., 74 ff.

283 Walter Hasenclever, *Der Sohn. Ein Drama in fünf Akten*, Stuttgart 1994, 4. Akt, 3. Szene, S. 94

284 ebd., 2. Akt, 1. Szene, S. 29

285 Das Stichwort ›vaterlose Gesellschaft‹, das in der sozialpsychologischen Diagnostik des 20. Jahrhunderts eine große Karriere hinter sich hat, wurde 1919 von Paul Federn geprägt. Federn bezieht Freuds Religionsanalyse auf die aktuelle politische Situation nach Ausgang des Ersten Weltkriegs, die vom Zusammenbruch der Monarchien in Deutschland und Österreich und von revolutionären Umtrieben beherrscht ist. Vgl. Paul Federn, *Die vaterlose Gesellschaft*. In: H. Dahmer (Hg.), *Analytische Sozialpsychologie*, Bd. 1, Frankfurt / M. 1980, S. 65 – 87

286 Joseph Goebbels, *Michael. Ein deutsches Schicksal in Tagebuchblättern*, München 1929. – »Nun habe ich das Wort: Wir modernen Deutschen sind so etwas wie Christussozialisten.« (S. 125)
»Ich halte Zwiesprache mit Christus. Ich glaubte, ihn überwunden zu haben, aber das waren nur seine Götzenpriester und falschen Trabanten.
Christus ist hart und unerbittlich.
Er peitscht die jüdischen Händler aus dem Tempel heraus.
Eine Kriegserklärung an das Geld. [...]
Wir sind alle krank! Nur der Kampf gegen die Fäulnis kann uns noch einmal retten.« (S. 76)

287 Lawrence Stone spricht von einer »Scheidungsgesellschaft« (*Road to Divorce. England 1530–1987*, Oxford 1990).

288 vgl. Vinken, *Die deutsche Mutter* (Anm. 224)

289 Vgl. Michael Mitterauer und Reinhard Sieder, *Vom Patriarchat zur Part-
     nerschaft*, 4. Aufl. München 1991, S. 25 ff., 104 ff.
290 Was beträchtliche Ressentiments produziert, so bei Lenzen: »Was bleibt?
     In vielen Teilen der Gesellschaft scheinen die Funktionen des Vaters ge-
     gen null zu gehen. Die verbliebene alimentatorische ist wohl diejenige, die
     am stabilsten ist. Zwar schreitet der Staat mit einer Zahl von Unterstüt-
     zungsfällen [...] mächtig zur alimentatorischen Tat. Aber solange es an-
     dere gibt, die man zur Kasse bitten kann, tut man dieses. Die inzwischen
     tendenziell selbst um ihre Zeugungsfunktion gebrachten Väter verfügen
     über keinerlei Machtmittel mehr, sich dagegen zur Wehr zu setzen. Ob die
     propagierte Form ›neuer Väterlichkeit‹, die zumindest einen emphati-
     schen Begriff in Anspruch nimmt, geeignet sein wird, eine Rehabilitation
     der Väterlichkeit in den Medien des Nährens, Schützens und Zeigens wie-
     der herzustellen, lässt sich gegenwärtig nicht absehen. Die Tatsache, dass
     die Motivation für dieses Konzept aber nicht aus einer Umgestaltung der
     Kind-Vater-Beziehung bezogen wird, sondern aus dem Entlastungsbe-
     dürfnis der Mütter, lässt Zweifel berechtigt sein.« (Lenzen, »Kulturge-
     schichte der Vaterschaft« (Anm. 214), S. 110)
291 So der Umschlagtext, der Philippe Meyers Studie *Das Kind und die Staats-
     räson oder Die Verstaatlichung der Familie*, Reinbek 1981, zutreffend resü-
     miert.
292 Vgl. Martin Burckhardt, »Muttergottes Weltmaschine. Über den Zusam-
     menhang von unbefleckter Empfängnis und technischer Reproduktion«.
     In: *Metis* (1997), Heft 11: *Reinheit*, S. 26–44. Burckhardts »Kernthese«
     lautet: »unsere modernen technischen Reproduktionsmittel sind techni-
     fizierte Theologie« (S. 34).
293 Nicolas Abraham und Maria Torok, *Kryptonymie. Das Verbarium des
     Wolfsmanns*, Frankfurt / M. u. a. 1979. Siehe dort auch das Vorwort
     ›FORS‹ von Jacques Derrida.

Bildnachweise

S. 19: Hessischer Meister, Altarflügel. Pfarrkirche Rauschenberg, um 1410

S. 26: Francesco Vanni, Altar der unbefleckten Empfängnis. Dom S. Salvatore, Montalcino, 1588.

S. 44: Willem Key (um 1515–1568), Beweinung Christi. München; Bayerische Staatsgemäldesammlungen, Alte Pinakothek, München

S. 47: Botticelli, Pietà, 1495. Bayerische Staatsgemäldesammlungen, Alte Pinakothek, München

S. 49: Michelangelo, Pietà, 1489/99. St. Peter, Rom

S. 53: Sponsus-Sponsa. Beda-Kommentar zum Hohen Lied. Englisch, 12. Jahrhundert, King's College, Cambridge

S. 71: Hieronymus Wierix (1553–1619), Der Heilige Wandel. Antwerpen, um 1600. Städelsches Kunstinstitut, Frankfurt

S. 101: Nikolaus von Verdun, Beschneidung Christi. Verduner Altar von 1181. Stiftsmuseum, Stift Klosterneuburg

S. 123: Spiegel-Titelblatt, 47/1997

S. 136: Orazio Gentileschi, Maria mit dem Kind. Florenz, vor 1610, Sammlung Contini-Bonacossi, Florenz

S. 153: Titelkupfer eines protestantischen Hausväterbuches, 1528. Germanisches Nationalmuseum, Nürnberg

S. 159: Rembrandt, Die Heilige Familie mit Katze und Schlange. Radierung, 1654

S. 162: Abraham Bach d. J., Die Vier Zeiten des Tages, Augsburg, um 1670. Germanisches Nationalmuseum, Nürnberg

S. 170: Johann Carl Loth, Der hl. Joseph mit dem Christkind, Gottvater in der Glorie und Maria. Venedig, S. Silvestro, 1681

S. 212: Gnadenthron. Louvain, St. Pierre, 1450